기독교문서선교회 (Christian Literature Center: 약칭 CLC)는 1941년 영국 콜체스터에서 켄 아담스에 의해 시작되었으며 국제 본부는 미국 필라델피아에 있습니다.
국제 CLC는 59개 나라에서 180개의 본부를 두고, 약 650여 명의 선교사들이 이동 도서차량 40대를 이용하여 문서 보급에 힘쓰고 있으며 이메일 주문을 통해 130여 국으로 책을 공급하고 있습니다. 한국 CLC는 청교도적 복음주의 신학과 신앙 서적을 출판하는 문서선교기관으로서, 한 영혼이라도 구원되길 소망하면서 주님이 오시는 그날까지 최선을 다할 것입니다.

**김상구 박사_백석대학교 신학대학원 실천신학 교수**

공적 예배는 기독교인의 핵심 실천이다. 그 가운데 설교는 심장과도 같다. 따라서 예배와 설교는 기독교 신앙과 신학에서 결코 떨어뜨려 생각할 수 없는 생명과도 같은 관계이다. 안타깝게도 예배와 설교는 학문적으로 따로 연구되는 경향이 여전히 강하며, 또한 교회 현장에서도 설교자와 예배 인도자들의 소통의 부재와 갈등, 그 결과 예배의 요소들의 부조화를 경험할 때가 종종 있다.

한 마음과 한 몸을 이루게 하는 균형 있고 조화로운 예배를 세워가며 참여하는 것은 설교자나 예배 인도자들 그리고 모든 성도들의 가장 거룩한 열망일 것이다. 데이비드 커리(David Currie)의 『빅 아이디어 예배』는 이런 열망의 산물이다. 강해설교의 대가인 해돈 로빈슨의 "빅 아이디어 설교"의 철학과 방식을 바탕으로, 설교와 예배/예전이 함께 유기적으로 연결되도록 하는 예배 신학과 방식, 과정을 풍성한 예들을 가지고 설명해 준다.

예배 가운데 설교의 중심성을 놓치지 않으면서도, 설교와 예전의 요소들이 유기적으로 연결되어 예배의 완결성을 알고 경험하고 싶은 모든 예배 인도자들, 신학생들, 목회자들에게 이 책의 일독을 추천한다. 이 책은 예배가 설교가 되며, 설교가 예배가 되도록 하는 매우 구체적인 안내서가 될 것이다.


**최승근 박사_웨스트민스터신학대학원대학교 예배학 교수**

"예배와 설교"라는 말이 자주 사용되곤 한다.
예배와 설교에서 "와"가 함축하는 의미는 무엇인가?
혹 '관련은 있지만 서로 별개의 것'이라는 뉘앙스를 주고 있지는 않은가?
개신교 전통에서 설교는 예배에서 중요한 부분을 차지한다. 그러나 설교는 예배의 일부이다. 설교는 예배라는 전체 맥락 속에서 이뤄지고 완성되어야 한다. 즉, 설교는 예배에 통합되어야 한다.

『빅 아이디어 예배』는 매주 선택되는 성경 본문의 "빅 아이디어"를 중심으로 설교를 비롯한 예배의 다른 요소들이 균형 있게 통합되는 "성경적" 예배에 대해서 말한다. 그러나 성경적 예배에 대해서 말하는 데 그치지 않는다. 성경적 예배를 어떻게 계획하고 실행할 수 있는지에 대한 목회적이고 실제적이고 구체적인 방법에 대해서도 다양한 예와 사례를 통해서 제시한다. 더 나아가 독자들이 그러한 예배를 계획하고 실행해 볼 수 있는 실습과 평가의 기회도 제공한다.

하나님은 성경적 예배를 기뻐하신다. 그리고 성경적 예배에 헌신하신다. 하나님이 기뻐하시고 헌신하시는 성경적 예배를 드리는 예배 공동체를 소망하는 목회자들에게 이 책을 추천한다. 성경적 예배에 대한 귀한 통찰력을 얻게 될 것이다.

**제프리 아더스(Jeffrey Arthurs)_고든콘웰신학교 설교와 커뮤니케이션 교수**

신학에 기초를 두고, 역사의 증명을 통해, 구체적으로 적용한 이 책은 우리가 예배에서 무엇을 하는지 이해하도록 돕고 또한 열정을 가지고 그 일을 하도록 돕는다. 『빅 아이디어 예배』를 교회에 선물한 데이비드 커리에게 감사한다.

**랜달 퀘켄부시(Randal L Quackenbush)_보스턴 앵커처치 담임목사**

『빅 아이디어 예배』는 예배의 실천에서 지역 교회 스태프들과 회중을 결속하게 하는 시기 적절하고 반가운 도구이다. 데이비드 커리는 분명한 문화적 맥락과 성경적 원리들을 고수하면서 예배 기획의 중심을 잡아가는 균형 잡힌 접근법을 제공한다.

**샘 햄스트라(Sam Hamstra, Jr.)_노던신학교 예배학 겸임교수**

이 우수한 책에서 데이비드 커리는, 시의 운율을 맞추듯이 예전 요소들을 이리저리 바꾸어 보는 데 지쳤을 수 있는 예배 집례자들에게 대안을 제시한다. 그는 우리에게 예배가 설교로서, 즉 하나님의 말씀에 의해서 그 예배에 참여하는 사람들을 형성하는 수단들을 제공하는 예배를 기획하고 전달하는 단계별 안내서를 제공한다.

**존 제퍼슨 데이비스(John Jefferson Davis)_고든콘웰신학교 기독교사상 학과장, 조직신학 교수**

데이비드 커리의 『빅 아이디어 예배』는 교회의 가장 중요한 활동인 예배에 올바르게 초점을 맞춘 책으로, 신학적으로 탄탄하고, 성경적으로 확고하며, 실용적으로 뛰어나다. 목사들과 신학생들, 예배 인도자들 그리고 "영과 진리"로 더 깊이 하나님께 예배하기 원하는 모든 사람들에게 나는 이 책을 진심으로 추천한다.

**폴 데이비드(Paul David)_TCA대학 창조 예술학과 학과장**

이 책은 실용적이고, 사고에 도전을 주며, 매우 균형 잡힌 "통전적" 접근으로 공유되고 공통적인 성경 내용의 "빅 아이디어"에 초점을 맞추고 있다. 이 책은 항상 "그분"에게 머무는 초점을 가지고, 자신이 속한 특정 예배 공동체에 적용할 수 있는 방법들을 제공한다.

**줄리 테넌트(Julie Tennent)_교회 음악가**

혼히 우리 예배 가운데 기획되는 예배 음악 부분들이 예배의 나머지 부분을 기획하는 것과 연결되지 않는다. 커리 박사는 이 책에서 우리 예배의 모든 측면의 통합을 위해 강력한 주장을 하는데, 이것은 교회 음악가로 내가 오랫동안 실행되기를 바라왔던 것이다. 음악, 기도, 성경, 설교와의 일관성은 하나님을 예배하기 위해 모인 사람들의 삶에 더 큰 영향과 더 깊은 영성 형성에 이바지할 것이다.

**랜들 팰톤(Randal Pelton)_펜실베니아 갈보리바이블교회 담임목사**

성경적 설교의 빅 아이디어 설교 방법에 대해 훈련하고 가르치고 난 지 수년이 지나서, 데이비드 커리의 『빅 아이디어 예배』를 읽게 되어 너무나 반가웠다. 그가 제안하는 5가지 예전 형성을 위한 질문들은 설교에서부터 공적 예배를 강화하는 회중의 반응, 성찰, 그리고 묵상이 효과적으로 전개될 수 있도록 만든다.

**사이먼 비버트(Simon Vibert)_옥스퍼드 위클리프홀 부총장, 설교학 디렉터**

우리가 그 방법에 너무 익숙해져서 그 일에 반드시 필요한 개선책과 문제점을 발견하는 데 실패하는 것이 가능할까?

하나님의 말씀 사역과 하나님의 백성의 예배가 확실히 함께 하는가?

현대 교회에 매우 필요한 커리 박사의 도전은 하나님이 함께 묶어 놓으신 것들을 우리가 분리했다—심하게는 이혼했다—는 것이다. 어떤 사람들은 설교를 상당히 학문적인 활동으로 보기에, 설교자들은 "성경을 가르치고" 우리는 "본문으로부터 배우기 위해" 모인다고 이해한다. 다른 사람들은 설교를 경건의 연습으로 보기에, 우리가 설교자로부터 성찰의 지혜를 찾아야 한다고 생각한다.

『빅 아이디어 예배』에서 커리 박사는 성실한 강해설교가 함께 모인 회중의 예배의 삶의 중심에 속한다는 사실을 우리에게 일깨운다. 하나님 말씀을 주의 깊게 그리고 기도하는 마음으로 드러내는 것을 통해서 우리는 하나님의 음성—질책하고, 격려하고, 도전하고, 움직이는—을 듣는다.

예배는 하나님을 듣는 온전한 삶의 반응이다. 현대 교회들은 하나님으로부터 듣는 것과 하나님께 반응하는 것 사이의 이 연결을 회복할 필요가 있다. 이 책은 설교자들에게 하나님의 백성이 모일 때마다 그 모임 안에서 설교해야 하는 그들의 역할의 특권과 신비를 보도록 격려할 것이다.

**알리스 매튜(Alice Mathews)_고든콘웰신학교 루이 베넷 석좌명예교수**

어떤 사람은 『빅 아이디어 예배』를 단지 공적 예배를 위한 핸드북 정도로 생각할 수도 있다. 그러나 이 책은 그 이상이다. 데이비드 커리는 매주 하나님의 이름으로 모이는 사람들을 위해 예배가 무엇일 수 있고 무엇이어야 하는지에 대해 눈 뜨게 하는 비전을 우리에게 주고 있다. 하나님께 영광 돌리는 예배의 필수적인 재료들을 깊이 있게 탐색하면서, 그는 예배자를 가르치고 변화시키는 강해적 예배(Expository Worship)의 능력을 우리에게 보여 준다.

이 책은 모든 성도들에게 성경 본문에 대해 보다 분명히 이해하도록 돕는 데 열심인 교회 예배 팀을 위해서 아주 실용적인 단계별 가이드 역할을 하면서도, 공적 예배의 전체적인 목표에 대한 시야를 결코 잃지 않는다. 나는 교회 회중석에 있는 모든 사람의 영적 성장에 관심 있는 모든 목사 또는 예배 인도자들에게 이 책을 강력히 추천한다.

**케네스 스웻랜드(Kenneth L. Swetland)_고든콘웰신학교 목회 선임교수**

"예배"라는 단어는 다양한 사람들에게 서로 다르게—엄격한 예전 혹은 느슨한 예전, 그리고 그 사이에 있는 모든 것— 여겨진다. 하지만, 오늘날 회중석에 앉아 있는 사람들에게 있어서 예배에 대한 주도적인 접근은 "이것이 나의 필요를 채우는가?" 생각에 가까울 것이다. 만약 예배가 하나님 중심이 아니라 나 중심이라면, 그것은 예배가 아니다. 커리는 그들의 전통이 어떠하든지 간에 목사들과 교회 리더들에게 하나님이 예배의 중심이 되도록 예배를 정교하게 만들어 가도록 돕는 매우 값진 자료들을 제공한다. 그 마지막 결과물은 실제로 우리의 가장 깊은 필요를 채우는 예배이다.

**게리 패럿(Gary A. Parrett)_전직 목회자, 전직 교육목회 및 예배학 교수**

나의 사랑하는 옛 동료였던 데이비드 커리의 책은 풍성한 성경적, 실용적 지혜로 나를 감동시켰다. 회중을 위한 예배를 만들어가고 인도해 가는 데 있어, 그의 집중 강도는 나로서는 감히 엄두가 나지 않을 정도이다. 데이비드가 스스로 말하듯이, "이것은 고통을 줄여주는 책이 아니라 오히려 그것을 증대시키는 것이다. '빅 아이디어' 예배는 지름길이 아니라 더 길고 어려운 여정에 헌신하는 것이다." 나는 이 책을 통해 우리의 너무 일관성 없는 모든 예배 안에서 더 좋은 열매를 맺을 수 있기를 기도한다.

**매튜 김(Matthew D. Kim)_고든콘웰신학교 설교와 목회 부교수**

예배는 얼마나 자주 여러 가지로 애매하게 뒤섞여 있고 심지어는 주제와 아이디어가 서로 대립되기도 하는가?

매우 필요했던 이 책에서, 데이비드 커리는 목사들과 예배 인도자들에게 예배에서 단 하나의 불타오르는 초점을 만들어 내도록 하는 귀중한 자료를 제공한다. 바로 예배의 모든 측면에 스며 있는 하나의 구체적인 빅 아이디어가 그것이다. 내가 목사로 사역했을 때 이 자료들을 가졌더라면 얼마나 좋았을까! 그랬다면, 우리 회중이 갖는 예배와 사역에 대한 이해를 변화시킬 수 있었을 것이라 여겨지기 때문이다.

**스티브 강(S. Steve Kang)_트리니티신학교 교육목회와 통합교육학 교수**

해돈 로빈슨의 "빅 아이디어" 강해설교의 전통이라는 풍성한 유산을 바탕으로, 커리는 강해적 예배(expository worship), 하나님의 은혜로운 계시에 대한 기독교인의 충실한 반응으로 특징지어지는 예배를 위한 문제로 나아간다.

커리는 교회 전통에 기인한 전형적인 서로 간의 대립을 파기하고(즉, 하나님의 말씀을 경청함에 있어서 역사적-문법적 주해와 렉치오 디비나[Lectio Divina]의 대립, 하나님의 말씀을 선포함에 있어서 연속적 읽기와 선택적 읽기의 대립, 하나님을 찬양함에 있어서 전통적인 노래와 현대적인 노래의 대립, 하나님을 예배하는 접근 방식에 있어서 성례전적 예배와 복음적 예배의 대립 등), 대신에 하나님을 높이고 하나님의 교회를 세워가는 통전적이고 성경적인 예배라는 융단으로 그것들을 함께 아름답게 짜서 수놓고 있다.

『빅 아이디어 예배』의 수많은 예들과 사례 연구를 통해서, 커리는 단순함과 명료함과 실용성을 가지고 강해적 예배를 전개해 가는 각 단계를 통과하며 독자들을 솜씨 좋게 가이드 한다.

**콘스탄스 체리(Constance M. Cherry)_인디애나웨슬리대학교 예배/목회학 교수**

수십 년 동안 수많은 목사와 예배 인도자들이 매주 비교적 고립된 가운데 예배 준비를 해 왔고, 결과적으로 예배에 대한 경험은 두 부분으로 나뉘게 되었다. 데이비드 커리는 설교의 기술을 예배 디자인 및 리더십과 다시 결합하는데, 이를 위해 그는 보다 큰 주제적 협력을 요구할 뿐만 아니라 설교적 접근과 예전적 디자인 접근의 일치를 위해 더 깊이 들어가도록 하고 있다. 이것은 예배 인도자가 이음매 없이 매끄럽게 진행을 하도록 하여, 하나님의 말씀이 예배의 모든 행동과 통합되도록 한다. 교회는 이러한 종류의 통합적 사고와 실행을 필요로 한다.

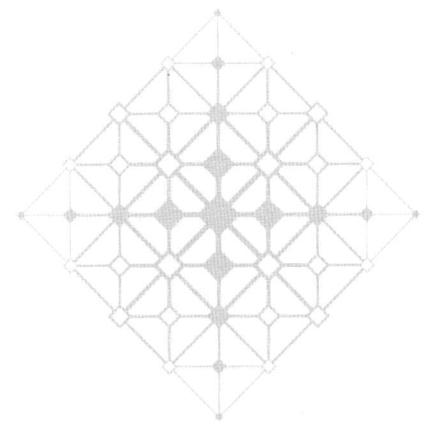

# 빅 아이디어 예배

## 성경적 예배의 원리와 실제

**데이비드 A. 커리** 지음

**김 대 혁** 옮김

CLC

*The Big Idea of Biblical Worship: The Development & Leadership of Expository Services*

Edited by David A. Currie
Translated by Daehyeok Kim

Copyright ⓒ 2017 Hendrickson Publishers, LLC
140 Summit Street, Peabody, MA 01960, USA
www.hendrickson.com
All rights reserved.

Translated and printed by permission of Hendrickson Publishers
Korean Edition Copyright ⓒ 2019 by Christian Literature Center, Seoul, Republic of Korea.

**빅 아이디어 예배:** 성경적 예배의 원리와 실제

2019년 9월 20일 초판 발행

| | | |
|---|---|---|
| 지은이 | \| | 데이비드 A. 커리 |
| 옮긴이 | \| | 김대혁 |
| | | |
| 편집 | \| | 정재원 |
| 디자인 | \| | 전지혜 |
| 펴낸곳 | \| | (사)기독교문서선교회 |
| 등록 | \| | 제16-25호(1980.1.18) |
| 주소 | \| | 서울특별시 서초구 방배로 68 |
| 전화 | \| | 02-586-8761~3(본사) 031-942-8761(영업부) |
| 팩스 | \| | 02-523-0131(본사) 031-942-8763(영업부) |
| 이메일 | \| | clckor@gmail.com |
| 홈페이지 | \| | www.clcbook.com |
| 송금계좌 | \| | 기업은행 073-000308-04-020 (사)기독교문서선교회 |

ISBN 978-89-341-2030-8 (93230)

이 도서의 국립중앙도서관 출판예정도서목록(CIP)은
서지정보유통지원시스템 홈페이지(http://seoji.nl.go.kr)와 국가자료공동목록시스템
(http://www.nl.go.kr/kolisnet)에서 이용하실 수 있습니다. (CIP제어번호: CIP2019033222)

이 한국어판 저작권은 Hendrickson Publishers과 독점 계약한 (사)기독교문서선교회가 소유합니다.
신저작권법에 의하여 한국 내에서 보호를 받는 저작물이므로 무단 전재와 무단 복제를 금합니다.

# 빅 아이디어 예배

성경적 예배의 원리와 실제

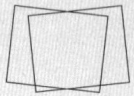

예배를 함께 드리고, 계획하며, 인도한 것에 감사하며
이 책을 수잔에게 바칩니다.

더불어 마땅히…

"여호와여 영광을 우리에게 돌리지 마옵소서 우리에게 돌리지 마옵소서
오직 주는 인자하시고 진실하시므로 주의 이름에만 영광을 돌리소서"
(시 115:1)

# 목차

추천사   1
김 상 구 박사_백석대학교 신학대학원 실천신학 교수
최 승 근 박사_웨스트민스터신학대학원대학교 예배학 교수
외 14인

머리말 스콧 M. 깁슨 박사   12
저자 서문   16
역자 서문   21

## 서론   25

### 제1부   이론편   38
제1장   성경적 예배의 정의   39
제2장   강해적 예배-본문 선택과 연구하기   74
제3장   강해적 예배-예전적 아이디어 형성하기   108
제4장   강해적 예배 구성하기   137
제5장   강해적 예배 인도하기   193
제6장   결론   219

### 제2부   실천편   225
제1장   예전적 아이디어 연습 문제지   226
제2장   예배 평가 양식   231
제3장   사례 연구   234

추천 자료   252

# 머리말

**스콧 M. 깁슨 박사**
고든콘웰신학교 해돈로빈슨설교센터 원장

"설교는 예배다"(Preaching is worship).

적어도 존 칼빈(John Calvin)과 다른 종교개혁자들이 이렇게 주창했다. 설교는 예배 전체에 깃들어 있다. 지금까지 수십 년 동안 해돈 로빈슨(Haddon Robinson)의 설교에 대한 철학—설교는 성경 본문에서 도출한 중심 아이디어를 가져야 한다는 것—은 많은 복음주의 설교의 품질 보증 마크가 되어오고 있다. 설교에 대한 책들은 있고, 예배에 대한 책들도 있다.

그러나 예배라는 더 넓은 맥락 안에서 설교에 대한 책은 어떠한가?

이 책은 그 둘이 함께할 수밖에 없는 방법으로 제시한다.

마침내 누군가 설교에 대한 해돈 로빈슨의 접근을 지렛대로 사용하였고, 어떤 것 안에서 설교가 완성된다는 맥락에 적용했다. 그 어떤 것은 바로 예배이다. 데이비드 커리는 해돈 로빈슨으로부터 가져온 설교의 성경적 본문을 예배 디자인—설교자가 설교하는 본문의 아이디어를 강조하는 예배 디자인—으로 솜씨 좋게 확장한다.

커리는 우리에게 말한다.

"건축자에게 청사진이, 요리사에게 레시피가, 그리고 예배 인도자들에게는 예전적 아이디어(liturgical ideas)가 있다."

커리가 이름 붙인 예배의 빅 아이디어 또는 예전적 아이디어는 로빈슨의 설교 전개의 10단계에서 찾을 수 있는 주해적 아이디어와 뒤따라 일어나는 설교적 아이디어에 기초한다. 하지만, 그의 예전적 아이디어는 로빈슨의 철학에 필요했던 새로운 차원을 제공하고 있는데, 교회—말씀과 예배 가운데—에서 로빈슨의 접근을 실제적으로 풍성하게 만드는 주목할 가치가 있는 차원을 제공한다.

커리의 언급하는 바와 같이, 예전적 아이디어는 설교를 듣는 청중들이 하나님께서 예배 가운데 그의 말씀 안에서 드러내고 있는 것에 반응하도록 돕는다.

어떤 사람들은 어떻게 본문의 핵심이 드러나도록 예배를 발전시킬 수 있는지 고심해왔다. 그리고 많은 사람은 제한된 성과를 내며 그렇게 시도해왔을 수 있다. 당신의 예배 전통이 편안한 스타일이거나 약식이거나 예식이 고정되어 있거나 간에, 이 책은 여러분이 성경 본문이 교회의 예배를 다듬어갈 수 있는 그 방식을 생각하도록 도울 것이다. 그것은 조작적이거나 즐거움을 주는 방식이 아니라, 바로 목사와 예배를 돕는 사람들과 함께, 궁극적으로는 예배드리는 회중과 함께 하나님을 향해 가는 예배를 제공할 수 있는 걸음을 걸어가도록 하는 방식이다.

교회는 너무나 자주 신학보다는 다른 영향으로 예배를 위한 그 순서를 정해왔다. 우리는 자기를 잘 다룰 줄 아는 연주자를 고용하거나 "무대에서 잘하는" 누군가를 붙잡는다. 그러나 우리는 중요한 요소를 놓치고 있는데, 그것은 단단한 신학적 기초를 가진 사람이다.

우리에게는 더 많은 아삽이 있어야 한다. 아삽은 다윗 왕의 예배 인도자였다. 신학적으로 훈련받은 레위 사람 아삽은 예배에서 이스라엘 백성들을 인도했다. 이 '다윗'(David M. Currie)은 어떻게 교회가 아삽들을 발전시킬 수 있을지 또는 예배 인도자들이 더 아삽과 같아지도록 무엇을 도울지, 그래서 말씀에 의해 다듬어진 성경에 기초한 예배를 어떻게 제공할지를 우리에게 상기시킨다.

이 책은 설교자들과 예배 인도자들이 이미 가졌을지도 모를 많은 질문에 답하고 있다.

'우리가 예배드릴 때, 행하는 그것들이 왜 해야 하는가?'

'우리는 성경적 예배를 어떻게 이해해야 하는가?'

'어떻게 성경 본문을 선택하는가?'

'하나님으로부터의 이 말씀이 이해될 수 있고 적용될 수 있는 실용적인—기능적인—방법은 무엇인가?'

'하나의 빅 아이디어를 가지고 예배를 발전시켜 나가는 단계들이란 무엇인가?'

데이비드 커리는 예배가 설교 본문에 의해 다듬어질 때 그것이 어떻게 드러나는지에 대해서 실용적인 예들을 풍부하게 제공한다. 목사와 예배 팀이 예배의 실질적인 그리고 신학적인 요소들을 가지고 고민하도록, 또한 성경적이게 된다는 것이 무엇을 뜻하는 것인지 고민하도록 돕는 사례 연구들도 있다.

그렇다. 설교는 예배이다. 그러나 설교는 전체 예배의 오직 한 요소이고 중요한 것이지만, 예배 안에 있는 모든 다른 요소들은 잘 전개되어 하나님을 높이는 방식으로 본문의 핵심을 강조하도록 돕는다. 이 책은 해돈 로빈슨의 다음 주장에 가치와 깊이를 더하고 있다.[1]

---

1  Haddon W. Robinson, *Biblical Preaching: The Development and Delivery of Exposition Messages,* 3rd ed. (Grand Rapids: Baker, 2014), 39.

성령님을 의지하여 설교자는 성경적 개념들을 선포하여 남녀를 도전하고, 죄를 깨닫게 하고, 위로하는 것을 목표로 해야 한다. 사람들은 그 성경적 개념들에 반응하여 그들의 영원한 운명을 정하고 그들의 삶을 형성해 간다.

성경 본문의 빅 아이디어 아래에 예배의 모든 측면을 모아 정렬함으로써, 예배의 요소들이 성경의 권위 아래로 들어와 스스로 성령님의 지배 아래 순복하면서, 청중들에게 도전하고, 죄를 깨닫게 하고, 위로할 수 있다고 일관되게 강조하고 있다. 이 책은 이 과정 안에서 당신을 도울 것이다. 하나님의 영광을 위해서!

# 저자 서문

데이비드 A. 커리 박사
고든콘웰신학교 실천신학 교수

"넌 결코 혼자 걷지 않아"(You never walk alone)라는 말처럼, 그리고 이제 곧 내가 펼치게 될 "넌 결코 혼자 예배하지 않아"(You never worship alone)라는 말처럼, 당신은 결코 혼자 책을 쓸 수 없다. 이 책의 표지에 내 이름이 많이 적혀있지만, 수년 동안 많은 사람이 성경적 예배에 대한 나의 접근방식이 발전하도록 또한 그것이 활자화되도록 도움을 주었다.

이 책의 (원서) 제목(*The Big Idea of Biblical Worship: The Development & Leadership of Expository Services*)이 말하는 것처럼 예배에 대한 이 책은 해돈 로빈슨(Haddon W. Robinson)의 독창적인 역작 『강해설교』(*Biblical Preaching: The Development and Delivery of Expository Messages*)[1]에 의지하고 있다. 신참 설교자로서 내가 그 책을 발견했을 때의 감사함을 아직도 기억한다. 나 혼자의 힘으로 해결하려고 애쓰며 버둥거리고 있던 것에 대해서 누군가가 명확한 과정을 펼쳐놓았다는 것에 대한 깊은 감사의 마음이 생생하다.

---

[1] 이 책 *Biblical Preaching: The Development and Delivery of Expository Messages*는 기독교문서선교회(CLC)에서 『강해설교』(2007), 『강해설교(제2증보판)』(2014)로 출간되었고, 제3판도 현재 출간 준비 중에 있다-편집자 주.

나의 감사는 해돈이 나중에 고든콘웰신학교에서 목회학 박사 과정의 리더십 과정에 함께하게 되어 나의 동료로 내 삶에 옮겨오면서 더욱 커졌다. 그리고 그는 자신의 설교적 접근을 예배에 적용해 보도록 개인적으로 그리고 학문적으로 나를 격려했다.

고든콘웰신학교 설교학 파트에 있는 해돈의 동료들인 스콧 깁슨(Scott Gibson), 제프 아더스(Jeff Arthurs), 매트 킴(Matt Kim)은 내가 "빅 아이디어" 방법이 지닌 뉘앙스를 이해하고 인식하는 데 있어 참을성을 가지고 나를 지도해 주었다. 그들 각자는 또한 복음주의설교학회(Evangelical Homiletics Society)에서 중요한 역할을 하고 있으며, 그 학회는 연례 모임에서 나에게 이 책의 일부분이 된 아이디어를(교회력과 렉치오 디비나[Lectio Divina]에 관한) 소논문을 통해 소개할 기회를 제공해 주었다.

우리가 실천 목회학 박사 과정에서 실천신학의 설교 전문 교육 과목을 함께 가르치는 동안, 폴 스콧은 내가 이 책에 있는 많은 내용을 가르친다는 것을 들었고, 그는 그것을 구두 형식에서 기록 형태로 바꾸라고 나를 볼 때마다 끈덕지게 격려하기 시작했다.

만약 내가 그의 말에 더 귀 기울여 반응했더라면, 이 책은 몇 년 일찍 출판되었을 것이다. 이 과정을 함께 하는 우리의 동료 멘토인 캔 스웻랜드(Ken Swetland)는 나와 함께 하는 많은 학생이 "저는 다른 어떤 곳에서도 이런 내용을 들은 적이 없어요. 당신은 언제 이것을 책으로 쓸 건가요?"라고 나에게 말했던 것을 강조하면서, 이 격려의 합창에 그의 목소리를 더했다.

내가 동료인 게리 패럿(Gary Parrett)과 함께 개발하고 가르쳤던 성경적 예배의 목회학 박사 과정은 내가 목사로서 해 왔던 것들 전체를 굉장히 깊이 있게 생각하지 않을 수 없게 만들었다. 우리가 함께 가르치는 동안 게리의 시종일관 철저하고 사려 깊은 피드백은 나의 이 접근방식을 다듬게 했고, 그 이후 계속된 그의 기도로 이 내용은 더욱더 나아졌다.

또한, 이 과정을 수료한 두 보병대(600여 명)의 인원에 속하는 놀라운 학생들은 내 생각을 단련시켜 주었고, 이 책이 나올 수 있도록 격려했다. 그들은 이 접근방식을 폭넓은 다양한 상황에서—싱가포르에서부터 인디아, 타이완, 미주리에 있는 스프링필드, 그리고 오순절파, 회중교회, 성공회, 침례교회, 한국 장로교회에 이르기까지—나 자신의 사역에서 기대했던 것을 넘어서는 그 응용력(applicability)과 유연성(flexibility)을 확인하면서 실전 테스트를 했다. 이 과정의 졸업자 중 한 명인 랜달 퀘켄부시(Randal Quackenbush)와 고든 콘웰의 예배학 신임 교수인 에밋 프라이스(Emmett Price)가 게리와 나를 이어 이 과정을 맡게 되어 너무 기쁘다.

학문적으로는 한 세대나 앞서 계시지만 자신의 동료처럼 반겨주시는 세 명의 교수들-크리스 에드워드(Chris Edwards), 더 포스버그(Doug Forsberg), 크리스 지글러(Chris Ziegler)—은 우리가 1년에 두 번 갖는 기도수련회에서 나의 영혼을 돌보아주었을 뿐만 아니라, 또한 내가 계속 연기하거나 심지어 포기하려 할 때 그들은 이 책이 실제가 될 수 있도록 기도해 주었다. 또한, 그들은 내가 쓴 것이 회중들의 삶의 실제를 반영할 수 있도록 목회적 안목을 가지고 원고를 읽어주었다.

또한, 줄리 테넌트(Julie Tennent)는 그 관점을 반영하기 위한 음악가의 안목을 제공해 주었다. 그녀의 현명한 조언에도 불구하고, 이 글에는 나의 어설픈 유머가 남아 있을지 모르겠다. 그러나 나는 시편의 사용을 회복하고자 하는 그녀의 열정을 파악했고, 그것이 이 책에서 성경적 예배로의 접근을 구체화하고 있다.

근 10년 동안 개척 목사로 섬길 수 있는 영광을 누렸던 앵커장로교회(The Anchor Presbyterian Church)의 회중들은 나에게 이 책에서 제안한 과정들을 가지고 시험할 수 있는 실험실을 제공했다. 나의 성도들과 동료들은 많은 실수와 시도를 해 나가면서도 사랑과 기도로 나를 감싸주며 굉장한 인내를 보여주었다. 성경이 우리 예배를 빚어가기를 원하는 그들의 열정과 열린 마음은—이는 차례로 우리 마음을 빚어갔다— 삶의 모든 영역에서, 그리고 세상의 모든 곳에서 그리스도의 왕국을 이루기 위한 그리스도의 충만함을 추구하는 우리의 비전을 드러내었다. 이 책의 대부분 예화는 앵커장로교회에서 있었던 나의 사역으로부터 온 것이다.

'컨 가족 기금'(Kern Family Foundation)으로부터 받은 연구 장학금은 내가 첫 안식 기간에 옥스퍼드에 있는 위클리프홀(Wycliffe Hall)에서 몇 주 동안 글쓰기를 시작하도록 떠날 수 있게 했다. 그곳의 부 교장인 사이먼 비버트(Simon Vibert)은 이례적인 환대를 베풀어주었다. 또한, 고든 콘웰의 교직원들과 이사들은 이 책을 마칠 수 있도록 나에게 추가로 몇 주간의 시간을 허락해 주었다. 그리고 나의 상관인 신학교 학장 데니스 홀링거(Dennis Hollinger)와 교학처의 부학장 릭 린츠(Rick Lints)는 비록 급한 행정상의 일이라는 중압 아래서도 멀리서 글 쓸 수 있는 시간을 갖도록 나를 강하게 독려했다.

목회학 박사(D.Min.) 프로그램과 오켄가연구소(Ockenga Institute)에서 진행 감독을 하는 브리짓 에릭슨(Bridget Erickson)은 여러 번 내가 자유롭게 멀리 갈 수 있도록 해주었을 뿐만 아니라, 그녀는 자원하여 원고를 읽어주는 수고를 아끼지 않았고, 평신도의 관점에서 나오는 여과되지 않은 버몬트(Vermont) 주 특유의 피드백을 제공해 주었다.

빌과 레인 앤더슨(Bill and Lane Anderson)은 스모키마운틴(Smoky Mountains)에 있는 그들의 별장인 버드송오두막(Birdsong Lodge)을 내가 글 쓰는 몇 주간 가운데 한 주 동안 열어주었다. 그리고 나의 어머니 엘리노 커리

(Elinor Currie)는 또 다른 한 주 동안 플로리다에 있는 그녀의 식탁 테이블을 내가 점거하게 해주었다.

션 맥도너(Sean McDonough)는 핸드릭슨출판사가 이 책을 출판하는 것에 처음 관심을 표현했다. 그래서 나는 편집자들인 패트리샤 앤더스(Patricia Anders), 매기 스워포드(Maggie Swofford), 칼 네리스(Carl Nellis)와 연결되었고, 그들은 나와 같은 초보 저자가 이 책이 편집과 출판 과정을 통과하기까지 인내심을 가지고 도와주었다. 나의 대학원생 조교인 랜달 로데스(Randall Rhodes)는 색인을 정리해 주었는데, 그것은 나를 위한 것일 뿐만 아니라 특별히 어떤 것을 찾기를 원하는 독자를 위한 섬김의 행동이기도 하다.

이상에서 언급한 대부분 사람은 이 책의 원고 전체 또는 부분을 읽었고, 그것이 이 책의 큰 향상을 가져다주었다. 그러나 어떤 부분을 바꾸는 것에 대한 나의 거부가 이 책이 완벽해지는 것을 방해했을 수도 있다. 어떤 한 사람은 이 책을 읽었을 뿐만 아니라, 거의 반세기를 나와 함께 그렇게 살려고 애써왔다. 나의 아내 수잔이다. 우리는 함께 시편 119:54을 살아내려고 애쓰고 있다.

> 내가 나그네 된 집에서 주의 율례들이 나의 노래가 되었나이다
> (시 119:54).

# 역자 서문

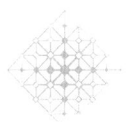

### 김 대 혁 박사
총신대학교 신학대학원 설교학 교수

신앙과 신학의 회복은 예배의 회복에서 시작된다. 종교개혁의 첫걸음이 예배의 갱신에서 시작된 것은 결코 우연이 아니다. 그러기에 종교개혁자들의 후예인 우리는 신앙과 신학의 현주소를 매주 드리는 예배를 통해 가늠할 수 있다. 예배는 신앙과 신학의 시금석이기 때문이다.

오늘날 우리가 드리는 예배를 갱신(해야)한다면, 당신은 과연 어디서부터 시작하고 싶은가?

종교개혁자들의 "오직 성경으로"(Sola Scriptura!)라는 외침은 우리의 구호만이 아니라 실천으로 반드시 이어져야만 한다. 이를 위해 그들이 회복한 하나님의 말씀, 설교의 중심성은 우리가 여전히 지켜야 할 고귀한 신앙과 신학적 유산이다.

하지만, 그 강조가 오늘날 예배 속에서 균형 있게 실천되고 있는가?

어쩌면, 오늘날 예배 갱신은 예배 속에서 성경 말씀에 근거한 설교의 바른 자리와 말씀에서 규정하는 예배의 다른 요소들과의 통합과 균형을 찾아가는 길인지 모른다.

우리가 드리는 예배를 한 발짝 떨어져서 살펴보라.

우리가 강조하는 설교의 중심성이 혹시 설교가 좋으면 좋은 예배라고 여기는 설교 환원주의적 예배를 조장하고 있지는 않는가?

한편 전통보다는 현대적 적응을, 따라서 설교보다는 음악이 더 중요한 예배의 요소로 인식하며, 자신의 기호에 맞는 음악 스타일에 따라서 삼위 하나님의 임재를 평가하는 예배 소비주의에 빠져 있지는 않는가?

그래서인지 실제 현장 목회자들은 매주 바르고 효과적인 설교를 만드는 데 집중하는 만큼이나 하나님의 말씀에 의해 규정되는 바르고 효과적인 예배에 대해서 많은 신경을 쓰지 못하고 있는 듯하다. 음악과 예전의 스타일에 대한 고심, 예배 각 요소들에 대한 훌륭한 진행에는 마음이 무척 쓰이지만, 예배 전체에 각 예배/예전의 요소들이 함께 어우러져 복음의 역동성을 드러내는 것에는 관심이 적은 듯하다.

이 책은 바로 이런 질문과 현상들에 대한 '뜬구름 잡기식이 아닌, 손에 잡히는 목회적 대안을 제시한다. 그것도 오직 성경으로 돌아가 본문에 충실한 주해에 기초하며, 그 본문이 예배 전반을 이끌어가도록 하는 성경적 대안이다. 설교와 성례, 기도와 찬양이 하나님의 말씀인 본문 말씀에 의해서 통합과 균형을 이루도록 하는 것에 구체적이고 실제적인 대안을 보여준다.

설교와 예배의 유기적 통합과 균형을 추구하는 목회자들에게 이 책의 저자가 제시하는 '빅 아이디어' 방식이 물론 성경적 예배를 위한 유일한 대안이라 말할 수는 없다. 하지만, 그 통합과 균형을 구체적으로 보여주는 데에는 실로 독보적이다.

지금까지 '성경 본문에 근거하여 설교와 예배를 하나로 엮어내는 역동적 방식'을 여기서만큼 보여주는 책은 만나보지 못했다. 저자는 성경적 예배에 대한 자신의 이해를 분명하고 명쾌하게 제시할 뿐만 아니라, 그 이론에 근거한 매우 실제적이고 실용적인 방식을 풍부한 자신의 경험과 실례를 통해 제공하고 있다. 이런 면에서 이 책은 유일하고, 실용적이며, 통합과 균형을 통한 새로운 갱신의 길을 여는 책이다.

특별히 오늘날 '예전'에 대한 새로운 인식과 더불어, 바른 예전의 실행에 관한 관심이 높아지고 있다. 여기에 관해, 이 책은 성경 본문에 기초한 예배와 예전의 실행에 유용한 통찰을 제공한다. 제3-4장에 걸쳐 설명되는 '예전적 아이디어'(liturgical ideas)에 관한 내용은 목회자가 매주 설교를 준비하면서 전체 예배 속에서의 설교의 위치를 재확인하고, 설교를 통한 예배의 움직임/예전을 미리 조망하도록 돕는다.

이와 더불어 예배 가운데 설교자가 말씀의 '단독 공연자'(the single performer)로 서는 것이 아니라, 다른 예배 인도자들과 함께 서는 '말씀의 수종자'(a word minister)로 인식하도록 만든다. 한마디로, 설교 공연자가 아니라 말씀 예배자로 회중 전체와 함께 예배를 세워가도록 하는 데 이 책은 큰 도움을 준다.

다시 말하지만, 이 책은 성경적 예배를 위해 설교와 예배의 효과적 통합을 보여주는 실용적인 책이다. 하지만, 목회 현장에 금방 적용하기 쉽다고 오해하지 말기를 바란다.

저자가 강조한 바대로, '빅 아이디어 (강해적) 예배'는 지름길을 제공하지 않는다. 오히려 본문을 붙들고 씨름하는 성경적 예배의 긴 항해로 초대한다. 저자는 성경 본문에 인도함을 받아 설교와 예배가 함께 어우러져 삼위 하나님의 충만한 임재와 복음을 예배 전체로 실행하는 여정으로 초대한다. 강해적 예배를 위한 고뇌와 수고가 결코 헛되지 않을 것이다.

본문에 충실하고 설교에 효과적인 '빅 아이디어' 성경적 설교는 지난 30년간의 북미 신학교와 교회들, 그리고 한국교회의 강단에서도 현대 강해설교에 대한 이론과 실천을 제공하며 지대한 영향을 끼쳤다. 이제는 예배이다. 이 책이 제안하는 '빅 아이디어' 성경적 예배가 설교로서의 예배와 예배로서의 설교의 올바른 자리 매김에 도움을 주며, 더 나아가 신학의 실행인 예배가 지닌 복음의 역동성이 매주 참여하는 예배 가운데서 생생히 되살아나는 데 길잡이가 되기를 소망한다.

모든 설교와 예배 가운데
삼위 하나님의 충만한 계시와
온 성도의 온전한 응답을 소망하며
2019년 7월, 양지에서

# 서론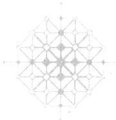

설교자가 "아멘"으로 설교를 마쳤을 때, 나의 마음과 생각은 그의 세심한 강해를 통해 솜씨 있게 묘사된 에베소서 첫 장의 우주적 그리스도에 대한 경외심으로 넘쳐흘렀다.

예배 인도자가 마이크 앞으로 나아왔고, 나는 그러한 광대함을 찬양하기 위해 소리 내고 싶었고, 주위의 예배자들과 함께하고 싶은 열렬한 소망을 가지고 기다렸다. 그 예배 인도자는 자신의 입을 열고 찬양으로 우리를 인도하기 시작했다.

> I am a C
>
> I am a C-H
>
> I am a C-H-R-I-S-T-I-A-N
>
> And I have C-H-R-I-S-T in my H-E-A-R-T
>
> and I will L-I-V-E E-T-E-R-N-A-L-L-Y!<sup>1</sup>

---

1 "나는 C/나는 C-H/나는 C-H-R-I-S-T-I-A-N"로 시작하는 Cedarmont Kids의 첫 번째 앨범(Gospel Bible Songs)에 수록된 밝고 명랑한 가스펠송으로 https://www.youtube.com/watch?v=YH_mhPX7C5k에서 들을 수 있다-역주.

'정-말-로?'

나는 혼자 생각했다.

'그 설교는 모든 성경 가운데 가장 장엄한 구문 중의 하나로 정말 감동적으로 선포된 것으로, 그리스도의 그 뛰어나심에 대한 우리의 반응을 모을 수 있었던 최고가 아니었나?'

이것은 정말이지 나에게는 이해되지 않았다.

'왜 성경적 설교를 동일하게 성경적 예배로 이어지게 하지 않는가?'

내가 자라온 교회와는 아주 대조적인 교회가 떠올랐다. 거기서의 설교는 「뉴욕타임스」의 논평이나 「타임」지의 최근 커버스토리에 대한 언급에 지나지 않았다. 나는 좋은 설교는 성경이 언급되는 것이며, 더 좋은 설교는 성경이 언급되더라고 긍정적인 방향으로 언급되는 것이라고 농담처럼 말하곤 했다.

이런 '성경 없는 설교'(Bible-less sermon)로 이루어진 예배라도 대체로 성경 구절들로는 채워져 있었다. 그전에는 많이 알지 못했지만, 내가 스스로 성경을 읽은 후에 비로소 시편, 복음서, 서신서, 심지어 계시록에서 예기치 않았던 친숙한 구문들이 나에게 부딪혀왔다.

오, 이 구절이 그 기도, 그 대답, 그 찬송, 그 노래들이 나오는 곳이었군! 나는 늘 그 부분을 좋아했었지. 그것이 성경 안에 있다는 것을 난 정말이지 전혀 몰랐었군.

성경적 설교와 성경적 예배 가운데 왜 하나를 선택해야만 하는 건지 나는 이상히 여겼다. 그것은 완전히 불필요하고 비논리적인 선택으로 보인다.

예수님과 같이 성경 말씀이 하나님의 말씀이라고 확언하는 사람들이 왜 예배의 모든 말들이 성경으로부터 나오도록 하지 않았는가?

목회 사역을 시작하였을 때 나는 서두의 그 설교자가 에베소서의 첫 장을 풀어주었던 방식으로 설교하려고 정말 애썼다. 나는 신학교에서 내가 습득해 온 모든 주해적 도구들을 동원하여 성경 구문을 명확히 하고, 청중들의 삶에 적용할 수 있도록 만드는 방식으로 그것들을 사용하기를 원했다. 감사하게도 나의 힘으로 이것을 풀어보려고 더듬거리며 애쓰고 있을 때, 나는 해돈 로빈슨이 최근에 그의 책, 『강해설교』[2]에서 내가 하려고 했던 바로 그것의 이론적 설명과 방법론을 제공하고 있다는 것을 발견했다.

로빈슨이 제시한 과정을 따라 차근차근 연구하는 것과 그것을 나의 것으로 만드는 것은 나의 설교를 더욱더 성경적이게 만들었고, 본문의 "빅 아이디어"가 설교의 "빅 아이디어"가 될 수 있도록 만들었다. 그러나 내가 성경적 설교를 하는 것에 비하면 성경적 예배를 함께 해가는 데는 그다지 도움이 되지 않는다는 것을 알았다.

'왜 본문의 "빅 아이디어"를 가지고 설교뿐 아니라 예배 전체를 안내해 줄 수 있는 책은 없는 걸까?'

이 문제에 대해 연구한 지 30년이 지나고-초기 20년은 설교자와 예배 지도자로서 그리고 10년은 목회학 박사 과정 학생들에게 설교와 예배를 가르치는 교수로서-나는 이제야 나 자신이 그러한 책을 내야 할 때라

---

[2] Haddon W. Robinson, *Biblical Preaching: The Development and Delivery of Exposition Messages*, 3rd ed. (Grand Rapids: Baker, 2014). First edition, 1980; second edition, 2001; third edition, 2014. 이 책은 기독교문서선교회(CLC)에서 『강해설교』(2007)로 출간했다-편집자 주.

고 결정하게 되었다. 이 결정은 예배를 마친 후 예배자들의 반복된 조언을 반영하는 것이다.

> 오늘 아침은 정말 파워풀 했습니다. 모든 것이 함께 잘 맞았기 때문이었던 거 같아요.
> 그냥 그렇게 된 건가요, 아니면 당신이 그 모든 것을 기획했나요?

또한, 나는 학생들로부터 내가 그들에게 가르쳤던 것을 인쇄해 달라는 요청을 받았는데, 그들이 그 정보를 다른 어떤 곳에서도 찾을 수 없었다고 한다.

이 책의 "빅 아이디어"는 성경적 설교가 그러한 것과 같은 방법으로, 성경적 예배 또한 성경 구문의 중심 아이디어로부터 흘러나와야만 한다는 것이다. 동일한 주해적 아이디어가 설교를 형성하는 설교적 아이디어를(homiletical idea) 알려줄 뿐만 아니라, 나머지 예배를 형성하는 "예전적"[3] 아이디어들(liturgical ideas)을 알려줄 수 있다.

이 책에서 내가 바라는 것은 서로가 공유하는 이론과 방법을 통해 설교자들과 예배 인도자들이 더욱 친밀하고 조화를 이루며 함께 사역하도록 돕는 것이다. 궁극적인 목표는 두 그룹 모두가 예배자들을 섬기는 것이고, 따라서 "한 마음과 한 입으로 하나님 곧 우리 주 예수 그리스도의 아버지께 영광을 돌리게"(롬 15:6) 하는 것이다.

불행하게도 설교자들과 예배 인도자들은, 결과적으로 예배자들도, 대체로 마음과 소리가 나뉜 상태를 유지함으로 그리스도와 그의 몸(교회

---

3    여기서 "예전적"(liturgical)은 "주해적"(exegetical)과 "설교적"(homiletical)과 같은 수식어로, 간단하게는 "예배와 관련된"(related to worship)을 의미하는 것이지, 어떤 특정한 예전 또는 예배 스타일에 대한 실행을 말하는 것은 아니다.

를 가리킴-역주)에 손해를 끼친다. 때로 이런 분리 현상은 설교시간까지 등장하지 않는 설교자로 인해 발생하는데, 그들은 이 "주요 이벤트 전 준비단계"는 건너뛸 수 있다고 느낀다. 이것은 "이제 공연은 끝났기에" 설교 전에 떠나버리는 연주자들에 의해 다시 드러나게 된다.

이 분리 현상은 실제적으로는 더 일반적이지만 자주 언급되지는 않는 설교와 예배의 다른 요소들과의 결별을 보여준다. 부부간의 이혼과 마찬가지로, 관련된 모든 부분은 이런 분리에 대한 일정 부분의 책임을 나누어 가진다.

설교자들은 (그들의 다른 일들보다 우위에 놓인) 매주 설교를 만드는 노력으로 자주 압박감을 느끼며, 다른 사람들에게 예배의 나머지 부분들을 넘겨버리고 해방감을 얻는다. 특히 그들에게 음악에 대한 이해가 현저히 없을 때는 더욱 그러하다. 결과적으로 그들은 "예배"를 노래 부르는 것으로 격하시킨다.

한편 예배 인도자들은 자신들의 역할을 설교 시리즈와 조화를 이루도록 계획을 세우는 것을 원하지 않는다. 특별히 그것이 자신이 좋아하는 곡이나 기도를 하지 못하게 될 때 더욱 그러하다.

그리고 미리 계획해서 하려는 예배 인도자들은 빈번히 좌절을 경험하는데, 그것은 "토요일 저녁 스페셜"(Saturday Night Specials, 토요일 저녁에 갑자기 준비되는 방송이다-역주)로 인해 미리 조정하는 것이 불가능하게 하는 설교자에 의해서이다. 어떻게 해서라도 평화롭게 조정하기를 원하는 회중들은 이들 사이에 화합할 수 없는 차이에 의해서 이 우호적인 결별 상태와 늘 함께하고 있다.

불행하게도 이러한 결별상태가 일으키게 될 갈등이나 일들이 아무리 사소하다고 하더라도, 결국 예배와 설교의 결별은 비극이며 하나님의 자녀들에게 유해하다. 부부간의 이혼이 아이들에게 그러한 것과 마찬가지이다. 게다가 그것은 더욱더 깊어져서 심지어 예배와 성경의 결별을 초래하게 되는데, 이것은 더 해로운 것이다.

이런 분리와 결별 상태는 세상 "지혜"(Sophia)를 존중하는 젖과 꿀의 잔치를 즐기는 "진보적인" 그룹에서 분명히 드러나는 한편, "하나님의 전체 경륜"(the whole counsel of God)을 설교한다고 주장하는 얼마나 많은 자칭 "복음주의" 교회들에서 성경이 거의 읽히지도, 성경으로 기도하고 찬양하지도, 심지어 성경으로 설교하지도 않는 예배를 드리는가?

이러한 결별을 화해시키고 앞으로 나갈 방법을 설명하기 전에, 성경적 예배에 대한 두 가지 기본 전제를 나누고 싶다.

**첫째**, 모든 설교는 예배이다.

'모든' 설교는 예배이다! 이것이 많은 설교자에게는 사각지대가 되어 다른 예배 인도자들을 좌절시킨다. 설교의 궁극적 목적은 즐거움도 아니고 가르침도 아니고 오직 경배(adoration)이다. 그것은 무엇보다 살아계신 하나님을 향하고 있는데, 그분은 설교자가 선포한 자신의 기록된 말씀을 통해서 설교자와 청중들을 살아계신 말씀인 예수 그리스도께 연결하기 위해 말씀하시는 하나님이시다.

초기 신학자인 어거스틴(Augustine)이 그의 책 『참회록』에서 "그"라는 3인칭으로 하나님에 대해 말하는 대신 "당신"이라는 2인칭으로 쓴 것처럼, 모든 설교자는 비록 2인칭으로 분명하게 언급하지 않더라도 궁극적으로 하나님께 말하는 것이다.

이 하나님께로 향하는 방향성은 모든 설교를 예배로 만든다.[4] 설교를 단순한 강의나 담화가 아닌 설교가 되게 하는 것은, 몇몇 복음주의적

---

[4] 이 주제에 대한 추가적인 자료를 위해서는 다음을 보라. Michael Quicke, *Preaching as Worship: An Integrative Approach to Formation in Your Church* (Grand Rapids: Baker, 2011).

설교를 제외하고는 그것이 항상 연합된 예배의 맥락 안에서 일어나기 때문이다.

설교가 예배의 중심이라고 하더라도 그것이 예배 안에 있는 다른 모든 것보다 높은 위치에 있지는 않다. 상당히 훌륭한 설교는 다른 모든 요소와 대등해야 하고 조화롭게 그 모든 요소를 향상시켜야 한다. 예배를 계획하고 인도하는 것을 돕는 사람들이 "이번 설교는 좀 더 길게 해야 할 것 같습니다. 그렇게 하기 위해 성찬식을 잘라냅시다"라고 일방적으로 말하는 설교자들로 인해 몹시 좌절하는 것은 당연하다.

**둘째**, 모든 예배가 설교이다.

설교자들이 성경적 예배의 첫 번째 전제인 '모든 설교는 예배이다'라는 점을 꼭 기억해야 할 필요가 있다면, 다른 예배 인도자들은 두 번째 전제 '모든 예배가 설교'라는 것을 꼭 기억해야 할 필요가 있을 것 같다.

'모든' 예배는 설교이다! 이것은 설교자를 실망시키는 예배 인도자들이 보지 못하는 부분이다. 예배에서 우리가 말하고 노래하고 행동하고 보여주는 모든 것이 우리가 생각하는 하나님은 누구인지, 우리가 생각하는 우리 자신은 누구인지, 우리가 생각하는 이 관계가 어떻게 돼야 하는지를 분명히 나타내는 것이다.

예배에서 중요하지 않은 것은 없다. 잘못된 신학이 좋은 시와 노래로 정당화될 수 없다. 공허한 가사는 감성적인 설교 예화와 마찬가지로 청중들에게 아무런 감화를 주지 못한다.

예배 인도자들의 선포가 설교자의 선포와 동등한 조화를 이루지 못할 때 불협화음의 문제가 생긴다. 한번 상상해 보라. 주의 깊게 다듬어져 열정적으로 전해진 그리스도의 부활의 역사성에 관한 부활절 설교 후에, "다시 사신 구세주"(He Lives)라는 찬송가가 따라왔다. 그 찬송가는 부활절에 부르기에 분명 적당한 것이지만, 그 설교 후는 아니다!

곡 후렴구의 질문, 즉 "그가 살아나셨는지 당신은 어떻게 아느냐?"(You ask me how I know He lives?)에 대한 대답은 설교자가 방금 설교했던 내용("목격한 사람들의 증언과 빈 무덤과 제자들의 변화된 삶")이 아니라, 단지 "내 맘에 살아계시네"이다. 그 감정도 사실이긴 하지만, 그것이 설교의 핵심 포인트가 아니었다. 그것은 심지어 설교의 핵심 포인트를 손상시키고 있다.

하나님의 말씀이라는 값진 보석을 캐내려고 성경을 매우 깊이 탐색하는 설교자는 다른 이들이(예배 인도자들이) 이러한 보석들에 있는 그 아름다움을 최대한 보여줄 수 있는 예배의 구성으로 발전시키도록 이들을 먼저 격려해야만 한다. 예배 인도자들은 자신들이 바라는 것을 설교자와 공유해야 하고, 설교자들로 하여금 그들의 설교 기준을 예배의 다른 요소들이 최고의 자질을 나타낼 수 있을 만큼 향상하도록 고무시켜야 한다. 백금 반지에 플라스틱 진주를 넣어두지 않는 것처럼, 아무도 플라스틱 반지에 다이아몬드를 넣으려 하지 않는다.

예배에서 갈등을 피하기 위해서 '무과실 이혼'(no-fault divorce, 당사자 쌍방의 책임을 묻지 않는 이혼, 본문에서는 설교자와 예배 인도자가 서로 간에 책임을 묻지 않는다는 의미-역주)에 안착하는 대신, 설교자들과 예배 인도자들은 갈등을 줄여 해결하거나 또는 적어도 그 갈등의 본질을 명료하게 하기 위해 이 책의 방법론을 사용할 수 있다. 예배 "전쟁"이라는 말은 이러한 진실을 신랄하게 보여준다.

예전을 행하는 사람들인 예전 담당자들(설교자 또는 피아노 연주자 또는 기타 연주자 또는 오르간 연주자)과 테러리스트의 차이는 무엇인가?

적어도 우리는 테러리스트와 협상은 할 수 있다!

예배와 관련된 많은 갈등은 예배의 각 요소에 대한 의견 불일치에서 기인한다.

"나는 그 노래가 안 좋아…."

"왜 당신은 그런 식으로 기도했어요?"

"우리는 언제 다시 성찬을 할 건가요?"

구성요소들의 갈등을 토론으로 해결해 보려고 할 때 생기는 문제는 종종 그 토론이 개인적인 취향에 대한 것으로 격하되는 것이다.

"글쎄요, 저는 그 노래가 좋아요!"

"나처럼 기도할 때 사람들이 영적으로 채워지는 거죠!"

"성찬식에 대한 당신의 불만은 성찬식 자체입니까? 아니면 우리가 얼마나 자주 그것에 참여하는가에 대한 것입니까?"

이 책의 목적은 설교자들과 다른 예배 인도자들이 사람들이 서로 다른 의견을 가지기 쉬운 다양한 예배의 개별 요소들에서 한 발짝 뒤로 물러나, 모두가 함께 공유하는 성경적 내용에 더 많이 집중하도록 하기 위함이다.

예배의 요소들은 상황의 복합적인 다양성, 즉 교단적, 문화적, 인종적, 지역적, 세대 간, 절기별, 신학적 다양성을 통해 걸러져서 그 내용이 나온다. 만약 예배에 참여하는 사람들이 성경 안에서 그 내용에 동의한다면, 그들은 그들의 독특한 일련의 상황들을 통해서, 적어도 부분적으로는 그 예배 기획팀의 다양성 안에서, 공통되는 예배의 내용을 걸러낼 수 있을 것이다. 그 결과 개별 요소들은 특정한 예배 공동체의 독특함 가운데 전달되고 이해될 수 있는 방법으로 하나님이 말씀하시는 것을 더욱 충분히 드러낼 수 있게 된다.[5]

---

[5] 다른 저자들과 마찬가지로 나 또한 지는 상황-백인이고, 남성이고, 주류 복음주의자라는 상황-으로부터 글을 쓸 수밖에 없다. 그러나 내가 이 상황에서 쓰고 있지만, 이 책의 방법론은 어떤 상황에서도 가능하다. 사실, 진정한 성경적 예배는 특별히 다문화적 배경이라는 급진적인 상황화(radical contextualization)를 요구하는데, 사회학자 Gerardo

어떤 방법론도 예배와 관련된 갈등을 완전히 제거할 수는 없다. 그러나 이 과정은 그것을 줄일 수 있거나 적어도 그 갈등의 본질을 분명히 할 수 있다.

> 글쎄, 나는 그 노래가 여전히 좋지 않아. 그래도 이 예배를 위한 성경적 '빅 아이디어'에는 내가 좋아하는 것보다 더 잘 맞는 것을 알고 있어. 그러니 일단 그것을 부르지 뭐. 내가 좋아하는 것은 2주 뒤의 '빅 아이디어'와 가장 잘 맞을 거야.

예배 기획팀이 각각의 예배를 위한 중심 성경 본문의 주해적(exegetical), 설교적(homiletical), 예전적(liturgical) 아이디어에 대해서 더 명확함을 가질수록 갈등과 혼란은 줄어들고, 결과적으로 예배자들은 더 많이 참여하게 되고 더 큰 기쁨을 누릴 것이다.

이런 과정을 통해서 우리들은 예배를 계획하고 인도하고 평가할 때, 두 종류의 질문을 하게 된다. 그것은 "왜?"(Why?)와 "그래서 뭐?"(So what)이다.

이것은 우리를 예배의 표면 밑으로 이동시켜, 우리가 정말 예배의 예식 안에서 행하려고 하는 것이 무엇인지에 도달하게 하는 의도적인 질문이다. 만약 우리가 이러한 질문을 하고 있지 않다면, 우리는 반드시 이 질문을 해야 한다.

---

Marti의 *Worship across the Radical Divide: Religious Music and the Multiracial Congregation* (New York: Oxford, 2012)에서 논의한 것처럼 말이다. 비슷하게 나는 "빅 아이디어" 설교자들인 나의 동료들이 모두 같은 방법론을 사용하고 있지만, 그들의 설교는 나의 것과 또한 그들 서로 간에도 다르게 들리는데, 그것은 여성, 아프리카계 미국인, 한국계 미국인, 침례교, 또는 오순절파로서 그들이 처한 상황을 반영하기 때문이라는 것을 발견했다.

불행하게도 "왜?"와 "그래서 뭐?"는 종종 예배 리더십에 참여하는 두 타입의 사람들(이 사람들은 한 질문 또는 다른 질문에 한없이 집중하는 종류의 사람들이다) 가운데 난관과 갈등을 이끌기도 한다.

**첫째**, 교수 타입은 첫 번째 질문을 하는 경향이 있다.

"왜 당신은 '주 예수 사랑 기쁨 내 맘속에'라는 곡으로 조용한 고백(silent confession) 시간을 인도했습니까?"

여기서 "왜냐하면, 내가/사람들이 그것을 좋아하니까요"라는 대답은 받아들일 수 있는 답이 아니다.

**둘째**, 실무자 타입은 두 번째 질문하는 경향이 있다.

"그러니 이 곡은 13세기 켈트교의 입례송(invocation)의 전형적인 예입니다"라는 말에 그들은 다음과 같이 말한다.

"그래서 뭐요? 나는 지난번 우리 회중 가운데에는 13세기 켈트교도들이 그리 많지 않다는 점을 이미 확인했습니다."

나 자신이 교수 타입이고(나는 고든콘웰신학교 박사 과정에서 교회사를 가르치고 있다), 또한 실무자 타입이기 때문에(나는 14년 동안 개척교회의 설립자로서 매주 예배를 인도했고, 예배 리더십을 돕는 일을 계속하고 있다), 나는 양쪽의 질문들을 자주 해 왔고, 때로는 다른 사람들과의 갈등이나 막다른 길에 봉착하기도 했다. 정말이지 어떤 경우는 내 안에서도 종종 그런 일이 일어나기도 했다.

이 난관을 통과하는 한 가지 방법은 양쪽 질문들을 묻고 답할 수 있는 공통의 입장을 찾는 것이다. 나는 예배의 정의를 발전시키는 것이 이 종류의 공통 입장을 확인하는 좋은 방법이라는 것을 알았다.

이 책 제1장은 성경적 예배에 대한 나의 정의를 풀어놓고, 그것이 강해적 예배(expository service)의 성격과 디자인을 어떻게 특징짓게 하는지 논의하고 있다.

제2장과 제3장에서는 강해적 예배를 전개하는 각 단계를 나열하고 있다. 제4장은 강해적 예배가 갖는 형태들을 탐색하고 있다. 선택된 다양한 본문들–구약 선지서, 잠언, 복음서, 서신서–은 강해적 예배순서의 실례와 그것을 전개하는 각 단계의 예를 제공한다.

제5장은 강해적 예배의 리더십에 대해 논의한다. 누가 예배 기획팀에 속해야 하는지, 얼마나 자주 만날지, 모임에서 무엇을 해야 하는지, 어떻게 정기적이고 시스템적인 예배 평가를 할 것인가 등을 다룬다.[6]

이 책의 일차적인 독자들은 설교자들(특별히 그들의 설교에 강해의 "빅 아이디어" 접근방식을 이미 하는 설교자들)과 다른 예배 인도자들(악기 연주자와 찬양 음악가, 예전 집례자, 예술가)로, 이 책은 그들이 자신들의 수고를 통합해 가는 공통된 방법을 찾도록 돕는다. 물론 이러한 역할들을 준비하는 학생들도 독자에 포함된다.

하지만, 다른 예배자들은 "커튼 뒤를 봄"으로 예식을 준비하는 일이 어떻게 진행되는지 알 수 있는 유익을 얻을 수도 있다. 그들은 어쩌면 자신이 깨닫지는 못하고 있었지만, 일면으로는 "리더"임을 발견할지도 모른다. 리더십은 마이크를 가진 사람들에게만 한정되어 있지 않기 때문이다.

이 책에서 생각하는 예배를 위한 기본적인 상황은 지역 회중들이 함께하는 매주의 정기적 예식이다. 이 원리들과 과정은 더 특정화된 정황, 즉 협회 예배나 컨퍼런스 또는 결혼식과 장례식, 위임식 같은 특별 예식에 쉽게 적용될 수 있을 것이다.[7]

---

6  저자는 이 책의 원서를 제1–5장과 부록(A, B, C)으로 나누었지만, 이 책(번역서)에서는 독자의 편의를 위하여 제1–5장을 제1부 이론편으로, 부록을 제2부 실천편(제1–3장)으로 묶었다–역주.
7  구체적 예배를 위한 "빅 아이디어" 접근방식에 대한 더 많은 내용은 다음을 참조하라.

이 책은, 예배를 위한 근본적인 자료이자 근거이며 표준이 되는 성경에 대한 헌신을 넘어서는 어떤 특정한 교파와 예배 스타일 또는 전통과 예전 또는 신학도 전제하지 않는다. 이 책은 "예전을 바르게 함"(getting the rite right)에 대한 책이 아니라, 오직 하나님께 영광을 돌리는 것에 대한 책이다.

---

Scott M. Gibson, *Preaching for Special Services* (Grand Rapids: Baker, 2001).

## 제1부

## 이론편

| | |
|---|---|
| 제1장 | 성경적 예배의 정의 |
| 제2장 | 강해적 예배-본문 선택과 연구하기 |
| 제3장 | 강해적 예배-예전적 아이디어 형성하기 |
| 제4장 | 강해적 예배 구성하기 |
| 제5장 | 강해적 예배 인도하기 |
| 제6장 | 결론 |

# 제1장

# 성경적 예배의 정의

성경적 예배(biblical worship)의 정의를 풀어서 설명하는 것은 사전 편집자를 만족시키기 위한 학문적 노력이 아니다. 그것은 설교자들과 다른 예배 인도자들에게 강해적 예배(expository services)의 성격과 디자인을 알게 함으로써 자신들의 역할을 이해하는 공통된 기초를 제공할 뿐만 아니라 강해적 예배 각 단계의 이론적 설명을 제공한다. 분명한 정의가 주는 유익을 설명하기 위해서, 짧은 예화로 시작하자.

## 1. "예배의 드라마": 비유적 알레고리

[권위자로 보이는 사람이 헤드셋을 하고 클립보드를 들고 무대로 나오며 손뼉을 친다]

**권위자**: 다들 조용! 조용! 모두 제자리로 가세요! 자기 자리로! 자, 이제 우리 사전연기 체크리스트를 살펴봅시다. 음향?…좋아요. 조명?…좋군요. 무대담당?…그래요. 배경?…

오케이.

구체적으로 볼까요. 스포트라이트를 쏘는 사람, 커튼을 열고 닫는 사람들은 잠시의 주춤거림도 없어야 합니다.

음식 준비는?…모두 준비되었나요? 배가 채워져야 행진할 수 있는 집단은 군대만이 아닙니다!…스타가 명예 게스트로 주역이 되어야 함을 기억하세요.

배역들은 다 왔나요?

스타만 빼고 모두 다 왔군요. 좋습니다.

여러분 모두 대본을 잘 알고 있지요?

애드립은 안 됩니다. 극작가는 청중 가운데 있을 겁니다. 오늘은 관객이 가득 찰 겁니다.

음악은?…모두 굉장히 멋지게 들리는군요! 여러분은 스타의 독백 후에 이어지는 박수 소리와 함께 바로 들어가야 한다는 것을 명심하세요. 바바바, 바바, 바!

댄서는요?

그 새로운 무대 댄스는 어떻게 되어갑니까?

그랑 쁠리에(grand plié) 동작!

[권위자가 시범을 보인다]

그랑 쁠리에. 맞아요! 바로 그거예요!

빅 쇼를 위해 우리는 모든 준비가 된 것 같군요.

여기서 이 짤막한 비유적 다큐드라마를 잠시 멈추고, 독자들은 생각해 보자(개인적으로 또는 가능하다면 다른 예배 인도자들과 한 그룹이 되어서).

- 이 드라마에서 당신은 예배 인도자로서 자신을 어디에서 볼 수 있는가?
- 여러분이 가장 동일시되는 역할 또는 역할들은 무엇인가?

무대로 다시 돌아가자.

**권위자**: 오케이, 제가 커튼을 살짝 걷어 내다보며 누가 왔는지 체크를 하겠습니다…그가 왔어요! 그가 왔어! 극작가가 첫째 줄에 앉아 있어요! 우리는 정말 최선을 다해야만 합니다! 기억하세요, 우리는 그의 말을 구체화해야 한다는 것을. 그것 외에 우리는 아무 말도 해서는 안 됩니다!
여러분은 그 외에 다른 누가 청중석에 있는지 묻고 싶나요?
다른 사람들이 정말 중요할까요?
그리고 여기에 우리 쇼의 스타가 있어요! 잊지 마세요. 우리 모든 노력은 그 스타가 빛나도록 하는 것입니다! 저 등장하는 문과 퇴장하는 문을 잘 살피세요. 어떠한 장면도 빠져서는 안 됩니다! 우리는 우리의 스타가 관심의 중앙에 있도록, 모든 영예를 그가 가지도록 확실히 해야 합니다. 결국 그 스타가 없이는 쇼도 없습니다.
하지만, 마지막으로 중요한 디렉터가 있습니다. 여러분은 내가 디렉터라고 생각하고 있지요, 그렇지 않나요?
나는 결코 그 역할을 감당할 수 없어요. 저는 보조 디렉터들 중 한 명일 뿐이에요. 저는 디렉터가 극작가와 그 스타와 갖는 가깝고 친밀한 종류의 관계를 갖고 있지 못합니다. 이 쇼는 그들의 깊은 상호 간의 사랑에서 흘러나옵니다. 그 사랑은 그들을 하나로 묶어서, 여러분은 그들이 하나라고 말할 수 있습니다. 만약 그 디렉터가 이 쇼에 관여하지 않는다면, 우리는 그냥 놀고 있는 것입니다.

솔직히 말하자면, 분명 그것은 유혹입니다. 내가 앞으로 나가서 장악하고 디렉터로서 자세를 잡는 것 말입니다. 사실 저는 때로 저 스포트라이트가 너무 탐나서 내가 그 스타를 팔꿈치로 밀어버리게 될 것 같은 두려움을 느낍니다. 경우에 따라—특별히 대본이 너무 어려울 때—나는 대본을 새로 쓰거나 던져버리고 싶은 유혹을 받습니다.

그러나 아무것도 그 극작가의 대작을 결코 대신할 수 없습니다! 그렇습니다, 저는 보조 디렉터로만 지낼 것입니다. 나는 더 높은 소명을 생각할 수 없습니다. 사실, 나는 수화기를 통해 디렉터의 신호를 들을 수 있습니다.

우리 하나님을 예배합시다!

다시 한 번 여러분에게 깊은 생각을 요청한다.

- 이 드라마에서 여러분은 예배 인도자로서 자신을 어디에서 볼 수 있는가?
- 어떤 역할에 당신은 가장 동일시되는가?
- 다른 인도자들은 예배에서 자신들의 역할을 잘 해나가는가?

예배에 대한 이 비유적 알레고리의 해석을 나누고자 한다. 극작가는 성부 하나님이시다. 그는 또한 청중이다. 주위 배역들은 회중들로 구성된다. 그들은 기술자로서 섬기며 음악과 댄스를 제공하는 무대 뒤를 책임진다. 회중은 결코 청중이 아니다(비록 때때로 그들과 예배 인도자들이 그들을 일차적으로 그 역할로 보더라도). 이 관점은 퍼포먼스로서 또는 그것을 "쇼타임"으로 격하시켜 예배를 보는 잘못된 이해가 생기지 않도록 경계한다. 스타는 성자 하나님이고, 디렉터는 성령 하나님이다.

모든 성경적 예배는 근본적으로 삼위일체적이다. 물론 이 짧은 우화로 삼위 간의 인격적 상호관계의 역동적인 특색을 나타낼 수 없다. 전체로서의 삼위 하나님께서 모든 예배에 관여하기에, 하나님 각 위의 특정한 분이 한 역할에만 제한될 수는 없다. 그러나 이러한 구획된 역할은 기초적인 윤곽을 보여준다.

대본은 성경이다(Script is Scripture, 놀랍지 않은가!). 음식준비는 성체/성찬식을 나타낸다. 보조 디렉터들은 설교자와 다른 예배 인도자들이다. 아마도 더 정확한 이름으로 "앞에 선 예배자"(lead worshipers)가 더 좋은데, 왜냐하면, 디렉터로서 성령님이 예배 인도자이기 때문이다.

보조 디렉터로서 우리의 일차적인 책임은 다음과 같다.

- 디렉터/성령님의 지도 아래 예배를 위해 모두를 준비시키고 인도하기 위해서 그분의 말을 집중해서 세심하게 듣는 것.
- 스타/예수 그리스도께 초점을 고정하는 것.
- 극작가/성부께서 하신 말, 느낌, 생각, 행동, 모든 것을 나타내고 있는 그의 대본/말씀으로 그에게 기쁨을 드리는 것.
- 대본/성경을 연구하는 것과 그것을 해석하는 것을 도와서 다른 배역들과 스텝들이 모든 쇼/예배가 충실한 해석임을 확신하도록 하는 것.
- 가능한 많은 사람이 참여하여, 그 쇼/예배가 전체 회중의 결과물이 되도록 하는 것. 한 명만 등장하지 않도록!
- 배역과 스텝에게 주어진 재능들을 최대한 다양하게 나타내는 것, 그

래서 극작가, 스타, 디렉터의 이미지를 드러내는 것.

## 2. 성경적 예배: 정의, 드라마, 방향

당신이 나의 짧은 비유적 알레고리에 있는 모든 상징을 받아들일 필요는 없다. 이 비유를 통해 어떻게 드라마가 예배의 정의를 전개하고 적용하기 위한 유용한 이미지가 될 수 있는지를 볼 수 있기를 바란다. 예배를 정적인 형식이라기보다는 상호작용하는 드라마로 볼 때, 각 특정 요소들 자체만큼이나 흐름과 방향에 주의를 집중하는 것이 중요하다.

그것이 예배가 가장 기본적인 단계에서 역동적이며(dynamic) 대화적인(dialogical) 이유이다. 이것은 나의 동료 게리 패렛(Gary Parrett)이 내린 예배의 간략한 정의인 "계시와 반응(Revelation and Response)"을 보여준다. 그의 조금 더 확장된 정의는 예배의 상호적이고 폭넓은 성격을 드러낸다. 즉, 예배는 "하나님의 은혜로운 계시에 대한 우리의 충실한 반응"이자 "삼위 하나님 앞에 전인이 경배드리는 것"을 말한다.[1]

에블린 언더힐(Evelyn Underhill)은 그의 고전적인 정의에서 유사한 주제를 반향하고 있다.

"우리는 기독교 예배를 자신을 드러내시는 영원하신 하나님 한 분에게 드리는 사람의 전적 경배로 정의한다."[2]

---

[1] 예배에 대한 Gary Parrett의 더 많은 생각은 다음을 보라. "9.5 Theses on Worship," *Christianity Today*, January 28, 2005, http://www.christianitytoday.com/ct/2005/januaryweb-only/24.38.html; and Gary Parrett and S. Steve Kang, *Teaching the Faith, Forming the Faithful: A Biblical Vision for Education in the Church* (Downers Grove, IL: IVP Academic, 2009).

[2] Evelyn Underhill, *Worship* (London: Nisbet and Co., 1936), 61.

나의 정의는 덜 간결하지만, 이 책의 방법론을 알려주는 강조점을 반영하려 애썼다.

> 하나님의 온전한 말씀이 하나님의 모든 백성들과 함께 온전한 인격의 사람을 하나님의 온전한 사명을 성취하도록, 성령 하나님의 충만한 능력을 통해 성자 하나님과의 충만한 연합 가운데 성부 하나님의 충만한 임재 안으로 이끌 때, 성경적 예배가 일으켜진다.[3]

이 정의를 한 구문씩 풀어보자.

### 1) "하나님의 온전한 말씀이"(When the *Whole* Word of God Guides)

하나님의 "온전한"(whole) 말씀은 무엇을 뜻하는가?

"성경적 예배"의 정의 안에서 이것은 분명히 성경에 기록된 말씀들을 포함한다. 온전한 말씀은 예배가 신약뿐 아니라 구약도, 서신서뿐만 아니라 복음서도, 또는 여러분의 전통에 따라 복음서뿐만 아니라 서신서도 포함한다는 것을 뜻한다.

얼마나 많은 기록된 말씀들이 회중에게 읽힐 뿐만 아니라, 회중에 의해서 기도되고 찬양되고 규정되고 깊이 생각되는가?

하나님의 온전한 말씀은 또한 설교에서 구두로 전달된 말씀도 포함한다. 이 구두로 전해지는 말씀은 기록된 말씀과 같은 수준의 영감과 진

---

[3] Biblical worship is raised up when the whole word of God guides the whole person, together with the whole people of God, into the full presence of the Father, in full union with the Son, through the full power of the Holy Spirit to further the fulfillment of the whole mission of God.

리, 권위를 전달하지는 못하지만, 하나님은 성경을 반영하는 설교라는 특별한 방법으로 그의 백성에게 말씀하신다.

"전도(설교)는 미련한 것"(고전 1:21)-이것은 설교하는 우리 "미련한 자들"이 가장 민감하게 느낀다-임에도 불구하고, 하나님은 처음 신앙의 형태를 이루게 하고 점점 성장케 하는 그분의 말씀과 이를 대면하는 백성들을 지도하기 위해서 설교를 사용하기로 선택하셨다(롬 10:14-15).[4]

구두로 전해지는 설교 말씀과 긴밀하게 연결된 것은 성례, 세례와 성찬 등의 구체화된 말씀이다. 설교와 성례는 예배를 위한 규범들이다. 설교가 세례와 성찬을 하는 것에 대해 설명함으로써, 그것은 "마술"이 아니라 말씀에 충실히 반응해야 하는 복음의 구체적 표현으로 보이게 된다. 이러한 행위들은 말씀의 초월성과 성육신이라는 두 실제를 가리키면서 복음 설교를 구체화시킨다. 심지어 예배에 설교와 성례가 포함되지 않을 때에도, 이 요소들의 부재가 규범과는 다른 예배라는 사실을 가리킨다.

마지막으로, 기록된 말씀, 구두로 전달된 말씀, 그리고 하나님의 구체화된 말씀이 일치될 때, 하나님의 살아계신 말씀-삼위 가운데 두 번째 위격인 예수 그리스도-과의 진정한 만남이 가장 잘 반영되고 촉진된다. 그리스도 안에서 각각의 다른 영역들은 하나님의 온전한 말씀을 형성하기 위해서 연관된 통일성과 근원을 찾는다.

그러므로 하나님의 온전한 말씀의 한 차원이 다른 신학적인 또는 실제적인 차원을 제외시킬 수는 없다. 기록된 말씀은, 마치 없어도 되는 부차적 증인이 된 것처럼 살아계신 말씀에 합당한 경외의 대상에서 결코

---

[4] "설교의 미련함"에 대한 더 많은 내용은 다음을 보라. John Koessler, *Folly, Grace, and Power: The Mysterious Act of Preaching* (Grand Rapids: Zondervan, 2011).

제외되지 않는다. 기록된 말씀의 완전한 진리성과 권위에 대한 살아계신 말씀의 증거가 그런 접근을 허락하지 않는다. 마찬가지로 설교가 기록된 하나님의 말씀에서 떨어져 나오거나, 살아계신 하나님의 말씀을 부인한다면, 그것은 선포된 하나님의 말씀이라고 주장할 수 없다.

### 2) "하나님의 모든 백성들과 함께"(Together with the *Whole* People of God)

성경적 예배는 항상 팀 스포츠다. "당신이 결코 혼자 살아갈 수 없듯이," 당신은 결코 혼자 예배드릴 수 없다. 예배는 결코 "예수님과 나 홀로"일 수 없는데, 심지어 주위에 아무도 없을 때에라도 말이다. 왜냐하면, 예배는 그리스도와 함께하는 우리의 연합으로 일어나고, 그것은 본질적으로 그리스도의 몸을 포함하기 때문이다.

연합된 예배는 어쩌다 같은 장소와 시간에 함께하는 개인 예배자들의 단순한 모임이 아니다. 개인적 예배는 연합된 예배로부터 흘러나오는 한 지류이고 한 부분이다. 우리의 예배를 평가하는 한 가지 방법은 그 예배에서 예배자들이 주중의 나머지 날들 동안 어떻게 기도하고 성경을 읽도록 얼마나 잘 훈련시키는지를 질문해 보는 것이다. 새신자들이 우리에게 어떻게 기도할지 가르쳐 달라고 말할 때, 우리는 유진 피터슨이 말한 것처럼, "주일 아침 9시에 이 교회에 와보라"라고 말할 수 있는가?[5]

예배가 결코 "예수님과 나 홀로"가 아니라면, 다른 누가 참여하고 예배에서 일어나는 것이 어떻게 하나님의 전체 백성에게 영향을 미치는가?

---

5   Eugene Peterson, *The Contemplative Pastor: Returning to the Art of Spiritual Direction* (Grand Rapids: Eerdmans, 1993), 8.

중심 그룹에 대해서 생각해 보는 것은 우리가 누구와 함께 예배해야 하는지 개념화하는 것을 도울 수 있다. 회중과 함께 시작하면서 우리 예배가 주위에 있는 사람들의 다양성을 연결시킬 수 있는 연결점들을 어떻게 제공할지 질문할 수 있다. 예를 들어 초대교회는 전체 회중을 이루는 이들로부터 세례를 받고 신앙고백을 한 사람들만을 위한 예배를 구분함으로써 신자와 믿음의 여정에 오른 사람들(입교자들)을 연결시키려 했다. 또 다른 회중의 다양성은 나이와 성별, 결혼 여부와 장애 여부 그리고 인종과 문화와 언어를 포함한다.

이러한 다양성을 포함하는 회중 예배라도 여전히 하나님의 전체 백성을 온전히 나타내지는 못한다. 다음 중심 그룹으로 옮겨가기 위해서, 우리는 지역과 나라 그리고 세계 전체를 통해 다른 신자들과 함께 예배하고 있다는 것을 인지해야만 한다.

성경적 예배는 본질적으로 종파를 뛰어넘고 그리고 나라를 뛰어 넘어, "각 나라와 족속과 백성과 방언에서"(계 7:9) 이루어진다. 이것을 반영하기 위해서 우리는 종종 우리의 것과는 다른 음악적 또는 신학적 전통이 드러나는 노래들을 부르거나, 대부분의 예배자들이 사용하는 공통의 언어뿐 아니라 다른 언어로 성경을 읽기도 한다.

그러나 우리는 아직 하나님의 온전한 백성의 가장 큰 그룹에 이르지 못했다. 예배는 이 땅에 현재 살아가는 모든 장소에 있는 모든 신자들(전투 중인 교회)을 포함할 뿐만 아니라, 하늘에 현재 살아있는 모든 시간에 거하는 모든 신자들(승리한 교회)도 포함한다. 요한계시록이라는 책은 하늘의 커튼을 살짝 걷어 올려 우리에게 이 계속되는 천상의 예배를 보여준다(5장과 6장). 정말이지 그 그림에서는 인간이 아닌 천상의 존재들조차도 우리의 예배에 함께 참여한다.

"그러므로 천사들과 대천사들, 장로들과 선지자들, 사도들과 순교자들, 하늘의 거룩한 무리들과 함께, 우리는 기쁨으로 크게 소리친다…."[6]

### 3) "온전한 인격의 사람을"(The *Whole* Person)

삼위의 두 번째 위격인 하나님의 살아계신 말씀은 나사렛 예수 안에서 인간으로 온전히 성육신하셨기 때문에, 이와 마찬가지로 성경적 예배는 전인격을 포함시킴으로써 온전한 인성을 사로잡아야 한다. 이것이 우리가 종종 안주하고 있는 예배, 즉 사람은 단지 앉아서 훌륭한 음악이나 지적으로 자극적인, 심지어 성경적으로 정통한 소리를 듣는 예배로 충분하지 않은 이유이다.

이것은 또한 모든 예배 기획팀이 감자머리인형(Mr. Potato Head)[7]을 고르기 위해 장난감 가게를 들러야만 하는 이유이다. 예배가 얼마만큼 전인격과 관련되는지 측정하는 한 가지 방법은 몇 주 동안 예배를 살펴보면서 예배 순서가 관련된 인간의 각 측면을 나타내는 신체 부분을 감자머리인형에 붙여보는 것이다.

불행히도 많은 복음주의 예배에 대한 결과물은, 그것들이 "현대적" 또는 "전통적"으로 여겨지느냐에 상관없이 매우 이상하게 보인다는 것이다. 왜냐하면, 우리가 하는 것이라고는 듣는 것뿐이기에, 우리의 감자머리인형은 눈 하나에 수많은 귀를 가진 것처럼 보인다. 즉, 수많은 귀를 가진 외눈박이(cyclops)같이 되어버리는 것이다!

---

6   *The Oxford Guide to The Book of Common Prayer: A Worldwide Survey*, Charles Hefling and Cynthia L. Shattuck, ed. (Oxford: Oxford University Press, 2006), 281.

7   감자머리인형(Mr. Potato Head)은 몸에 부착 할 수 있는 다양한 플라스틱 부품으로 장식할 수 있는 감자의 플라스틱 모델로 구성된 미국 장난감이다-역주.

예배가 전인격과 관련되도록 몸의 다른 부분들을 어떻게 더할 수 있을까?

첫 번째 단계는 마이크 없이 말하고, 노래하고, 심지어 외치고, 때로는 맛보는, 입이 더해지는 그러한 기회들을 자주 갖도록 하는 것이다. 시각 예술과 예배 공간의 디자인에 관심을 기울이며 예배자들이 보게 되는 것들을 더욱 계획적으로 준비함으로써 외눈박이를 온전히 실제적인 두 눈을 가진 존재로 바꾸어 내어야 한다.

십계명의 두 번째와 세 번째 계명이 이미지와 혹은 단어들을 가지고 하나님이 누구신지를 왜곡하는 인간의 경향성을 경고하기에, 우리가 보고 말하고 듣는 것이 항상 성경이라는 "안경"(spectacles)을 통해 걸러지도록, 우리는 감자머리인형에게 안경을 씌어주기를 원할지도 모른다.[8]

이제 우리가 가진 것은 시작할 때보다는 훨씬 덜 낯설어 보이겠지만, 다른 부속품이 없이는 여전히 도움이 안 되는 쓸모없는 것이다. 만약 우리가 "너희가 거룩한 입맞춤으로 서로 문안하라"(롬 16:16, 고후 13:12)는 성경의 명령에 또는 "화평을 전하라"라는 예전적 의미에 순종한다면, 우리는 감자머리인형에게 촉각과 관련된 팔과 손을 갖게 하는 것이다. 세례식의 물뿐만 아니라 성찬식의 떡과 포도주 또한 촉각의 요소를 포함한다. 일어서는 것과 무릎 꿇는 것 또는 댄스—회중이 하는 것이든 워십 팀이 하든지 간에—라는 움직임은 다리를 더해준다.

공간적 역동성에 대한 감각은 손을 들어올리거나 십자가 표시를 하는 것과 같은 몸짓으로 더 증대될 수 있다. 만약 향기가 있거나 없거나 간에 양초를 사용하는 것이 소방 안전법에 위배된다면 정기적으로 후

---

8  John Calvin은 이런 이미지를 *Institutes*, Book Ⅰ, Chapter Ⅵ, Section 1에서 전개하고 있다.

각을 포함하는 것이 어려울 수 있겠지만, 샤론의 장미와 생명의 빵이라는 그리스도의 향기를 나타내는 꽃 또는 갓 구운 빵을 두고 예배를 드릴 수 있다.

이 감자머리인형을 너무 빈틈없이 만들도록 몰아붙이고 싶지는 않다. 오히려 그의 콧수염과 모자에 해당하는 예배 요소를 찾으려는 노력에 경고를 하겠다. 모든 예배가 인간으로서 우리의 각 부분에 관련되어야 할 필요는 없다. 그러나 예배의 정기적인 리듬에 이 노력을 적용하는 것은 상당히 정상적으로 보이는 감자머리인형을 만들어 내게 될 것이라고 생각한다. 만약 그렇지 않다면, 그것은 특정 부분을 더 강조하고 있다는 것을 암시하는 것이 된다.

성경적 예배에서 온전한 사람, 전인격이라는 것은 또한 머리(head), 마음(heart), 손(hand)의 균형이 잡혀야 한다.

> 네 마음을 다하고 목숨을 다하고 뜻을 다하고 힘을 다하여 주 너의 하나님을 사랑하라 하신 것이요(막 12:30).

다양한 교파들, 전통들, 문화들과 회중들은 어떤 하나를 다른 것들에 비해 강조하는 경향이 있는데, 그것은 예배를 일련의 명제들, 감정적 롤러코스터, 또는 해야 할 목표로 전락시킨다.

다른 영역들에 주의를 모으기 위해 강조할 만한 한 영역을 발전시키라. 만약 당신의 정황이 대체로 명제적이라면, 예배에 있어 더욱 실제적이고 감정적인 표현을 하기에 적당한 사례를 만들라. 만약 그 정황이 감정 중심적이라면, 사랑받는 사람을 알고자 하고 섬기고자 하는 사랑의 요구에 호소하라. 지식과 감정이 없는 행함은 단지 건조한 의무이기에,

어떻게 섬김이 궁극적으로는 우리가 섬기기 원하는 그분과의 지적이고 열정적인 만남을 통해 유지되는지 보여주라.

### 4) "하나님의 온전한 사명을 성취하도록"
(To Further the *Fulfillment* of the *Whole* Mission of God)

예배는 그 자체가 목적이다. 우리는 어떤 다른 목적을 위한 수단으로 하나님을 예배하지 않는다. 오직 예배에 합당한 유일하신 분 안에서 그냥 기뻐할 뿐이다. 이렇게 하는 것은 하나님의 모습으로 창조되어 하나님의 영광을 탁월하게 드러낼 수 있는 피조물로서 우리의 참된 목적을 완성한다.

그러나 참된 성경적 예배는 그 자체로 결코 끝나지 않고, 오히려 사명-삼위 하나님의 마음으로부터 흘러나오는 사명-으로 넘쳐흐르게 된다. 사명이란 예배와 예배자를 늘려가는 것이기에, 사명의 궁극적인 목적은 예배이다.[9]

예배는 하나님의 백성들을 하나님의 온전한 사명으로 나아가게 한다. 하나님의 온전한 사명 이외의 아무것도 하나님의 온전한 백성들에게 충분히 가치 있는 목적이 아니다. 하나님의 온전한 백성 이외에 아무것도 하나님의 온전한 사명을 이루는 확실한 수단이 아니다.

"미사"(mass)로서 예배의 고대 표현은 예식의 끝부분에 발음되는 라틴어 "미사"(*missa*)에서 왔는데, 그 의미는 "보낸다"는 것이다. 예배에서 우리가 만나는 삼위일체 하나님은 그가 이미 우리와 함께하려고 준비해

---

[9] John Piper, *Let the Nations be Glad! The Supremacy of God in Missions*, 3rd ed. (Grand Rapids: Baker Academic, 2010).

오셨고 그리고 행하시고 있는 그 일, 그 사명을 행하도록 준비된 그의 창조 세계로 우리를 보내신다.

이 역동성은 성경적 예배 안에서 하나님의 온전한 말씀이 온전한 사람을 인도하는 것처럼 함축적이다. 온전한 사람은 주일뿐만 아니라 월요일부터 토요일을 지나면서 우리가 하는 모든 것을 포함한다. 일과 예배는 믿는 자들에게는 두 가지 계속되는 실제들이다. 이것은 아이작 왓츠(Issac Watts)가 시편 23편을 그의 구문으로 아름답고 간략히 요약한 것과 같다.

> 우리 하나님의 확실한 공급이(The sure provisions of my God)
> 매일 나와 함께하네(attend me all my days)
> 오, 당신의 집이 나의 거처가 되기를(oh, may your house be my abode),
> 내 모든 일이 찬양이 되기를 바라네(and all my work be praise).

새 하늘과 새 땅에서 온전한 신적 평안이 최종적으로 실현될 때 예배드리는 자와 일하는 자가 얻기 위해 분투한, 예배와 일 사이의 간극이 사라질 것이다. 이 온전한 최종적 실현이 그리스도의 재림에 준비되어 있기에, 믿는 사람들은 일이 예배가 되는 이 꿈을 적어도 어느 시점에서 어느 정도는 시도할 수 있고 또한 그렇게 해야만 있다.

이러한 노력을 더욱더 어렵게 만드는 것은 복잡하고 급격하게 변하는 폭넓어진 현대 문화의 움직임이다. 이는 사람들이 자신을 "세속적인," "영적이지만 종교적이지는 않은," "종교 없음," "포스트모던," "포스트 크리스천"으로 특징짓도록 이끈다.

이론적으로, 일과 예배를 결합하는 것이 "기독교 국가" 안에서는 문제가 덜 된다. 왜냐하면, 거기서는 그리스도인이 되는 것과 사회의 일원이 되는 것은 동전의 앞뒤 면과 같고, 직장 동료와 예배 동료는 하나이기 때문이다. 그러나 현재 상황에서 예배자들이란 믿음으로 살아가는 것을 공공연히 반대하거나 또는 적어도 어떤 중요한 계약에서는 은밀히 손해를 입는 넓은 사회와 직장 안에서 "주님을 사랑하고 섬기도록" 보내진 존재들이다. 결과적으로 예배 자체는 "실제 세상" 안에 있는 삶의 나머지 부분들로부터 더욱더 떨어져 나온 것 같다.

아마도 고대 베네딕트수도회가 가지는 태도를 다시 갖는 것이 오늘날 예배와 일을 재결합하게 할 수도 있을 것 같다. 몇 세기를 거치며 많은 베네딕트수도회는 수도사들이 채플에서 기도한 후에 그들이 밭에 일하러 나가는 출입구 위에 "일은 기도이다"(*Laborare est orare*)라는 말을 선명하게 새겨두었다. 돌아오면서 그들은 외부에서 들어오는 출입구 위에서 "기도는 일이다"(*Orare est Laborare*)를 보게 되고, 믿는 자들의 매일의 그리고 주간의 삶의 리듬 가운데 예배와 일이 필연적으로 연합되어 있음을 생각했을 것이다.

하나님의 온전한 사명은 삶의 모든 영역과 세계의 모든 장소, 그리고 주간의 하루하루를 포함하는 것이다. 이것이 예배의 라이프스타일이다. 예배는 복음 전파, 제자를 재생산하는 제자 훈련, 도움을 필요로 하는 사람들을 향한 연민, 억압받는 사람들을 위한 정의, 그리고 궁극적으로 그리스도의 주 되심 아래 모든 피조물들의 회복을 포함한다.[10]

---

[10] 예배의 선교적 본질(missional nature)에 대해서는 다음을 보라. Scott M. Gibson, *Preaching with a Plan: Sermon Strategies for Growing Mature Believers* (Grand Rapids: Baker, 2012); Mark Labberton, *The Dangerous Act of Worship: Living God's Call to Justice* (Downers Grove, IL: InterVarsity, 2012).

## 5) "성령 하나님의 충만한 능력을 통해"
(Through the *Full* Power of the Holy Spirit)

우리는 성령님의 인격적인 사랑의 능력을 통해서, 성자의 희생적인 사랑과 연합 가운데 성부의 거룩한 사랑을 경험한다. 성령님의 사랑은 예배를 구성하는 은사들과(고전 12-14장) 예배를 불러일으키는 열매들로(갈 5:22-23) 가득 차 있다. 성령님은 죄로 어두워진 눈을 열어 하나님 말씀의 진리가 우리 예배를 밝힐 수 있게 하시고, 우리가 거룩함 안에서 성장할 수 있도록 하신다(요 16:12-15; 고전 2:9-3:3; 엡 3:16-19).

성령님은 또한 공예배를 우선으로 하며, 예배에서 말씀과 성령의 연합을 강조하면서 그리스도의 몸에 생기를 주신다(고전 12:27). 말씀의 뼈대에 성령으로 살이 차오를 때, 예배는 가장 온전한 그리스도의 몸을 보여주게 된다. 불행히도 예배 전통들은 이 두 역동성을 동시에 붙드는 대신에 서로 대치되게 해 왔다. 예배가 건강한 몸이 아니라 뼈다귀처럼 보이게 하거나(말씀만 있고 성령이 없는) 또는 퉁퉁한 몸집(성령만 있고 말씀은 없는)이 되도록 하면서 말이다.

예배 기획자들은 너무 많이 컨트롤하려 하거나 너무 적게 컨트롤하려는 경향에 주의를 기울일 필요가 있다. 우리 중 몇몇은 "성경을 기준으로 삼고, 다양한 역사적 인종적 관습들을 통합하고, 처음부터 마지막 순간까지 모든 감정을 어루만질 수 있는 역동적인 60분짜리 계획을 마쳤다"라고 말하면서 모든 것이 준비되었다고 느낄 수도 있다. 만약 그렇다면 우리는 스스로 질문해볼 필요가 있다.

만약 우리가 그렇게 철저히 준비했다면 성령님이 등장하느냐 않느냐가 어떤 차이를 만들 수 있을 것 같은가?

우리 가운데 또 다른 이들은 "우리는 예배를 위해 기도했기에 성경이 말하는 것처럼 성령님께서 작은 세부적인 것들까지 살펴주실 것이라고 믿어!"라고 말하면서 모든 것이 준비되었다고 느낄 수도 있다. 만약 그렇다면, 우리는 스스로 생각해 볼 필요가 있다. 우리가 너무 적게 준비해서 우리가 성령님이 많이 역사하실 것들을 드리지 않은 것은 아닌지 말이다.

## 6) "성자 하나님과의 충만한 연합 가운데"(In *Full* Union with the Son)

타락한 피조물들이 성부 하나님의 거룩함 앞에서 녹아버리거나, 성부의 사랑에 태워지지 않고, 성부 하나님의 충만한 임재 안에 거할 수 있는 한 가지 방법은 성자 하나님과의 충만한 연합 가운데 거하는 것이다.

> 이제는 전에 멀리 있던 너희가 그리스도 예수 안에서 그리스도의 피로 가까워졌느니라…이는 그로 말미암아 우리 둘이 한 성령 안에서 아버지께 나아감을 얻게 하려 하심이라(엡 2:12, 18).

우리는 공적 예배를 우선으로 두면서, 성찬식에서 그리스도와 가장 완전한 연합을 경험한다.

> 두세 사람이 내 이름으로 모인 곳에는 나도 그들 중에 있느니라(마 18:20).

그러므로 그리스도와의 연합은 근본적으로 개인적이지만, 개인적인 것에만 머무르지 않는다. "나의 예수님"과의 독대에 대한 예배자들의 기대는 실망으로 이어지게 마련이다. 예수님은 제자들에게 하나님을 "나의 아버지" 대신 "우리 아버지"라고 부르도록 가르치는데, 그리스도와의 연합은 필수적으로 그리스도의 몸에 참가하는 것을 포함하기 때문이다.

예배의 중심되는 행동으로서, 세례와 성만찬은 그리스도와 우리의 연합이라는 공동의 실제들을 구체화한다. 세례에서는, 그리스도의 죽음과 부활이 우리의 것이 된다는 것뿐 아니라(롬 6:3-4; 골 2:12), 그리스도의 영과 몸이 또한 우리의 것이 된다는 것을(고전 12:13) 보여준다.

성만찬을 통해 십자가 위에서 그리스도의 희생은 우리와 하나님을 그리고 우리 서로 간을 화해시킨다는 것을 확신하면서, 믿는 자들은 그리스도의 찢겨진 몸과 뿌려진 피에 일체감을 느낀다(고전 11:17-34). 성자의 희생적인 사랑은 우리가 함께하는 가족의 일원으로 온전히 받아들여짐으로써 성부의 거룩한 사랑을 경험할 수 있도록 만든다.

## 7) "성부 하나님의 충만한 임재 안으로 이끌 때"
(Into the *Full* Presence of the Father)

예배는 본질적으로 상호적인 것으로 하나님의 모든 백성을 포함한다. 이는 모든 성경적 예배가 본질적으로 성부와 성자 그리고 성령의 근원적인 공동체를 포함하기 때문이다. 삼위일체 하나님은 우리 예배의 유일한 목적일 뿐만 아니라, 우리는 삼위일체 하나님 서로 간의 영원한 예배—서로 다른 위격 안에서 각 위격이 즐거워함으로—의 궁극적인 실재 안으로 각자 인도되었다.[11]

---

[11] John Jefferson Davis, *Worship and the Reality of God: An Evangelical Theology of Real Presence* (Downers Grove, IL: IVP Academic, 2010). 이 책은 『복음주의 예배학: 예배와 하나님의 실재하심』(CLC, 2017)으로 출간되었다–편집자 주; James B. Torrance, *Worship, Community, and the Triune God of Grace* (Downers Grove, IL: InterVarsity, 1996).

특정한 위격의 역할을 예배의 특정한 역동성에 제한하는 것은 주의해야 하겠지만, 삼위 하나님의 질서 가운데 각 위격은 예배에서 특징적인 관계를 가지는 것처럼 보인다.

성부 하나님은 예배라는 신적 드라마의 저자로, 또한 청중으로 보일 수 있다(눅 10:21). 목표는 유한하고, 타락하고, 구속받은 피조물로서 할 수 있는 한 성부의 임재 안으로 들어가는 것이다. 탕자의 비유, 또는 더 정확하게는 기다리는 아버지의 비유는 성경적 예배를 통해 우리가 아버지의 임재 안으로 돌아가기를 얼마나 기다리고 기뻐하는지를 보여준다.

이 비유를 말하는 분이 모든 순간에서 성부의 완전한 임재를 누렸기에 우리는 이 비유가 상징하는 그 실재를 경험할 것이라는 점에 온전한 확신을 가진다(요 8:38; 17:15). 예배에서 우리는 거룩한 사랑 안에서 성부 하나님의 임재를 경험한다.

> 주께서 우리가 너희를 사랑함과 같이 너희도 피차간과 모든 사람에 대한 사랑이 더욱 많아 넘치게 하사 너희 마음을 굳건하게 하시고 우리 주 예수께서 그의 모든 성도와 함께 강림하실 때에 하나님 우리 아버지 앞에서 거룩함에 흠이 없게 하시기를 원하노라(살전 3:12-13).

## 8) "성경적 예배가 일으켜진다"(Biblical Worship Is Raised Up)

나의 영어 선생님들이 하신 기초적인 조언, 즉 좋은 글을 위해 수동태는 피해야 한다는 것을 내가 잊었거나 무시했다고 잘못 생각하지 않기를 바란다. 나는 성경 연구에서 "신적 수동태"(divine passive)라 불리는 것을 의도적으로 사용하고 있다는 것을 말하고 싶다. 신적 수동태는 하나님이 행동의 주체일 때 사용하는 수동태로(하나님의 이름을 잘못 사용하는 가능성을 피하기 위해), 경건한 유대인들이 사용한 표현 형태이다.

예를 들어 예수님은 산상수훈에서 이러한 신적 수동태를 연달아 사용한다.

> 애통하는 자는 복이 있나니 그들이 (하나님에 의해) 위로를 받을 것임이요 (마 5:4).

이렇게 생략하는 형태의 빈번함은 사람이 내적으로 "하나님으로부터"를 계속 생각하게 하므로 더욱더 신적 존재를 강조하게 되는 역설적인 효과를 지닌다.

그러므로 "성경적 예배가 일으켜진다"라는 표현에는 "하나님에 의해서"가 더해진다. 이것은 하나님이 항상 일차적 창시자이고 행위자라는 것이다. 예배는 처음부터 영원까지 하나님의 아이디어이지, 우리의 것이 아니다. 우리가 우리 방식대로 우리 이름으로 하나님과 관계를 맺으려 할 때, 인간이 만들어 내는 것을 일컫는 단어가 있다. 바로 우상숭배(idolatry)이다.[12]

예배를 조심스럽게 정의하고 예배를 디자인하기 위해 성경에서 가르치는 방법론을 따르는 중요한 이유들 중 하나는, 예배를 수직적이 아닌 수평적으로 만들어 하나님이 누구이고 하나님이 우리에게 무엇을 해 주셨는지에 대해서보다는 우리가 누구이며 우리가 하나님을 위해 무

---

[12] 더 자세한 내용은 다음을 보라. G. K. Beale, *We Become What We Worship: A Biblical Theology of Idolatry* (Downers Grove, IL: IVP Academic, 2008).

엇을 할까에 대해 더 많이 생각하게 되는 무의식적 경향을 피하기 위해서이다.

성경적 예배는, 모든 기독교 예배가 예수 그리스도의 부활로부터 흘러나온다는 것을 보여주는 가운데 하나님에 의해 "일으켜진다"(is raised up). 만약 예수님이 여전히 무덤 속에 있다면, 우리는 우리의 죄악의 죽음 가운데 여전히 머물 수밖에 없기에, 기뻐할 이유를 가지고 있지 않을 것이다(엡 2:1).

기독교 예배가 가능해지기 위해서는 하나님께서 먼저 타락한 인간들을 그리스도와 함께 영적인 죽음에서 일으키셔야 한다. 더욱이 부활을 통해서 "(하나님께서) 또 함께 일으키사 그리스도 예수 안에서 (우리를) 함께 하늘에 앉히"셨기에(엡 2:6) 신자들은 영원히 타락하지 않는 예배를 드리게 된다.

기독교 예배에서 부활의 중심성에 대한 가장 강력한 암시는 아마도 연합하는 예배를 위한 첫날이 안식일(토요일), 즉 한 주의 일곱째 날에서 일요일, 즉 한 주의 첫째 날로 변경된 것이며, 이 변경의 이유는 그 날이 부활의 날이기 때문이다(마 28:1; 막 16:2; 눅 24:1; 요 20:1).

이 변경의 중요성은 그 초기의 사건들에 나타나는데(행 20:7; 고전 16:2), 그때는 대부분 신자들이 유대인이고 그들이 가진 하나님의 언약 백성이라는 신분이 안식일과 긴밀하게 묶여 있었다. 주의 날에 있었던 연합 예배(계 1:10)는 하나님의 새 언약 백성이라는 신분으로 부활과 맺는 결합이 옛 언약의 백성으로 안식일과 맺는 결합보다 더 강하다는 것을 보여준다. 특정한 날(골 2:16;롬 14:5)에 대한 강조는 덜해지고 항상 변화를 일으키는 그 사건에 대한 강조가 더해졌다.

이것이 우리에게 주는 함의는 주일에 연합 예배가 드려져야 한다는 것이 아니라, 진정한 성경적 예배가 되기 위해서는 그 중심에 부활이 있어야 한다는 것이다.

### 3. 드라마와 방향

성경적 예배는 성경의 광대한 내러티브, 즉 천지창조, 타락, 속죄, 회복의 이야기를 다시 울려 퍼지게 한다. 이 극적인 이야기의 전개는 예배가 고정된 형식이 아니라 역동적이고 대화적이 될 때 가장 좋다. '연극'의 '막'과 대화의 방향(하나님이 사람에게, 사람이 하나님께, 사람이 다른 사람에게)에 집중하는 것이 하나하나의 개별 요소들보다 더 중요하다.

역사적으로 예배의 드라마는 4막 모델을 따라왔다.

- 제1막: 하나님은 우리를 자신에게로 모으신다.
- 제2막: 하나님은 자신의 말씀을 통해서 우리에게 말씀하신다.
- 제3막: 하나님은 우리가 반응하도록 움직이신다.
- 제4막: 하나님은 다른 사람들을 섬기도록 우리를 보내신다.

주목해야 할 것은 하나님이 이러한 각 행동의 주체이고 주인공이라는 사실이다. 왜냐하면, 예배는 우리의 아이디어이기 전에 항상 하나님의 아이디어이기 때문이다. 하나님이 항상 이 연극을 연출하고 계신다. 이 4번의 움직임은 더 최근에 형성된 2막 모델-부흥집회에서 처음 생겨났으며 일반 예배에도 적응된 모델-보다 더 큰 다양성과 상호작용을 할 수 있게 한다.

- 제1막: 준비(preparation)
- 제2막: 선포(proclamation)

이 단순한 2막의 접근방식은 대부분 개신교 교회 내에서는 점점 더 일반화되고 있다. 예배 스타일이 전통적이든 현대적이든 관계없이 이 방향으로 진행되는 것은 각 막에서 동일하게 유지된다.

준비 단계에서는 사람으로부터 하나님께 드려짐으로 수직적으로 연출되고, 선포의 단계에서도 하나님으로부터 사람에게 전달되는 것으로 역시 수직적으로 연출된다. 수평적으로 진행되는 것은 많지 않다. 보통 예배의 끝을 나타내는 설교의 마지막 호소(예를 들어 찬양과 함께 하는 강단 초청)에 제한되면서 계시/반응의 리듬은 몇 가지 점에서는 반대 방향이 되기도 한다.

성경 어디에도 새롭게 회심한 신자의 초청을 위한 예배 순서가 기록되어 있지 않기에, 2막 모델이 "잘못된 것"도 아니지만 또한 그것이 "진정한" 예배를 드리는 것도 아니다. 그러나 4막 모델과 비교해 보면 2막 모델은 더 많이 제한되어 있고, 또한 더 많이 제한하고 있다.

나에게 그 둘의 차이는 2기통 엔진과 4기통 엔진과의 차이와 같다. 2기통 엔진도 일을 끝낼 수 있지만 좀 지저분하고 냄새도 나고 시끄러운데 특별히 최대출력으로 작업할 때는 더욱 그러하다. 반면에 4기통 엔진은 더 깨끗하고, 더 부드럽고, 더 조용하고, 더 긴 시간 동안 최대출력을 유지할 수 있다(4기통 모터보트를 생각해 보라). 이 책의 원리와 방법론은 2막 예배에서도 실행될 수 있지만 나는 4막의 방식에 도전해보기를 권한다. 또한 이후에 진행하는 모든 논의는 4막의 방식을 전제로 한 것이다.

예배에 4막 모델을 전제한다고 해서 어떤 특정한 예배 스타일이나 전통을 취하는 것은 아니다. 이 4막 모델의 장점 중 하나는 15분 만에 마쳐야 하는 기관의 정기 채플에서나 3시간 동안 드리는 오순절파 예배 또는 고교회파 부활절 철야예배 등 어디에서나 채택할 수 있다는 것이다. 각 단계의 움직임이 좀 짧을 수도 있고 또는 더 길수도 있지만, 그 역동성과 방향성은 동일하다.

교파 간(예를 들어 자유교회, 개혁주의, 오순절파, 웨슬리파 등)의 차이와 스타일(예를 들어 현대적, 전통적, 예전적 등)은 그 구조가 달라 보이게 말들 수도 있지만, 그 기본 흐름의 동일성이 더 우세하다. 또한 4막 모델은 어떤 특정한 예식을 전제하지 않는다. 심지어 모든 것을 사전에 미리 준비하더라도 각 움직임의 전체 또는 일부는 즉석해서 이루어지기에 어떤 특정한 예식을 전제하지 않는 것이다.

이 4막의 구조는 예배순서에서 찬양이 얼마나 많이 포함되어 있는가에 대한 것이 아니다. 이따금 2막의 접근방식의 장점으로 대부분의 음악이 사용 가능해 보인다고 하는데, 아마도 그것은 준비 과정이 주로 일련의 긴 찬양이 설교까지 이어지게 하는 것처럼 보이기 때문이다. 뮤지컬과 오페라 그리고 드라마는 4막 모두에 포함된다.

이론적으로 예배 순서의 모든 파트에서 노래할 수 있는데, 같은 대화적 움직임을 따르고 있다면 심지어 설교 중에도 가능하다. 예를 들어 4세기 시리아의 성 에프렘(St. Ephrem)은 설교 중에 성경 구절로 온 교회가 노래하는 것을 정례화하여 "성령의 하프소리"(the harp of the Holy Spirit)라고 불리게 한 한 공로자이다.

예배의 이러한 4막이 어떤 역할을 하는지-기본적인 대화의 방향과 각 막의 극적인 절정의 흐름을, 동시에 어떤 전형적인 요소들을 탐구하면서-구체적으로 설명해 보겠다. 사용된 구체적인 부분들과 이름들은 필수적인 것이 아니라, 단지 표현하거나 묘사하기 위한 것이다. 다른 이름으로 또는 이름 없이 같은 역할을 하는 다른 요소들도 결국은 동일하게 사용할 수 있다.


## 4. 드라마와 방향 표시

(화살표는 그 대화가 흐르는 방향을 가리킨다. 하나님에게서 사람으로: ↓, 사람에게서 하나님께로: ↑, 사람 사이에서: ↔)

**제1막 : 하나님은 우리를 자신에게로 모으신다**

- 예배로의 부름(↓)
  - 되도록 성경으로(예: 시 95:6-7)
- 기원(↑)
  - 시작 기도보다 더 나은 것으로
  - 하나님의 임재를 감사하고 인정하며(우리가 만든 것이 아니다)
  - 하나님은 이미 임재하시고 일주일간 늘 임재해 오셨다.
- 경배와 찬양(↑)
  - 하나님이 어떤 분이신지 고백(예: 노래하기, 외치기, 입으로 말하기 등)
- 죄를 고백하도록 부르심(↓)(예: 사 1:18), 그리고 고백하기(↑, ↔)
  - 이제 거룩한 사랑의 하나님의 조명 아래 우리 자신을 보면서 우리가 누구인지 고백하기
  - 개인적으로만이 아니라 연합한 회중으로서(예: 단 9:4-19)
- 죄 용서의 확신(↓)

- 예: 요한일서 1:8과 "복된 소식을 들으라…예수 그리스도 안에서 우리는/당신은 용서받았다!"
- 감사(↑), 그리고 평안을 전하기(↔)
  - 예: 영광송(*Gloria Patri*), "아버지께 영광…."
> 제1막의 절정: 하나님은 우리와 같이 타락한 사람들과 거룩하신 하나님 사이에는 불가능할 것 같은 관계를 그리스도 안에 있는 믿음을 통해서 가능케 하신다!

## 제2막: 하나님은 자신의 말씀을 통해서 우리에게 말씀하신다

- 조명 기도(↑)
  - 성령님께서 읽혀지고 그리고 선포될 말씀을 우리가 이해할 수 있도록 그리고 그렇게 살아갈 수 있도록 해주시기를
- 성경 읽기(↓)
  - 한 절 두 절이 아닌, 주해적 단위와 설교적 단위로
  - 구약과 신약의 균형
- 설교(↓)
  - 궁극적으로 예배의 한 행동으로 강연 또는 격려 토크 또는 오락거리가 결코 아닌
> 제2막의 절정: 오늘! 하나님은 우리에게 무언가를 말씀하신다!

## 제3막: 하나님은 우리가 반응하도록 움직이신다

- 신앙 고백(↑, ↔)
  - 우리는 우리가 듣는 것을 믿는다(예: 신앙고백, 간증, 강단 초청, 예

언, 침묵 등).
- 도고 기도(↑)
    - 목사가 기도를 하더라도, 여전히 신자들을 위해서 회중의 참여가 더 좋음
- 헌금(↑)
    - 자기 자신, 재능(음악, 예술), 돈 등
- 감사(↑)
    - 예: 영광송, "모든 복의 근원이신 하나님의 경배하라…."
- 성례의 참여(↓, ↔, ↑)
    - 세례와 성만찬

> 제3막의 절정은 상황에 따라 다양할 수 있다. 하나님이 우리에게 그렇게 할 수 있는 능력을 주신다!

## 제4막: 하나님은 다른 사람들을 섬기도록 우리를 보내신다

- 의무(↓, ↔)
    - 하나님이 우리를 위해 해주신 일과 명령하신 것에 대한 결과로 하나님이 우리가 하기를 원하시는 것
- 강복(↓)
    - 예: 민수기 6:24-26
    - 하나님이 우리에게 말씀하시므로 마침기도가 아님, 그래서 눈을 뜨고 하는 것이 더 적합

> 제4막의 절정: 하나님의 복된 말씀이 우리와 함께한다!

4막 모델의 움직임과 방향에 주목하라. 2막 모델에 비해 수직적 대화와 수평적 상호작용이 전체적으로 자리해 있고 훨씬 더 많다.

제1막은 수직적 내려옴으로 시작하는데, 예배는 우리가 하나님께 말함으로가 아니라 하나님이 우리에게 말씀하심으로 시작한다는 것을 명확히 한다(그렇다면 우리는 대개 가장 중요한 참가자에게 첫 번째 말과 마지막 말의 기회를 주지 않았던 것은 아닌가?). 주도적 역동성이 아래로(하나님으로부터 사람에게) 향할 때마다, 성경에 나오는 말씀 또는 성경적으로 알려진 말씀을 사용하여 우리의 선언에 하나님이 말씀하시는 목소리를 더하는 것을 나는 선호한다.

물론 이 성경 말씀을 지향하는 것이 아래로 향하는 흐름에서만 배타적으로 사용되는 것은 아니다. 우리가 하나님께 올려드릴 말씀들로 그의 말씀 중에 많은 부분—시편과 같은 부분—을 하나님께서 우리에게 주셨다.[13]

어떤 연극이든지 제1막의 주요 목적 중 하나는 주인공을 소개하는 것이다. 성경적 예배의 드라마에서도 시작하는 행동은 동일하다. 예배 드라마의 두 주인공은 거룩한 삼위 하나님과 타락한 사람이다.

---

[13] 성경적 언어를 좋아하는 것은 내가 가진 "루터주의/칼빈주의"의 규정적 원리를 나타낸다. 새 언약이 옛 언약이 했던 것만큼 철저하게 예배의 세부적인 내용을 설명하지 못하기 때문에, 모든 믿는 자는 그들이 드리는 예배를 성경이 어떻게 규정하는지에 대해서 선택을 하게 된다. 대부분 자신들의 원리를 분명히 하지는 못하지만, 그래도 예배에서 닭을 잡거나 피를 마시는 것은 분명 성경에 적합지 않아 보인다.
일반적으로 개신교 규정적 원리의 두 축은 "루터주의"-신약에서 금지되지 않은 것은 (예: 피를 마시는 것) 무엇이든지 허용된다-와 "칼빈주의"-신약에서 명령하지 않은 것은 무엇이든지 금지된다(예: 시편 이외의 다른 것 또는 악기로 찬양하는 것)-로 나뉜다. 나는 결국 "루터주의" 쪽으로 더 가까이 다가가 있지만, 왜냐하면 신약에는 예배에 대한 명령이 많지 않기 때문에, 그럼에도 나는 여전히 예배에서 성경이 많이 사용되도록 해야 한다는 "칼빈주의" 접근의 진지함을 인정한다.

삼위 하나님이 우리를 자신의 임재 안으로 이끄실 때 우리는 그의 위대함, 놀라운 역사, 거룩한 순결에 대한 경외와 그분의 사랑, 자비, 은혜에 대한 경배와 찬양으로 반응할 수밖에 없다. 하나님이 누구인지를 우리가 더 많이 알수록, 우리가 누구인지—사랑스럽지 않고 편협하고 무례하고 불결하고 부정한 우리—를 더 분명하게 보게 된다.

이 대조는 절정으로 향하는 극적 긴장감을 가져온다.

지금 보고 있는 것처럼 거룩한 하나님과 그분의 임재 안에서 두드러지게 드러나는 부정한 우리 모습으로 어떻게 좋은 관계를 맺을 수 있겠는가?

그러한 신적 존재가 우리와 가까워지려 하더라도 어떻게 우리가 그와의 대면에서 살아남겠는가?

로미오와 줄리엣 또는 안토니우스와 클레오파트라 같은 매우 극적인 커플마저도 거룩한 하나님과 타락한 사람보다는 덜 비극적이다.

이 관계의 긴장감이 주는 위협적 특성 때문에 이것을 모른 체하고 그냥 찬양과 설교로 곧장 감으로 이것을 생략해 버리고 싶은 유혹이 있다. 그렇게 하는 것은 우리가 누구인지 그리고 하나님이 누구인지에 대해 우리 자신을 속이는 것일 뿐 아니라, 우리 자신에게서 예배의 가장 중요한 첫 번째 극적 절정—이후의 막에서 다른 모든 것이 일어나게 하는 첫 번째 절정—을 빼앗는 것이다.

또한 그렇게 되면 복음을 말할 수 없게 된다. 왜냐하면, 우리가 하나님과 관계 맺기에 얼마나 부적합한지 그리고 우리 스스로 그 관계를 회복하는 것이 불가능하다는 것을 완벽히 깨닫는 바로 그 순간이야말로 복음이 진정으로 좋은 소식, 누구도 이제껏 들어보지 못한 가장 예측 못했던 소식이 되는 것이다.

이렇게 복음을 마음 깊이 받아들이도록 돕는 제1막에서 예배의 움직임은 고백이다. 고백의 목적은 우리의 죄에다 코를 박고 문지르는 것이 아니라, 용서의 확신을 받을 수 있도록 우리를 준비케 하는 것이다.

"여러분! 복음의 좋은 소식을 믿으세요. 예수 그리스도 안에서 우리는 용서함 받습니다!"

이 놀라운 실제가 우리를 용서받음에 대해 감격하면서 더 크게 찬양하고 감사하도록 떠밀고 있다. 더욱이 우리는 그 용서를 더욱 생생하게 만들 수 있는데, 서로 거룩한 입맞춤으로(또는 포옹이나 악수로) 그리스도 안에서 평화를 나눔으로 가능하다.

제1막에서 하나님이 우리를 하나님 자신에게로 모으는 절정이—우리처럼 타락한 사람이 거룩하신 하나님과 사랑의 관계를 그리스도 안에서 가질 수 있게 되는 바로 그 정점이—제2막을 가능케 하고 또한 적극적으로 임하게 만든다. 만약 우리가 하나님과 화평하지 못하다면 우리는 하나님이 그 말씀으로 우리에게 말하고자 하는 것을 정말이지 듣고 싶지 않을 것이다. 왜냐하면, 그것은 우리 죄에 대한 선고가 분명할 것이다.

제1막에서 수직적 내려옴과 올려드림 그리고 수평적 방향의 역동성으로 여러 번의 변화 후, 제2막은 주로 하나님으로부터 우리를 향해 내려옴이다. 절정은 성경이 읽히고 선포된 후, 우리가 이것을 깨닫는 것이다.

'오늘, 하나님은 우리에게 무언가 말씀하신다!'

여기에 설교를 온라인에서 듣는 것과 회중의 한 사람이 되어 그것을 경험하는 것과 차이를 만든다. 메시지는 '관련된 사람에게' 일반적으로 적용되는 것이 아니라, 삼위 하나님의 말씀으로서 바로 이 특정한 시간에 여기 모인 특정한 사람들을 위해 맞추어진 것이다.

자, 만약 하나님이 우리에게 정말 말씀하고 계신다면, 우리의 반응은 어떠해야 할까?

"좋은 말씀 감사합니다. 주님, 이제 예배는 거의 끝났고 우리가 브런치를 하려면 얼른 세례를 마쳐야 해요."

이와 같은 반응일까?

의미 있는 반응을 할 수 있는 시간이 부족하다는 것이 예배의 2막 모델이 갖는 중요한 한계 중 하나이다. 반면에 제3막이 있으면, 3막에서 하나님이 우리가 반응하게 만드시는 것은 하나님의 말씀이 인간의 확증을 요구한다는 사실을 진지하게 받아들이는 것이다. 일차적인 확증은 믿음이다.

"주님! 당신이 말씀하십니다. 우리는 당신이 말씀하신 것을 믿습니다."

하나님과 우리 관계의 중심으로서의 믿음을 확증하는 것은 다양한 형태를 취할 수 있다. 역사적 신앙고백, 개인적인 간증, 강단 초청, 예언, 집중적인 침묵, 다른 많은 이름으로도 표현할 수 있다. 제3막에서 역동성의 방향은 제2막의 수직적 내려옴과는 반대로 수직적 올려드림이고, 예배자들이 서로 반응하도록 격려하며 수평적 움직임도 다소간 함께 가진다.

하나님이 우리에게 말씀하시는 것을 들음으로써 이제 우리는 예배 순서의 처음에 했던 것보다는 더 알려주신 하나님께 말할 수 있는 준비가 된다. 하나님께로부터 받음으로써 우리 자신을 하나님께 돌려드릴 준비가 되어 이제 우리는 더 풍성하게 우리에게 베푸셨던 것들을 돌려드린다.

헌금바구니를 돌리는 것이 교회가 돈만 밝힌다는 잘못된 인상을 주어 불편한 순간이 될 수도 있지만, 이는 여전히 예배의 행동이고 그러한 방식에서 그것은 단순히 헌금이 아니라 우리 대부분이 치열히 싸우고 있는 부와 물질주의라는 우상의 가면을 벗기는 것이다.

악기 연주자, 합창단, 독창이라는 특별한 음악은 하나님께 음악적 재능을 돌려드리는 기회이다. 바로 하나님으로부터 그 재능을 선물 받은 사람이 전체 회중을 초대하여 하나님께 감사를 드리는 것이다. 결국 음악은 예배에서 공유하는 행동이지, 결코 '미니 콘서트'를 즐기는 시간이 아니다.

세례와 성만찬은 예수님이 그의 제자들에게 믿음으로 자신과 연합을 이루는 영적 실제를 구체화하기 위해서 실행하도록 명령하신 반응이다. 세례와 성만찬에서는 적절하게 말씀을 읽고 설교한다. 말씀이 없다면 세례와 성만찬의 참여자가 그 목적과 의미가 무엇인지 이해할 수 없으므로, 그들은 세례와 성만찬에 미신적이고 기계적으로 참여할 수밖에 없다.

반면에 이러한 예식의 반응들을 할 기회가 없는 설교는 얄팍해 보일 수 있고 백성을 구원하는 그리스도의 행동에서 분리될 수 있다. 즉, 그리스도와 함께 죽고 부활하고 죄 사함 받아서 이제 그의 부서진 몸과 그 흘린 피를 통해 그와 연합하게 되는 우리 존재에서 분리될 수 있다는 것이다.

그리스도가 세례와 성만찬을 제정하였기 때문에, 세례와 성만찬이 행해질 때마다 제3막의 절정이 된다. 세례와 성만찬이 없다면 절정은 다른 반응들에 따라서 다양할 수 있다. 그럼에도 이 절정의 핵심 주제는 같으며 그것은 우리의 어떤 반응에서조차도 주님이 가장 중요하다고 우리에게 상기시킨다. 하나님께서 우리가 그것을 하도록 하셨다!

제4막은 가장 짧은 행동이지만 그렇다고 가장 중요하지 않은 것은 결코 아니다. 그것은 이전 모든 행동들의 주제를 모으고 예배 드라마를 만족스럽게 마치게 한다. 역동성의 방향은 내려옴인데, 그 이유는 주요 행위자에 어울리도록 하나님이 마지막 말씀을 하시기 때문이다.

강복(降福)-의미는 "축복의 말씀"-에서는 우리가 하나님께 말하지 않는다. 하나님이 우리에게 말씀하신다. 때로 예배 인도자가 혼동하여 예배자들이 눈을 감고 고개를 숙이고 하나님께 자신들을 위해 무언가를 구하도록 요구하면서 강복을 기도로 바꾸기도 한다.

그러나 강복을 기도와 구별하는 한 가지 방법은 사람들이 그들의 머리를 위로 향하고 눈을 뜨도록 하고, 가능하면 손도 잡도록 하면서, 하나님이 우리 각자의 다양한 사명 가운데 다음 한 주 동안 섬기도록 우리를 보내면서 성령님을 통해 그리스도 안에서 공유하는 믿는 자들의 보이지 않는 연합을 강조하는 것이다. 제4막의 절정은 우리가 하나님의 일을 하도록 우리만 떠나는 것이 아니라는 것이다. 하나님의 축복의 말씀이 우리와 함께 가는 것이다![14]

마지막으로 이 장에서 4막 모델로서의 구조와 움직임을 보면서 풀어 설명한 예배에 대한 나의 정의를 다시 한 번 반복한다.

> 하나님의 온전한 말씀이 하나님의 모든 백성들과 함께 온전한 인격의 사람을 하나님의 온전한 사명을 성취하도록, 성령 하나님의 충만한 능력을 통해 성자 하나님과의 충만한 연합 가운데 성부 하나님의 충만한 임재 안으로 이끌 때, 성경적 예배가 일으켜진다.

---

[14] Kevin Vanhoozer는 *The Drama of Doctrine: A Canonical-Linguistic Approach to Christian Theology* (Louisville: Westminster John Knox, 2005)와 *Faith Speaking Understanding: Performing the Drama of Doctrine* (Louisville: Westminster John Knox, 2014)에서 성도들이 공적·성경적 예배에 들어서면서 교리와 훈련을 이해하게 되는 드라마의 이미지를 자세히 설명한다.

이번 장에서 성경적 예배를 정의하는 것과 그것의 극적인 흐름과 역동성의 방향에 특별한 주의를 기울이는 것은 이 책의 이후 장에서 다룰 방법론과 예를 제공한다. 예배에서 구체적인 요소들은 각 예배순서를 정하는 특별한 상황에 따라 달라질 수 있고 달라져야만 하지만, 기본적인 성경적 내용은 동일해야 한다. 바라는 것은 강해적 예배의 발전이 성경 안에서 자신을 드러내시는 하나님에 대한 예배자들의 경험을 영광스럽게 하고 그 경험이 더 깊어지게 하는 예배로 열매 맺는 것이다.

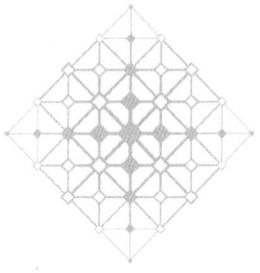

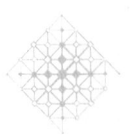

# 제2장

# 강해적 예배-본문 선택과 연구하기

"계획을 하지 않는 것은 실패를 계획하는 것이다"(Failing to plan is planning to fail).

이 속담은 집을 짓는 것 또는 요리하는 것과 같은 다른 복잡한 활동 만큼이나 예배에도 적용된다. 즉흥적 예배가 어떤 면에서는 하나님과 만남을 도울 수 있지만—마치 비가 새는 지붕이 폭우 속에서 일종의 피난처가 될 수 있고, 타버린 음식이 약간의 영양을 공급하는 것과 같이—모든 영역에서 준비되고 통합된 노력을 기울인다면 참여하는 모든 사람들이 더 크게 만족하게 될 것이다.

계획 없이 팀으로 함께 효과적으로 일하는 것은 거의 불가능하다. 석공이 단층집에나 적당할 것 같은 기초를 놓고 나서, 목수가 자신이 생각하고 있던 이층 구조에는 그 기초가 불충분하다는 것을 발견하게 되는 것이다. 시원찮은 요리사가 만들어 둔 매운 갈릭소스는 수석 요리사가 방금 오븐에서 꺼낸 부드러운 수플레(soufflé)와는 맞지 않다. 건축가에게 청사진이, 요리사에게 레시피가 필요하다면, 예배 인도자들에게는 예전적 아이디어(liturgical idea)가 필요하다.

예전적 아이디어는 하나님의 온전한 말씀이 하나님의 모든 백성들과 온전한 인격의 사람을 성령 하나님의 충만한 능력을 통해 성자 하나님과의 충만한 연합 가운데 성부 하나님의 충만한 임재 안으로 인도하여, 하나님의 온전한 사명의 성취를 이루게 함으로써 예배의 통일성을 제공하고 함께 준비와 조화를 이루는 데 초점을 맞춘다.

명확한 계획과 순서는 엄격하게보다는 좀 더 자유롭게 적용되어야 한다. 건축의 거장과 수석 요리사는 청사진과 레시피의 노예가 아니다. 이러한 구조는 실제로는 바운더리를 제공함으로써 창의성을 일으키는데, 그 바운더리 내에서 다른 사람들의 필요에 맞추는 것(customization)과 제작자의 솜씨를 반영하는 개성(personalization)이 적절하게 적용될 수 있기 때문이다.

몸이 불편한 고객을 위해 그들이 잡을 수 있는 난간을 만들기 위해 목수는 자신의 땅에 있는 오크나무를 잘라 정확한 사이즈로 모양을 내고 부드럽게 연마하여 아름다운 나뭇결이 온전히 드러나게 마감 처리를 한다. 제빵사는 밀가루, 물, 이스트, 버터, 소금 정도를 가지고 식사에 무엇이 가장 잘 어울릴지에 따라서 혹은 식사하는 사람들 각자의 미각을 만족시키기 위해서 폭신한 크로와상에서 거친 빵에 이르는 다양한 빵을 만든다.

마찬가지로 앞으로 두 장에 걸쳐서 소개할 강해적 예배를 발전시키는 단계들은 예배 인도자의 창의성을 불러일으켜서 그들이 미리 판에 박히듯 계획된 예배를 피하고, 그곳에 참석한 예배자들의 독특한 정황을 잘 섬길 수 있게 하는 것이다. 그다음 단계는 설교자와 다른 예배 인도자가 함께 공동으로 조화를 이루도록 하며, 마지막 결과로 설교와 예배 양쪽에서 중심되는 성경적 본문의 "빅 아이디어"를 드러내는 것이다.

이 단계들은 의도적으로 해돈 로빈슨이 강해적 메시지를 만들기 위해서 『강해설교』에서 처음 제시한 것과 유사하게 만들었다. 로빈슨의 방법은 30여 년이 넘도록 설교자들을 잘 섬겨왔는데, 이는 그 방법의 간단함과 명확함 그리고 실용성 덕분이다.

그 방법을 사용해 본 사람들은 내가 예배에 적용하는 방식이 꽤 쉽다는 것을 알게 될 것이고, 그다음으로 논리적이라 생각하게 되기를 바란다. 그러나 아직 이 구체적인 설교학적 접근을 시도해 보지 않았거나 설교자가 아닌 사람들도 비교적 쉽게 그것을 이해할 수 있고, 분명하게 공유된 과정을 알게 되면서 도움을 받을 수 있을 것이다.

강해적 예배를 발전시켜 나가는 처음 네 단계는 강해설교를 발전시켜 나가는 처음 네 단계와 동일하다.

① 본문 선택하기
② 본문 연구하기
③ 주해적 아이디어 찾기
④ 주해적 아이디어 분석하기[1]

하지만, 나는 로빈슨이 간략히 언급한 요소들을 상세히 설명할 것이고, 또한 예배드리는 데 이러한 단계들이 더 분명히 적용되도록 돕는 요소들을 추가할 것이다. 5단계에서 진행은 더욱 뚜렷하게 나눠지는데, "하나님이 그 말씀에서 드러내시는 것에 우리가 예배에서 어떻게 반응해야 하는가"라는 독특한 발전적 질문(distinctive developmental questions)에 답하면

---

[1] Haddon Robinson, 『강해설교(제2증보판)』(*Biblical Preaching*, CLC, 2016)를 참조하라.

서 "설교적 아이디어의 형식"에서 "예전적 아이디어(liturgical idea)의 형식"으로 발전시켜 나갈 것이다.

## 1. 1 단계: 본문 선택하기

### 1) 미리 계획하기(Plan Ahead)

성경적 예배는 성경에 기초한다. 그러나 성경은 매우 광범위한 책이고 어디서 시작해야 할지에 관한 어떠한 구체적 가르침도 없다. 물론 모든 성경은 영감되었다. 그렇다고 그 "영감"이 설교와 예배를 위한 매주의 중요한 본문을 선택하는 가장 좋은 방법을 의미하는 것은 아니다. 토요일 밤이나 심지어 주일 아침에 성경 본문을 선택하는 권한을 회중에게 주는 것은 성경에서 개인적인 인도하심을 "페니 딥"(penny dipping)으로 찾는 것과 같다.

"페니 딥"이란 당신이 눈을 감고 성경 전체를 휘리릭 넘기다가 당신에게 주신 하나님의 특별한 말씀이라고 여겨지는 구절이 있는 페이지 어디든지 손가락으로 가리키는 것이다. 한 가련한 영혼이 하나님이 자신들에게 원하시는 것을 찾으려고 손가락을 가리켰는데, 마태복음 27:5이 나왔다.

> 유다가…스스로 목매어 죽은지라(마 27:5).

이런 끔직한 지시가 그들에게 주어진 것은 분명히 아닐 것이라 생각하면서, 그들은 다시 도전했고 누가복음 10:37 마지막 부분에 닿았다.

가서 너도 이와 같이 하라(눅 10:37).

기분 나쁜 우연이라 여기며 이것도 버렸다. 구약은 더 좋은 결과가 나올 거라 생각하여 그들은 마지막 노력을 기울였고, 그들이 눈을 떠 자신의 손가락이 가리키고 있는 열왕기하 9:3의 끝부분을 보게 되었다.

지체하지 말지니라!(왕하 9:3).

마지막 순간 위험스러운 성경 선택은 도움이 안 될 뿐만 아니라 의도하지 않은 결과로 이어진다. "하나님의 뜻을 다"(행 20:27) 담은 균형 잡힌 식단 대신에, 회중들은 설교자가 의식하든 그렇지 않든 간에 같은 본문을 계속 반복하는 너무 조리된 "주일용 남은 음식"이나 덜 익은 "토요일 밤 스페셜"을 먹기가 쉽다. 다른 예배 인도자들은 같은 찬양과 기도-주로 그들이 개인적으로 선호 하는 찬양과 기도-를 사용하는 나쁜 습관에 빠져 있는데, 그 이유는 매주 언급되는 성경 말씀에 대한 어떤 이유도 어떤 리듬도 없는 것처럼 보이기 때문이다.

그러므로 강해적 예배를 발전시키는 1단계의 첫 걸음은 미리 계획하는 것이다. 다양한 설교자들과 예배 인도자들과 회중들은 효과적인 계획을 위한 그들 각자의 리듬을 찾게 될 것이다. 어떤 이들은 1년 전체를 미리 계획하기도 하고, 내가 들어본 여러 청중들이 말하는 바로는 2년이나 3년 또는 심지어 5년을 미리 생각한다고도 한다.

그러나 다른 이들은 자신은 몇 년씩 미리 계획할 만큼 충분한 선지자적 감각을 가지고 있지 않다고 생각하여, 3개월에서 6개월 간격으로 미리 연구한다. 심지어 3개월도 미리 계획할 수도 없다고 생각하는 설교자와 함께하는 예배 인도자들은 그러한 구조를 제공하기 위해서 다른 예배 인도자들과 공조해야 할 필요가 있다. 이럴 경우, 되도록이면 설교자와 협의해 가면서 하고, 경우에 따라서는 더욱 드러나지 않게 해야 한다.

어떤 설교자들은 미리 계획해야 하는 것에 대한 자신들의 내키지 않음을 "어떻게 '성령을 소멸'(살전 5:19)하겠는가"라고 경건한 체하는 철없는 소리로 정당화할 수도 있다. 그러나 이 구절의 문맥은 정확히 그 반대를 말하고 있는데, 왜냐하면 이 경고가 게으른 자들에 대한 더욱 준엄한 경고(5:14)와 장래에 모든 형제들에게 이 편지를 읽어주라는, 아마도 데살로니가 성도들의 정기적인 예배의 한 부분처럼 읽어주라는 명백한 계획(5:27)을 함께 제시하고 있기 때문이다.

미리 계획한다는 것은 성령님이 이끄시는 예배를 방해하는 것이 아니다. 더욱이 아무도 예상하지 않았지만 모두가 그것을 하나님의 역사로 여겨 예배 중간에 계획했던 것에서 떠나 즉흥적으로 시도하는 것을 방해하는 것도 아니다. 주요한 국제적, 국내적, 지역적 또는 회중적 위기 상황은 하나님의 백성들의 필요에 더 잘 반응하기 위해서 그 계획을 취소시킬 수도 있다.

2001년 9월 16일 주일, 나는 히브리서 9:23-10:18을 가지고 설교하지 않았다. 비록 우리 예배 기획팀이 여러 달 전에 확정해 두었던 것이었는데도 말이다. 그 대신 그 전 수요일에 나는 우리의 초점을 시편 46:1("하나님은 우리의 피난처시오 힘이시니 환난 중에 만날 큰 도움이시라")로 바꾸었고, 그러면서 화요일에 일어났던 9/11테러의 공포를 언급했다.

좋은 구조는 즉흥성을 발휘할 기회를 만들어 내지만, 구조가 없는 것은 혼돈을 향하게 마련이다(고전 14:40). 성령의 바람은 임의로 분다(요 3:8). 하지만, 돛을 올리고 바람을 잘 이용할 수 있도록 선원들을 조직하는 것은, 바람을 불게 할 수 없는 것만큼 바람이 부는 것을 방해하지도 않는다. 강한 바람은 가장 투박한 뗏목조차도 실어갈 수 있다.

그렇다면 동일한 바람이 주의 깊게 디자인된 돛단배를 얼마나 더 멀리 더 빨리 밀어가겠는가?

특별히 그 배를 안전하게 이끌어갈 이동 경로를 계획해 온 선장과 선원들이 있다면, 그들을 해변 아무데나 그냥 쓸어가는 대신에 안전한 항구로 인도해 갈 수 있지 않겠는가?

그리고 바람의 방향이 변한다면 뗏목보다 돛단배가 더 잘 순응할 수 있다.

중심되는 설교/예배 메시지를 미리 결정하기로 마음먹었다고 해서 어떤 메시지를 선택할지에 대한 선택의 문제가 해결되는 것은 아니다. 왜냐하면 성경에는 우리의 선택을 지시해 줄 명백한 명령이 없기 때문에 예배 인도자들은 그들이 역사적으로 그래 왔던 것처럼 다양한 방법들로 접근할 자유가 있다고 생각한다.

이러한 접근들은 크게 두 가지 주요 범주로 나뉘는데, 렉치오 컨티뉴아(*lectio continua*, 연속적 읽기)와 렉치오 셀렉타(*lectio selecta*, 선택적 읽기)[2]라는 라틴 명칭으로 불려오고 있다. 각 범주를 순서대로 살펴보자.

## 2) 렉치오 컨티뉴아(*Lectio Continua*)

렉치오 컨티뉴아는 예배에서 매주 중단 없이 성경책 전체를 읽는 것을 말한다. 이 접근의 강점은 각 책이 원래 쓰였을 때의 문학적 본래 모습을

---

[2] "읽기"를 뜻하는 라틴어 "렉치오"(*Lectio*)는 인쇄술이 발명되어 문학이 보급되기 전 대부분 신자들은 하나님의 말씀을 예배에서 그것이 구두로 읽힐 그때에만 다가갈 수 있었다는 사실을 반영한다. 예배에서의 성경 읽기에 대한 더 많은 내용은 다음을 보라. Jeffrey D. Arthurs, *Devote Yourself to the Public Reading of Scripture: The Transforming Power of the Well-Spoken Word*(Grand Rapids: Kregel, 2012).

불러일으키게 하는 탁월함에 있다. 책을 나중에 특정한 구문을 인용하기 쉽도록 추가된 각 장과 절로 자르는 대신에 그것들을 다른 책에서 온 다른 절들과 한 덩어리로 만들어, 전체로서의 책이 스스로를 말하도록 해서 핵심을 밝혀내려는 것이다.

그럼에도 불구하고 좋은 강해설교와 예배는 미리 본문의 주의 깊은 선택을 필요로 한다.

"지난 주일 저는 7절을 살펴보았으니, 그렇다면 오늘은 8절에서 시작합시다…."

이처럼 설교자가 이전 주에 마친 곳을 그냥 선택하는 것이 아니다. 이런 의미에서 강해적 접근이 때로는 각 절에 대한 세부적인 분석을 포함하지만, 그것이 특정한 구문의 폭넓은 문맥이나 장르에 상관없이 순서대로 각 절에 대해 설명하는 "절별"(verse-by-verse)로 하는 설교와 똑같은 것은 아니다. 아이러니하게도 많은 "절별" 설교는 강해를 훼손시키고 또한 각 절을 본문이 말하고 있는 것과 거의 또는 전혀 관계가 없는 이슈들을 말하는 시발점이 되게 함으로 설교를 본질적으로 설교자가 이끄는 주제별 주석으로 퇴보시킨다.

물론 서신서는 그 자체가 이런 식의 접근을 할 수밖에 없겠지만, 성경의 다른 장르들은 그렇지 않다. 지혜서, 시, 폭넓은 역사적 내러티브, 선지서, 비유, 계시문학 모두는 "절별" 접근법으로 다루어질 때 그 내용이 손상되므로, 결과적으로 그렇게 하지 않아야 한다. 책이 또는 책 내용이 가지는 특정한 장르적 성격은 각 주일을 위한 본문을 선택하는 중요한 안내자이다.[3]

---

[3] 장르가 구문 선택과 설교 전개에 어떻게 영향을 미치는지에 대한 더 많은 내용을 원한다면 다음을 보라. Jeffrey D. Arthurs, *Preaching with Variety: How to Re-create the Dynamics of Biblical Genres* (Grand Rapids: Kregel, 2007).

해돈 로빈슨(Haddon Robinson)의 일반 원칙은 렉치오 컨티뉴아를 사용하는 데 유용한 가이드를 제공한다.

"성경적 사상의 문학적 단위에 따라서 설교본문을 정하라."[4]

이 원칙은 읽어야 하는 또 다른 본문뿐만 아니라 전체 예배순서에서도 적용되어야 한다. 본문 선택은 항상 성경적 사상의 문학적 단위를 따르려고 해야만 한다.

때때로 이러한 문학적 단위는 상당히 쉽게 파악된다. 예를 들어 당신이 역대상을 연구하고 있다면, 역대상 29:10-20에 있는 다윗의 찬양시와 관련된 기도는 설교나 예배를 위한 근거로 사용되거나 예배에서 읽어질 수 있는 사상의 문학적 단위가 분명히 될 수 있다. 그러나 22장과 그 이후에 설명하는 다윗의 성전건축 준비 과정은, 역대상 29:10-20에서 절정에 달하게 되며, 예배에서 읽거나 설교할 수 있는 사상의 문학적 단위로 쉽게 분류할 수 없는데, 특히 23장에서 27장을 이루는 레위 사람들, 제사장들, 찬송을 맡은 사람들, 문지기들, 군대의 긴 목록은 더욱 그러하다.

이러한 목록들이 다윗의 시와 기도만큼 감동을 주지 않아서 동일한 주목을 받지는 못하지만, 이러한 내용들은 한절씩 설명되고 전체를 통독하는 것보다는 그들의 사상 단위를 어떻게 전달하는지 보여주기 위해 요약하는 것이 더 좋을 것이다.

렉치오 컨티뉴아를 위한 또 다른 어려움은 예배와 설교를 위한 토대로 성경의 어떤 책을 선택하느냐이다.

당신은 간단하게 창세기로 시작해서 여러분의 사역의 끝에서 계시록으로 끝내기를 원하는가?

---

[4] Robinson, *Biblical Preaching*, 30.

만약 당신이 지금 에스라로 연구하고 있다면, 식품점 카운터에 줄 서 있는 다음 번호처럼, 다음은 느헤미야라는 의미인가?

이는 당신이 무엇을 다음 예배와 설교의 토대로 두느냐에 있어야지, 단순히 성경 순서 때문에 그렇게 해서는 안 된다. 예를 들어 만약 당신이 회중들에게 가장 중요한 문제가 리더십이라고 감지했다면, 그때 느헤미야는 에스라의 훌륭한 후속 구문이 될 것이다. 반면 느헤미야에서 직접적으로 언급하지 않는 더 시급한 문제가 있다면, 당신은 성경의 다른 곳으로 옮겨가야만 한다.

내가 경험한 예배 리더십과 설교에서 나는 다양한 시기에 청중이 가진 다양한 필요들에 답하기 위해 렉치오 컨티뉴아 접근법을 사용하여 성경의 다른 책들로 이동해 왔다. 빌립보서는 우리가 새로운 회중으로 첫발을 내딛은 후, 우리 모두가 좀 지치고 의기소침해졌을 때 초기 시리즈의 기초를 제공했다. "젊은 교회에 보내는 편지"라는 주제로 빌립보 교인들이 그들의 초기에 그리스도의 도움을 대면하게 되는 기쁨뿐만 아니라 도전도 강조했다.

1999년에서 2000년으로 들어설 때, 우리는 "밀레니엄의 의미"라는 시리즈에 요한계시록을 포함했고, 백성들의 반항과 불확실성에도 불구하고 자신의 백성을 지키는 하나님 주권의 확실성을 가리켰다. 우리 교회가 첫 번째 건물을 지어서 그곳으로 들어가게 되었을 때, 그래서 우리의 편의시설들이 얼마나 크고 좋아졌는지에 대한 흥분으로 차 있었을 때 히브리서는 "더 좋은 것들에 대한 책"(예, 히 3:1-6, "더 좋은 건축자")이라고 이름 붙인 시리즈를 통해서 너무 많은 건축물을 세우는 것에 대한 유익한 교정책을 제공했다.

강해를 즐기는 설교자들―그리고 심지어 회중들―이 특별히 주의해야 할 필요가 있는 것은 강해 그 자체가 목적이나 끝이 아니라는 것이다.

"요한삼서로 3년 동안 설교해서 우리가 얼마나 성경적인지 모두에게 보여주자!"

"제가 신학교 시절, 소선지서 과목을 정말 좋아했습니다. 그래서 저는 무슨 일이 있어도 호세아부터 말라기까지 저만의 방식으로 설교할 겁니다."

이렇게 말하는 것은 강해가 그 자체로 목적이 되는 경우이다. 모든 성경은 하나님의 감동으로 되었고 유익하다(딤후 3:16). 그렇다고 해서 그것이 어떤 본문, 어떤 때에, 어떤 회중에게라도 항상 유익하다는 것을 의미하지는 않다. 예배와 설교는, 제자도의 중요한 수단으로서 신자들을 가르쳐 성숙시킬 수 있는 책을 선택하기 위해서 특정한 시간에 특정한 공동체 가운데 일하시는 성령님에 대한 주의 깊고 기도하는 마음의 민감성을 요구한다.[5]

### 3) 렉치오 셀렉타(*Lectio Selecta*)

성경의 한 권 전체나 일부분을 계속 읽는 렉치오 컨티뉴아 방법과 대비되는, 설교와 예배를 위해 본문을 선택하는 다른 주요 방법은 성경의 여러 부분에서 본문을 찾는 렉치오 셀렉타(선택적 읽기)이다. 렉치오 셀렉타 방법 안에서 성경 본문들을 결정하는 데는 교회력 기반의 성서정과를 사용하거나 각자의 주제 시리즈를 전개하는 두 가지 주요 접근방식이 있다.

---

[5] 이 과정에 대한 더 자세한 논의는 Gibson, *Preaching with a Plan*, 특별히 부록 1, 2를 참조하라.

**(1) 성서정과**(聖書程課, *Lectionary*)

성서정과에는 매 주일 예배에서 읽도록 할당된 성경 읽기 목록이 있다. 이런 실천은 중세교회에서 널리 퍼지게 되었고, 16세기 들어 예배에서 성경의 중심성을 회복하려는 사람들 사이에서 논쟁거리가 되었다. 정도의 차이는 있어도 종교개혁자들은 중세의 성서정과를 거부했고, 대신 고대의 읽기 전통과 성경책들을 총괄하는 설교(렉치오 컨티뉴)를 회복했다.

중세의 성서정과에 대한 이러한 반대는 스위스 종교개혁—개혁적 장로교회—에 영향을 받은 사람들이 가장 많이 주장했고, 루터교회나 감독파 또는 감리교회와 같은 다른 전통에 있는 교회들은 덜 했다. 이 후자 그룹들은 렉치오 셀렉타—구체적인 날들을 위한 특별한 읽기 목록들—을 포함하여 중세 예배의 많은 요소를 유지하려고 했다.

이 성서정과를 유지하려는 접근은 영국과 독일 그리고 북유럽에 있는 교회들 사이에서 더욱 많이 받아들여졌기 때문에, 그들로부터 분리되어 나온 그룹들—회중주의, 침례파, 재침례파, 기타 자유 교회들—대부분은 성서정과를 현세적인 위계로 여겨서 받아들이지 않았고 그들의 수많은 영적 후손들인 성결교, 오순절파, 독립교단들도 역시 마찬가지였다.

불행하게도 성서정과에 대한 오늘날의 태도에도 이러한 과거 교회 분리에서 기인한 시대착오적 편견이 여전히 존재하고 있다. 이른 세기에는 성서정과가 매주 거의 어떤 리듬이나 이유도 없이 성경 이곳에서 저곳으로 건너뛰곤 했지만, 오늘날 북미 교회들 사이에 가장 폭넓게 사용되는 성서정과인 개정공동성서정과(the Revised Common Lectionary)는 3년을 주기로 성경의 많은 부분을 세미-연속적 읽기(semi-continuous reading)

를 가미한 형태로 포함하고 있다.⁶ 매 주일 구약과 시편 그리고 서신서와 복음서에서 선택된 읽기가 있고, 성탄절이나 부활절 주위의 여러 주일에는 예수의 삶과 죽음과 부활에 특별히 초점을 맞춘다.

각 주일 읽기의 선택은 기독교력 또는 전례력(Liturgical Calendar)으로도 알려진 교회력을 반영한다. 교회력의 한 해는 대강절(Advent)-성탄절 전의 4주-로 시작한다. 대강절은 그리스도의 첫 번째 오심을 기뻐하고 그리스도의 다시 오심을 갈망하는 시간이다. 12일간의 성탄절 기간은 주현절(主顯節, Epiphany; 그리스도가 이방인인 세 동방박사에게 통하여 메시아임을 처음 드러낸 일을 기념하는 날로 대체로 1월 6일에 가장 가까운 주일)에 절정에 달한다.

전례력에서 그다음 중요한 부분은 사순절(Lent)이다. 사순절은 고난주간에 정점에 이르는 40일의 주중일과 6일의 주일로 애통과 함께 기쁨으로 그리스도의 속죄의 죽음에 반응하고 기억하는 시간이다. 부활절 주일은 승천일을 포함하는 50일 절기의 시작을 나타내고 오순절에 이르러 마치게 된다.

이 두 주요 절기 가운데 위치하는 주일들은 대체로 일반(비절기) 기간이라고 불리며 성탄절과 부활절을 구성해 가는 데 중심을 두고 있다. 일반 기간의 첫 번째 기간은 대략 1월과 2월로 그리스도의 세례를 기념하면서 시작하여 변화산 사건에 대한 것으로 끝난다.

어떤 전통에서는 동일한 기간을 예수 주현 "절기"로 표시하고, 예수의 삶과 가르침에 초점을 맞추기도 한다. 기본적으로 여름과 가을을 포함하는 두 번째 기간은 삼위일체 주일로 시작하고, '왕이신 그리스도 주

---

6  Revised Common Lectionary의 가장 최근 자료는 Vanderbilt Divinity Library의 RCL 웹사이트에서 찾을 수 있다. http://lectionary.library.vanderbilt.edu/.

일'(Christ the King Sunday)에 끝나는데, 어떤 전통에서는 대강절 전주에 이 날을 기념한다. 일반 기간 성서정과 읽기는 세미-연속적 읽기로 구약의 다양한 책들과 사도행전, 서신서, 복음서들이 그 범위에 속한다.[7]

3년 주기(A 해, B 해, C 해로 표시하는)가 끝날 때 즈음이면, 예배에서 읽은 성경의 분량이 상당히 많아진다. 대부분의 시편, 신약은 반 정도, 복음서는 기본적으로 다 읽었고, 구약은 시편에 더하여 6% 정도를 읽게 된다. 성서정과로 성경을 광범위하게 훑어볼 수 있기 때문에, 성서정과를 선택하여 예배와 설교에 대해 강해적으로 접근하는 것은 '성경적 문맹'(Bible illiteracy)을 폭넓게 치료할 수 있도록 해 준다. 하나님의 말씀에 대한 무지는 그 영혼이 이단과 피상적인 것과 불확실성에 쉽게 공격받게 하여 영적으로 병약하게 자라게 만든다.

세속화가 계속 진행되고 확장된 사회는 성경 지식을 장려하고자 하는 교회의 노력에 추가적인 도움이 되지 않기 때문에, 설교자와 예배 인도자들은 그들 회중의 대다수가 성경에 대해 일반적인 지식을 가지고 있을 거라고(만약 그렇게 가정했다면!) 더 이상 가정해서는 안 된다. 이런 자세는 교회에 가 본 적이 전혀 혹은 거의 없거나, 그 수가 증가하고 있는 어떤 종교적 종파적 소속을 주장하지 않는 "종교 없음"을 말하는 사람들 사이에서 사역하는 목사나 인도자들에게는 특별히 꼭 필요한 것이다.

지난 5년에서 10년 사이에 어떤 곳에서도 예배를 드려본 적이 없는 회중이 다수를 차지하는 개척 교회의 목사로서, 나는 성서정과에 기초해

---

[7] 어떤 전통에서는 교회력에 있는 다양한 절기와 다른 주요 상황에 대한 시각적 표시로서 다른 색깔들(예배 공간과/또는 설교단/강대상의 앞부분에 드리우는 천의 색깔 - 제의라 불리는 성직자가 입는 옷의 색깔)을 사용한다. 녹색 = 일반 시기; 파랑 = 대강절; 보라 = 사순절; 검정 = 성 금요일; 빨강 = 오순절, 임직, 종교개혁주일과 때로는 수난주일)과 세족일; 하양 = 성탄절, 부활절, 결혼식, 장례식.

서 강해설교와 예배를 만드는 것이야말로 사람들이 정말 이해하기 쉽도록 성경을 소개하는 효과적인 방법이라는 것을 알게 되었다. 비록 어떤 교회에 속하지 않은 사람들이 회중들을 위한 교육적인 내용을 알려고 하지는 않지만, 그들이 정기적 예배에 반 정도 참석함으로도 성경의 가르침의 너비를 대면하게 된다는 것이다.

**첫째**, 그 너비란 기독론의 너비인데, 그리스도의 일생에 속한 동일한 주제들(탄생, 사역, 죽음, 부활, 승천, 성령 강림, 다시 오심)이 교회력의 주기에 따라 성탄절과 부활절이 되면 매년 반복된다. 12달이 지나기 전에 구도자들과 새로운 신자들이 복음의 기본적인 요소들에 노출되는 것은 확실하다. 이렇게 노출되는 것은 그들 자신의 신앙을 굳건히 할 뿐만 아니라, 기존의 더 성숙한 회중이 빠르게 자라가도록 돕는다.

**둘째**, 설교를 위한 중심되는 본문과 함께 예배에서 성구 읽기를 통해서 주어지는 추가적인 본문들을 들음으로써—이렇게 들려지는 본문들이 설교에서 언급되지 않더라도— 사람들은 특별히 말씀의 연속성으로 인해서 하나님의 말씀을 더 포괄적으로 이해할 수 있게 된다. 이 본문의 상호연관성은 어떻게 구약이 신약의 전조가 되는지, 신약이 어떻게 구약을 성취하는지, 서신서들이 복음서를 어떻게 증폭시키는지를 강조한다.

성경 전체를 통한 다양한 선택들 또한 성경의 모든 것을 이해할 수 있는 열쇠로서 그리스도의 중심됨을 두드러지게 한다. 더불어 설교자들은, 예를 들어 매년 삼위일체에 대해서 설교를 해야 한다는 것을 알고 있기에, 자신들이 신앙의 중요한 교리들을 아우르고 있다는 확신에 거할 수도 있다. 거기에다가 설교자들은 그들의 청중이 강해의 나무를 보느라 성경의 숲을 못 보게 되는 것, 즉 바울이 사용한 소유격과 대격의 차이는 분명하지만, 그리스도의 부활 실재성과 중요성에 대해서 다소 흐릿하게 남게 되는, 그러한 걱정을 할 필요도 없다.

**셋째**, 성경 이해에 대한 이 너비가 깊이를 희생하고 얻는 것은 아니다. 교회력을 따라 한 해씩 성서정과를 따르는 것은 성경을 해석하는 리듬과 흐름을 만들어준다. 성경이 반복적으로 들려옴으로써 지식은 머리에서 마음으로 움직여 가는데, 배워 온 각각의 내용으로서가 아니라 연간 예배 주기를 되풀이하는 과정에 참여하면서 얻은 통합된 실재로서 마음까지 다다른다.

성서정과에 따라 설교하는 것은 설교자가 "하나님의 전체 경륜"을 상세히 설명하게 하는데, 성경에서 가장 친숙하거나 편안한 부분들에만 - 의식적이든 무의식적이든 간에 - 집중하지 않도록 지켜주어서 결국은 더 원숙한 강해를 만들어 가게 한다. 추천하는 시편을 포함해서, 성서정과는 설교자에게 매 주일 가능한 네 개씩의 본문, 즉 구약과 신약과 복음서와 서신서 사이에 고르게 분배된 본문들을 제공한다.

만약 우리가 매 주일 아침과 성탄절 전날에 한 본문씩만 설교한다면, 우리는 같은 본문을 반복하지 않고도 12년 동안 설교할 수 있다. 즉, 600개가 넘는 다른 본문들과 600개가 넘는 다른 설교들이 가능하다는 것이다! 이 다양성과 풍성함은 분명히 성서정과를 이용하는 것이 너무 제한적이라는 대중적인 비판에 강한 반증이 될 것이다.

성서정과를 포함해서 예배와 설교 계획을 하게 되면, 쉽게 간과되거나 또는 익숙한 주제지만 신선한 접근을 하게 만드는 성경의 부분들로부터 본문을 선택할 수 있게 된다. 예를 들어 개정공동성서정과에 있는 세 번째 해(Year C)에서 대강절(Advent)을 위한 구약 본문들은 성탄절에 대해 말하고 있는 근본적인 어떤 것을 찾아서 매년 헤매고 있던 나에게 탁월한 해결책을 제공해 주었다.

시작은 소선지서에서 출발한 나의 성탄절 설교 시리즈는 "성탄절에 내가 원하는 모든 것은…"이라는 시리즈 제목으로, 메시아에 대한 꽤 모호한 이미지들 몇 가지로 특색을 이룬다. "한 가지"(렘 33:14-16), "표백하는 잿물"(말 3:1-4), "본향"(습 3:14-20), "다스릴 자"(미 5:2-5)를 다루었다. 각각의 설교는 강해적으로 이루어졌고, 각각의 시리즈들은 예수가 누구인지, 그리고 성탄절에 그의 오심이 왜 그렇게 중요한지, 특별히 구약 선지자들의 소망을 온전히 성취하시는 하나님을 기다리던 그들에게 있어 얼마나 경축할 만한 가치가 있는 것인지에 대한 풍성한 그림으로 전체를 이루어가도록 짜였다.

**넷째**, 성서정과는 새로운 방식으로 본문의 구조를 보도록 돕는다. 이는 성서정과가 설교자들이 대체로 그 본문을 보는 것과는 다른 관계들과 맥락들 속에 본문을 두고 있기 때문이다. 예를 들어 부활절을 위한 중요한 성서정과 본문 중 하나는 사도행전 10:34-43인데, 고넬료와 그 가족들에게 행한 베드로의 설교이다.

성서정과가 없다면, 솔직히 말해서 이 구문이 부활절과 관련이 있으리라고 자연스레 떠오르지 않았을 것이다. 그러나 왜 이 본문이 3년 주기의 해마다 제안되는지 알아내려고 애쓰고 나서야 나는 그것을 설교하는 온전히 새로운 복음적 방법을 발견했다. 나는 고넬료를 기존의 종교적 조직에서 봤을 때 아웃사이더(outsider)-전형적인 성탄절과 부활절 예배 참석자와 같은-였지만, 마침내 그가 부활의 메시지가 지닌 능력을 대면했을 때 인사이더(insider)로 인도되었다는 시각을 전개하게 되었다.

나는 회중들이 최대한 고넬료에 동화될 수 있도록 일인칭 형태로 설교를 했다. 복음서의 마지막 부분이나 고린도전서 15장에 기초한 부활에 대한 전형적인 강해설교를 했을 때 보다 교회에 다니지 않았던 사람들로부터 이 메시지에 대해 자발적이고 긍정적인 반응을 더 많이 받았다.

비록 성서정과가 그 본질상 고정적인 듯 보이지만, 분명 설교 본문을 정하기 위한 놀랄만한 현대적인 원천이 될 수 있다. 시리즈 설교인

"창세기: 살아있는 대화"(Genesis: A Living Conversation)가 방송되었을 때, 지역에서 그리고 전국에서 창세기에 대한 엄청난 관심이 일어났다. 나는 창세기를 다루며, 부족한 어떤 부분 특히 많은 주석가가 내러티브에 나오는 "영웅들"의 도덕적 실패를 직면했던 문제에 답하고 싶었다.

성서정과는 간단하지만 훌륭한 답을 제공했다. 그해 사순절(Lent)을 위한 본문은 창세기 전반부로 시작했다. 그래서 시리즈 제목을 "창세기: 사순절 대화"(Genesis: A Lenten Conversation)라고 하였다. 사순절이 전통적으로 죄에 관해서 이야기하고 회개하는 시간이기에 아브라함과 사라, 이삭과 리브, 야곱, 요셉의 실패는 당황스러운 순간들에서 깨달음의 순간들로 변형되었다. 우리는 거기서 우리 자신의 불성실함을 보게 되고 우리의 실패를 고백하도록 요청받게 되고, 무엇보다 자신의 약속을 구약의 그 인물들에게 성실하게 지키셨던 동일한 그 하나님을 바라게 된다. 바로 그 하나님이 창세기에 나오는 유일한 참 영웅이다.

**다섯째**, 성서정과로 설교하는 것은 복음주의가 되풀이되는 어떤 약점들을 없애나가게 하는데, 그 약점들은 개인주의와 분리주의, 즉 우리가 처한 구체적인 회중 또는 교파를 넘어서 교회의 역사적 전통에 대한 인식의 부족이다. 성서정과를 통한 읽기와 설교 본문을 선택하는 것은 설교자 개인이나 회중의 단순한 일시적 생각이 아니라, 과거와 현재 기독교 공동체의 더 넓은 지혜를 반영한다.

성서정과를 사용하는 설교자들을 위한 교파 내에 혹은 교파 간의 토의 그룹이 많은 지역에 있으며 이제는 온라인에서도 가능하다. 또한, 각 전례년도(A, B, C)를 기준으로 한 다수의 주석과 해석적 가이드도 있다. 성서정과에 기초한 풍부한 자료들은 매 주일 잘 통합된 주제별 예배가

전개되도록 도우면서 강해뿐 아니라, 전체로서의 예배 기획에도 든든한 버팀목이 되고 있다.[8]

주의할 것은 성서정과가 많은 유익을 준다고 해서 그것을 무조건 따라서는 안 된다는 것이다. 어떤 도구이든지 도구들이 가지는 문제 중 하나는 그것을 사용하는 것이 목적을 돕는 도구가 아니라 목적 자체가 되어버리는 것이다. 역사적으로 살펴보면 이것이 성서정과를 최대한 수용했던 사람들이 가졌던 문제였다.

문제는 바른 일을 하는 것이 아니라 "일을 바르게 하는 것"이다. 성서정과는 예배를 위한 본문을 선택하는 도구로서 장점을 가지지만, 그것은 단순히 인간 관례의 산물이지 결코 하나님이 영감 하신 것이 아니다. 설교자와 예배 인도자들은 성서정과가 제안하는 본문에 집착하지 말아야 할 뿐만 아니라, 때에 따라서는 더 나은 강해적 이유와 회중의 정황적 이유가 있다면 그것을 수정하거나 심지어 그것에서 떨어져 나와야만 한다. 가끔 네 개의 "관련된" 본문들이, 언뜻 읽으면 주제적으로는 연결되어 있더라도, 그것들의 성경적 문맥에서 더 충분히 풀어보면 주해적으로 서로 잘 맞지 않기도 한다.

교회력의 중심이 되는 성탄절과 부활절 주기 동안 성서정과로부터 설교함으로 얻는 많은 장점이 일반 기간-주현일과 사순절 사이에 있는 주일들과 오순절과 강림절 사이의 주일들-에는 별로 두드러지지 않는다. 특별히 오순절과 강림절 사이의 긴 기간 동안 성서정과가 스스로 구약과

---

[8] 예를 들어 Peter C. Bower, *Handbook for the Revised Common Lectionary* (Louisville: Westminster John Knox, 1996). 개정공동성서정과가 나와 있는 밴드빌트도서관 웹사이트는 각각의 주일에 사용할 수 있는 여러 기도문과 프로젝트로 사용하기 적당한 작품을 포함하고 있다. 각각의 주일에 성서정과읽기와 관련된 찬송과 노래는 http://www.hymnary.org/browse/lectionary/를 참고하라. 합창 성가는 http://www.npm.org/Choral_Anthem_Project/를 참고하라.

서신서와 복음서로부터 세미-연속적 읽기(즉, 한 책에서 순서대로 읽는 것이지만, 어떤 부분도 건너뛰지 않는 것은 아니다)와 같은 성격을 가질 때, 설교자는 자신의 회중들이 가지는 필요에 더 적합하게 보이는 것을 설교하기 위해 성경의 다른 책들을 선택할 수도 있다. 물론 성서정과의 기본적인 원리들을 벗어나지 않으면서 말이다.

어떤 해에 나는 일반 기간의 읽기들을 기초해서 성서연구를 했다. 다른 해에는 다른 코스를 따라 성경의 다른 부분들을 강해했는데, 책 전체를 하거나 긴 책이면 중요 부분들을 다루었다. 또한, 이 기간은 나에게 있어 성경신학 또는 교리적 관점에서 여러 주제를 탐색하거나 주제 시리즈에 기초해서 강해적으로 설교하는 때이다.

정해진 주일을 위한 성서정과에 따른 성경 읽기는 완성된 조각 작품이라기보다는 거칠게 잘라놓은 대리석 조각에 더 가깝다. 성서정과가 제공하는 본문 중 하나를 택해서 설교와 예배를 전개해 가는 과정에 있어서, 주해적/강해적 통찰은 때때로 설교자와 다른 예배 인도자가 성서정과의 이 엄격한 글자를 수정하게 만들기도 하는데, 그것은 마치 완성되지 않은 대리석 안에 원래부터 있던 온전한 아름다움을 드러내기 위해서 망치와 끌을 사용하는 것과 같다.

본문들은 더 의미가 연결되는 주해적이고 설교적인 단위가 되도록 길어질 수도 있고 짧아질 수도 있다. 예를 들어 내가 고넬료에 대한 부활절 설교를 할 때 성서정과가 제안하는 내용에서 확장하여 베드로의 메시지에 대한 반응을 포함하는 다른 본문까지 읽었는데, 이것은 내가 회중들로부터 그와 같은 반응을 불러일으키기를 원했기 때문이다.

읽기로 묶인 본문들이 특정한 시기 동안 설교했던 다른 본문들의 주제와 맞지 않는 것처럼 보일 때는 당신 자신이 조합한 적합한 본문들로 대체하는 것을 꺼리지 않아도 된다. 예를 들어 개정 공동성서정과의 B년도의 대강절(Advent) 시리즈로, 내가 "예수를 소개하기"라는 제목을 붙인 시리즈에서 중간의 두 메시지, "그의 선지자적 준비자"(막 1:1-8; 사 40:1-5)와 "그의 우주적 성품"(요 1:1-18; 사 61:1-4)을 위해서는 상당히 관련이 있어 보이는 제안된 읽기를 따랐다.

그러나 대강절 첫 주일의 "그분의 유대적 유산"이라는 설교를 위해서는 완전히 새로운 복음서 읽기(마 1:1-17와 함께 사 64:1-4)를 선택했고, "그분의 동정녀 잉태"(사 7:10-16와 함께 눅 1:26-38)를 시리즈에 포함하기 위해서 성서정과에서 선택한 사무엘하 대신에 이사야서 읽기로 대체했다. 이러한 변경은 이사야서의 예언을 가지고 네 복음서를 열어감으로 읽기의 균형을 유지하게 했다.

당신에게 건전한 주해의 근거들이 있다고 확신한다면 성서정과를 벗어나는 것에 대해 불안해할 필요가 없다. 예를 들어 창세기에 근거해서 내가 한 사순절 시리즈에서, 성서정과는 처음 몇 주 지나서는 구약의 다른 책으로 넘어갔지만, 나는 그 절기 내내 창세기에만 머물렀다. 비록 성서정과가 설교를 위한 일차적인 본문을 얻는 자료라 하더라도, 자신의 주해를 통해 떠오르는-신약 읽기에서 인용되거나 암시하는 구약 읽기로 대체하는 것처럼- 다른 두 번째 본문을 선택할 수도 있다.

강해설교와 강해적 예배 스타일에 우선순위를 두는 것은 성서정과를 따르는 설교자들이 자주 일으키는 문제들의 많은 부분을 막아준다. 그러한 문제는 설교자가 매 주일을 위해 제안되는 세 곳 읽기(또는 시편을 포함하면 네 곳 읽기) 모두가 설교를 위한 기초가 되어야만 한다고 생각하기 때문에 생겨난다.

때로는 읽기의 두 곳이 매우 밀접하여서 두 읽기가 합해진 메시지가 그 두 읽기로부터 만들어질 수 있다. 구약에 나오는 약속이 신약에서 이루어진 경우처럼 말이다. 그러나 일반적인 규칙을 말하자면, 설교와 예배는 한 성경 본문에 있는 중심 아이디어로 흘러가야만 한다. 다른 본문들은 그 본문이 성서정과에서 왔거나 다른 근거에서 선택된 본문이든지 간에 중심 아이디어를 강화하는 이차적인 역할을 하게 된다.

성서정과를 추천하는 문제에 있어서, 나는 모두에게 그것을 자신들의 회중들에까지 추천하라고 제안하는 것은 아니다. 많은 전통에서 이와 같은 접근은 너무나 생소하거나 너무 의심스럽게 보여서 그것에 관한 관심이 분열을 일으켜 역효과를 일으킬 수도 있다. 그러나 우리가 성서정과를 목적 자체가 아니라 목적을 위한 수단으로 본다면, 그것에 관한 관심을 불러일으키지 않고도 성서정과가 주는 많은 유익을 얻을 수 있다.

강해적 예배와 설교의 도착점, 그 목표는 하나님의 말씀을 성실한 방법으로 그려내는 것이며, 그것을 통해서 성령님께서 사람들을 그리스도께로 인도하시고, 그분과 함께 그들과의 관계가 깊어지게 하는 것이다. 우리가 우리 죄를 고백하고 싶은 대상은 그리스도이지, 성서정과가 아니다.

그러므로 우리는 우리 회중에게 성경 본문의 선택 출처를 공개할 필요가 없다. 우리가 그들의 친구들이 속한 회중을 위한 설교자들과 같은 구문을 가지고 설교하게 된 것은 우연이거나 또는 예비하심이라고 그들이 생각하게 내버려 두자. 그리스도만 늘 영광을 받으시도록 하자!

성서정과에는 많은 유익도 있고 한계도 있는데, 그것은 바로 성서정과도 인간적 장치일 뿐이라는 것이다. 이제까지 설교 본문을 선택하기 위한 다른 모든 방법도 마찬가지이다. 성경은 우리에게 선택을 위한 명확하고 결정적인 가르침을 주지 않는다. 그래서 설교자와 다른 예배 인도자들은 성령님의 인도하심에 따를 자유가 있다. 때로 성령님은 개인의 기도와 깊은 성찰을 통해서 인도하시고, 다른 때에는 회중의 리더들과 멤버들, 교회에 다니지 않는 사람들 또는 폭넓은 문화 조류로부터 오는 제안들을 통해서도 인도하신다.

성경 강해와 회중 읽기를 위한 본문 선택의 한 방법으로 성서정과를 사용하는 것은-우리의 개인적, 회중적, 교파적, 국가적 특이성을 제어해 가면서- 하나님의 백성들에게 역사적으로 중요하고 의미 깊은 전통이 우리의 설교와 예배를 가르쳐 주고 만들어 가게 한다. 그리하여 하나님의 전체 경륜을 선포하면서, 우리는 성도들을 목회 사역에 더욱 효과적으로 잘 준비되도록 하며, 그리스도의 몸을 세워나갈 수 있도록 할 수 있다.

### (2) 주제별 시리즈

성서정과와 더불어 렉치오 셀렉타(선택적 읽기)를 위한 다른 주요 접근은 주제설교와 예배를 보강하는 본문을 선택하는 것이다. 복음주의 교회들 사이에서 이것은 가장 인기 있는 접근일 수 있다. 그러나 그것은 마치 성서정과에 따라서 구문을 선택하거나 성경 각 권을 한 권씩 연구함으로 구문을 선택하는 것과 마찬가지로 그 자체에 강점과 약점을 같이 가지고 있다.

주제적 접근의 큰 장점은 사람들이 느낄 필요-회중 내부의 사람들과 교회 밖의 사람들 양쪽 모두의 필요-를 가장 직접 언급할 수 있을 것 같다는 것이다. 예를 들어 어떤 회중과도 연결되어 있지 않은 사람들에게 닿으려고 애썼던 나의 교회 개척 시기에, 우리는 가을에 "당신은…을 질문했어요"라는 제목으로 주제설교를 하곤 했다. 이 시리즈의 취지는 회중에게 요청하는 것인데, 그들이 알기에 어떤 교회에 속하지 않은 사람들에게 그들이 어떤 주제에 대한 메시지를 듣고 싶은지를 질문하도록 요청하는 것이다.

이 과정을 통해 "왜 착한 사람들에게 나쁜 일이 일어나는가?"와 같은 철학적인 것에서부터 "스포츠에 관한 것"과 "시간 관리" 같은 평범한 것에 이르는 다양한 주제들이 형성된다. 그리고 나서 나는 예배 기획팀과 함께 서너 주의 목회 내용을 발전시키려 연구하면서, 회중에게 교회 다니지 않는 친구들, 특별히 주제에 대해 질문을 했던 사람들을 초대하도록 격려했다. 우리는 예배를 될 수 있는 한 쉽게 접근할 수 있도록, 메시지 중간에도 회중의 누군가가 질문할 수 있도록 디자인하려 했다.

주제 접근의 다른 장점은 각각의 예배가 한 번에 하나의 내용만으로 충분히 완결되어 전달된다는 것이다. 전 주일까지 살펴보았던 전체 책에 대한 친숙함을 전제하게 되는 한, 책에 대한 시리즈 설교 혹은 교회력에 따른 특정한 시기를 반영하는 성서정과 시리즈와는 다르게 예배자가 그 전 주 또는 여러 주 동안 참석해야만 이해할 수 있는 것은 아니다.

한 해 가운데 다른 주제로 전환되는 시기에 주제적 접근을 선택하면 연속성이 거의 없다는 한계를 활용할 수도 있다. 이 주제적 접근의 역동성은 예배 참석이 더욱 간헐적일 때 더욱 적절할 것이다(예를 들어 어떤 사람이 정기적 참석자를 부르는 용어로 지금 "두 번 참석자"[twicer]로 언급되는데, 이는 주일날 두 번 참석한다는 것이 아니라 한 달에 두 번 정기적으로 온다는 것을 의미한다).

본문을 주제적으로 정함에 있어 가장 큰 위험은 그 주제가 그 본문보다 우선하게 된다는 것이다. 인간의 필요는 손쉽게 하나님의 말씀을 이길 수 있는데, 특별히 그 주제가 중심 성경 본문으로부터가 아니라 다양한 여러 본문으로부터 언급되었을 때 더욱 그러하다. 그렇게 되면 성경은 내러티브 흐름의 어떤 전체적인 이해를 잃고 "정답 책"—설교자가 "정답을 말하는 사람"으로서 그 정답을 일목요연하게 만드는 것을 필요로 하는 책—으로 전락하고 만다. 또한, 설교자와 회중은 성경의 풍부함을 알아가는 대신에 같은 주제를 반복해서 자꾸 다시 말하거나 듣게 되는 덫에 빠질 수 있다.

그러나 하나의 중심 성경 본문으로부터 오는 주제를 헌신적인 탐색을 통해서 강해적으로 그리고 이해하기 좋도록 접근했다면, 본문 선택에 있어서 성경에는 기준 규칙이 없기 때문에, 주제적 접근을 하는 것 자체가 잘못된 것은 아니다.

아마도 여러분이 이런 각각의 방법에 대한 나의 실천의 예증을 통해서 추론하듯이, 본문을 선택하는 중심적인 접근은 서로 배타적이지 않다. 연속적 읽기(렉치오 컨티뉴아)를 따르는 것은 성서정과나 교회력(거의 모든 회중은 성탄절과 부활절을 인지하고 있다)에 도움을 가져오는 것을 제외하지 않으며, 때때로 주제적 접근을 취하는 것도 배제하지 않는다.

예를 들어 여러 해 동안 성서정과로부터 설교해 왔던 한 동료는 1년의 기간 동안 요한복음 전체를 설교하는 것이 그 자신과 그의 회중들에 신선한 대안이 되었다는 것을 발견했다. 그는 이 시리즈를 교회력의 주요 주제들을 반영하도록 계획했는데, 강림절과 성탄절 동안에는 요한의 프롤로그 부분을, 사순절과 부활절 동안에는 십자가의 죽으심과 부활의 자세한 내용을 다루었다. 일단 요한의 나머지 부분들을 마친 후에 그는 그다음 해의 성서정과로 돌아왔는데, 그 성서정과의 다양한 본문들이 이제 새로운 빛 속에서-지난해 단 한 권의 책에 대한 집중적인 탐구를 통해서 침투한 새로운 빛 속에서-보이게 되었다.

설교자들과 다른 예배 인도자들이 특정한 시간에 특정한 회중 안에서 성령님의 사역에 대한 민감성을 가지는 것은 본문 선택을 위한 어떤 특정 방법론보다 더 중요하다. 각 접근법의 강점을 극대화하고 주의 깊은 계획과 선택을 통해서 그 약점을 최소화하는 것이 예배에서 가장 중요한 열매, 즉 삼위 하나님과 깊은 관계를 맺도록 돕는 것이다.

## 2. 2단계: 본문 연구하기

본문을 선택하기 위해 우리가 어떤 방법을 사용하는 것과는 상관없이, 이제 우리는 강해적 예배를 전개해 가는 다음 단계인 본문 연구 단계로 나아가자. 궁극적인 목표는 우리가 본문 안에 들어가 그곳에 서서 회중을 우리가 들어서 있는 성경의 살아계시는 하나님을 만날 수 있는 거룩한 공간과 시간으로 초청할 수 있게 되는 것이다. 우리가 본문 안에 들어가 서기 위해 꼭 필요한 두 가지 마음가짐이 있다.

**첫째**, 우리는 주해할 때 본문 위에서 살필 필요가 있다.

**둘째**, 중요성에서는 결코 두 번째가 아니지만, 우리는 묵상을 통해 본문의 의미 아래에서 순종해야 한다. 또한, 렉치오 디비나(*Lectio Divina*, 때로는 렉치오 세크라[*Lectio Sacra*]로 불리는 거룩한 읽기)를 통해 고대의 더 정확한 표기법을 사용하기 위해서 그렇게 해야 한다.

가장 이상적인 것은 이러한 일들을 개인적으로 그리고 예배 기획팀의 일원으로서 공동체적으로 수행해 가는 것이다.

### 1) 주해

주해(Exegesis)란 간단히 말하자면, 성경 본문을 체계적으로 연구하는 것이다. 이 연구의 첫 번째 목적은 그 본문이 그것을 처음 받았던 사람들에게 무엇을 뜻했는지를 찾는 것이다. 왜냐하면, 본문이 그 당시 하나님의 백성들을 위해 의미하지 않았던 것이 오늘날 우리에게 어떠한 의미를 가질 수 없기 때문이다.

이 목적으로 인해서, 본문의 의미를 그 본문이 원래의 배경에서 적용된 적이 없는 방식으로 본문의 뜻을 적용하는 것은 적절하지 않다고 말하는 것은 아니다. 예를 들어 성경 시대에는 전화도 문자메시지도 없었지만, 오늘날의 첨단기술로 다른 사람을 험담하는 것에 대해서 성경적 금지를 적용하는 것은 여전히 적절하다.

또한, 성경 시대 이후에 만들어진 의사소통 기구를 사용하는 한 험담하는 것은 괜찮다고 주장하는 사람이 있다면, 우리는 분명히 그 사람을 교정해 주고 싶을 것이다. 이것이 말하는 바는, 우리가 요한삼서 2절의 "사랑하는 자여 네 영혼이 잘됨 같이 네가 범사에 잘되고 강건하기를 내가 간구하노라"라는 말씀에 근거해서 우리 모두를 향한 하나님의 뜻은 항상 부유한 것이라고 말할 수 없다는 것이다. 이 문맥은 부와 관계가 없으며 편지에서 "당신의 모든 일들이 잘 되기를 바랍니다" 정도의 일반적인 인사 글일 뿐이다.

강해적 예배를 전개하는 데 있어서, 주해는 종종 설교를 위한 기초로서의 주해를 위한 특별한 훈련을 받은 강해자 및 신학 교육을 받은 예배 팀 멤버들의 특수한 의무이다. 그렇다고 주해가 전문가들만의 배타적인 특권은 아니다. 성경을 읽는 누구든지 어느 정도 수준에서는 성경을 주해하고 있다. 만약 그들이 어떤 다른 심각한 서류를 검토하듯이 주의 깊고 신중하게 본문을 읽는다면 대부분 매우 잘 할 수 있다.

성경적 예배(biblical worship)는 예배를 이끌어 가는 데 참여한 모든 사람이 예배를 위한 중심 본문의 해석을 요구하는데, 그것은 바로 리더십이 성경 본문의 의미를 잘 파악하도록 하려는 것이다. 적어도 이것은 본문을 반복적으로, 되도록 여러 개의 번역으로[9] 읽는 것을 뜻하는데, 스스로에게 관찰하게 하고(누가, 무엇을, 어디서, 언제), 해석하게 하고(어떻게 그리고 왜), 적용하게 하는 간단한 귀납적인 방법을 따르며 읽는 것이다. 학

---

[9] 번역본 비교를 위한 온라인 자료는 다음을 보라. http://www.biblegateway.com.

문적 도구들은 학자가 아닌 사람들이 활용하기에 더 좋아지고 있는데, 이것들은 충실히 성경을 해석하도록 도와주며, 특별히 본문 자체의 내용만이 아니라 개별 본문이 갖는 특정한 문학적·역사적 배경을 이해해야 할 때에는 더욱 도움이 많이 된다.[10]

비록 성경이 한 권으로 묶여 있지만 다양한 문학적 장르로 쓰인 서로 다른 많은 책을 포함하고 있다는 것을 인식하게 되면, 많은 통찰을 얻을 수 있고 많은 잘못된 해석을 피할 수 있다. 우리의 첫 번째 관심, "저자가 이 본문에서 전달하려고 하는 것을 무엇인가"는 완벽하게 해결되지 않았지만, 한마디의 말로 모든 것에 답할 수는 없다. 편지는 시 또는 역사적 내러티브와는 다르게 전달하고, 예언 문학은 또 완전히 다른 것이다!

예배 기획팀으로 함께 모여 예배의 다음 시리즈에 진행될 중심 본문에 대해서 마음에 떠오르는 내용이나 기록해 둔 노트들을 모으라. 원어나 다른 전문적인 내용에 대한 강해자의 지식이 어떤 어려운 문제들에 도움이 될 수 있다면, 모든 이들의 통찰은 본문에 대한 더 풍성하고 더 완전한 이해에 기여할 수 있는데, 그 본문은 결과적으로 설교와 예배를 더 잘 알려줄 것이다.

몇몇 설교자들은 이미 자신들의 설교 준비의 한 부분으로서 본문에 대한 회중들의 통찰을 잘 종합하기 위해서 "피드 포워드"(feed forward) 그룹을 이끌기도 하는데, 이는 단지 예배 리더십을 공유할 사람들을 포함시킴으로써 예배 준비를 포함하는 과정을 확장할 수 있다.[11]

---

[10] Gordon D. Fee and Douglas K. Stuart, *How to Read the Bible for All Its Worth*, 4th ed. (Grand Rapids: Zondervan, 2014) and *How to Read the Bible Book by Book: A Guided Tour* (Grand Rapids: Zondervan, 2014).

[11] "피드 포워드"(feed forward)란 표현을 통해서 이러한 그룹들은 피드백 그룹들과 비슷

원래 저자와 원래 청중들을 위한 본문의 의미를 파악하고자 하는 그 원래의 특성상, 주해는 근본적으로 분석적이다. 단어 연구, 문법적 뉘앙스, 고고학적 통찰, 수사적 구조에 주의를 기울이는 것은 본문을 철저히 살피는 자세를 요구한다. 강해자들은 훈련된 관점을 가지고 있어서 본문을 그 깊은 곳까지 탐색하여 잘못된 인식을 피하도록 돕는다. 그 훈련된 관점은 진정한 성경적 예배를 만들어 가는 데 있어서 너무나 귀중한 것으로, 그 관점은 설교자를 어떤 예배 기획팀이든지 꼭 있어야만 하는 존재로 만든다.

비록 본문을 철저히 연구하는 것이 주해를 위한 근본이고 성경적 예배를 위해 꼭 필요한 것이지만, 이 자세만으로는 충분하지 않다. 주해의 궁극적인 목표는 성경 연구 수업을 위한 주해적 강의를 만들어 내는 것이 아니라, 오직 하나님의 온전한 말씀이 성령 하나님의 충만한 능력을 통해 하나님의 모든 백성들과 함께 온전한 인격의 사람을 성자 하나님과의 충만한 연합 가운데 성부 하나님의 충만한 임재 안으로 인도하여, 하나님의 온전한 사명의 성취를 이루게 하는 것이다. 이 목표는 또한 우리를 렉치오 디비나(경건한 읽기) 안에서 본문에 순종할 것을 요구한다.

### 2) 렉치오 디비나

성경에 대한 두 자세와 접근인 주해와 렉치오 디비나(*Lectio Divina*, 경건한 읽기)는 모순되는 것이 아니라 상보적으로 서로 간에 유익을 주고 방향을 잡아가면서 함께 예배자들을 말씀 안에 서게 한다.

---

한 역할을 함을 뜻하지만, 설교나 예배를 마친 후 평가하기 위한 정보를 주는 대신에 미리 설교와 예배를 계획하는 것을 돕는 정보를 제공하는 것이다.

렉치오 디비나와 전통적인 문법적/역사적 주해에 공통적으로 있는 단계는 본문을 당신의 모국어로 천천히 그리고 주의 깊게 여러 번 읽는 것이다. 이는 더글라스 스튜어트(Douglas Stuart)와 고든 피(Gordon Fee)가 주해 방법의 개요를 말하고 있는 그들의 기본 교재 안에 언급한 것과 같다.[12] 렉치오 디비나는 주해에 있어 관찰과 해석 그리고 적용의 질문들을 넘어서 구문에 대한 묵상적 질문들로 나아간다.

"렉치오 디비나"라는 명칭이 개신교들의 귀에는 로마 가톨릭에 속한 것처럼 들리겠지만, 이 실천은 더 오랜 뿌리와 더 폭넓은 가지를 가진다. 성경 스스로가 하나님의 말씀을 "묵상"하도록 우리를 초청하고 있고 명령하고 있다.

> 이 율법책을 네 입에서 떠나지 말게 하며 주야로 그것을 묵상하여 그 안에 기록된 대로 다 지켜 행하라 그리하면 네 길이 평탄하게 될 것이며 네가 형통하리라(수 1:8).

시편 1편은 복 있는 사람은 "여호와의 율법을 즐거워하여 그의 율법을 주야로 묵상하는도다"(2절)라고 묘사한다. 시편 119편은, 묵상이 일반적 가르침의 과정을 뛰어넘는 결과를 불러온다는 것을 보여주면서, 하나님의 말씀을 묵상하는 유익을 거듭거듭 알리고 있다.

> 내가 주의 증거들을 늘 읊조리므로 나의 명철함이 나의 모든 스승보다

---

[12] Douglas K. Stuart, *Old Testament Exegesis: A Handbook for Students and Pastors,* 4th ed. (Louisville: Westminster John Knox, 2009), 65; Gordon D. Fee, *New Testament Exegesis: A Handbook for Students and Pastors,* 3rd ed. (Louisville: Westminster John Knox, 2002), 136. CLC에서 『성경해석 방법론』으로 출간하였다.

나으며(시 119:99).

렉치오 디비나라고 불리게 된 성경 묵상의 구체적인 방법은 4세기 무렵 초기 교회에서 형성된 것으로 보인다. 그것이 6세기 베네딕트회에 의해서 다듬어지고 다시 강조되었고, 이후 마틴 루터와 존 칼빈, 리처드 백스터와 존 웨슬리, 그리고 죠지 밀러와 같은 개신교도들에 의해서 조정되고 실행되었다.

다양한 실행자들이 그 방법을 다른 단계들로 나누었지만, 그 기본 목표는 동일하다. 마조리 톰슨(Marjorie Thompson)은 "우리는 단순한 정보(information)만이 아니라 형성(formation)도 찾고 있고," 또한 "우리 사명은 성경 본문을 정복하는 것이 아니라 오히려 그 본문의 근원에 의해 정복되는 것이다"라고 쓰면서 이 공유된 접근을 잘 파악하고 있다.[13]

고든콘웰신학교(Gordon-Conwell Theological Seminary) 피어스제자훈련센터에서 사용하기 위해서 수잔 커리(Susan P. Currie)가 개발한 설교자와 다른 예배 인도자들이 개인적으로 혹은 그룹으로 이용할 수 있는 렉치오 디비나를 위한 간단한 포맷을 추천하려고 한다.[14]

**집중하기**: 산만함을 벗어나라. 그리스도 안에서 하나님 앞으로 나아가라.

---

[13] Marjorie J. Thompson, *Soul Feast: An Invitation to the Christian Spiritual Life*, rev. ed. (Louisville: Westminster John Knox, 2014), 18, 21.

[14] 또한, 우리의 공동 논문도 참고하라. "Preaching As Lectio Divina: An Evangelical and Expository Approach," *Journal of the Evangelical Homiletics Society* 4, no. 1(2004): 10-24. *Letcio divina*에 대한 더 많은 내용은 다음을 보라. Jim Wilhoit and Evan B. Howard, *Discovering Lectio Divina: Bringing Scripture into Ordinary Life* (Downers Grove, IL: Formatio/InterVarsity, 2012).

**첫째 읽기: 머리(Head)**

성령님이 당신의 주의를 이끌게 하는 것은 무엇인가? 어떤 단어 또는 구문이 공감되는가? 그것을 인지하라! 그리고 하나님께 그것을 가지고 기도하라.

**둘째 읽기: 마음(Heart)**

당신이 인지한 것이 무엇이든 간에 그것을 생각하며 앉아 있을 때, 당신 안에 무슨 일이 진행되는가? 성령님이 당신의 영혼 깊숙한 곳을 하나님의 말씀으로 감동할 때, 당신은 무엇을 느끼는가? 그것을 인지하라! 그리고 그것에 대해서 하나님과 대화하라.

**셋째 읽기: 습성**(Habit, 라틴어 *habitus*에서 나온 것으로, 성품)

당신이 주목하는 바를 성령이 당신 안에서 그리고 당신을 위해서 기도하고 있는 것에 어떻게 반영할 수 있을까? 하나님은 당신을 무엇을 하도록 또는 무엇이 되도록 초청하고 계시는가?

**안식하기**: "젖 뗀 아이가 그의 어머니 품에 있음 같"이(시 131:2) 하나님의 사랑에 즐거워하며, 그 품 안에서 안식하라.

예배를 위한 중심 본문이 시편 51편일 때, 이 과정이 어떻게 작동해야 하는지 살펴보자.

첫째 읽기(머리)에서, 당신은 당신 자신이 특별히 15절("주여 내 입술을 열어 주소서 내 입이 주를 찬송하여 전파하리이다")에 끌리는 것을 발견하게 될 수 있다. 아마도 당신은 왜 이 같은 참회의 시 한가운데 이런 찬송이 튀어나오는지 의아해할 것이다. 이것에 대해서 하나님께 다시 기도하면서 당신은 우리가 드리는 찬양의 높이는 우리가 느끼는 속죄의 깊이에 비례한다는 것을 감지하게 된다.

둘째 읽기(마음)에서 당신은 이 구절이 불러일으키는 다양한 감정들에 공감하게 된다. 당신 자신의 죄에 대해, 당신의 부족한 참회에 대해 그리고 당신의 찬양 부족에 대해 슬퍼한다. 그러나 또한 주께서 당신의 입술을 더욱 온전히 열어주기를 바란다.

셋째 읽기(습성)로 이끄는 이러한 감정들을 가지고 기도하면서 당신은 더 큰 참회와 찬양을 하도록 하는 초대를 감지하며, 이러한 역동성이 서로 간에 어떻게 균형을 이루는지를 더욱 생생하게 경험하게 된다. 참회는 하나님이 우리 죄를 되풀이하여 상기시키는 것이 아니고, 찬양은 하나님의 임재 안으로 들어가기 위해서 우리가 온전한 척하는 것을 의미하지 않는다. 당신은 이러한 생각들을 노트에 간략히 기록해야 하며, 시편 51편에 기초한 예배를 위한 예배 기획팀의 다른 멤버들과 논의할 때 그것들을 나누어야 한다.

주해와 렉치오 디비나 사이의 관계는 우리가 가진 가장 단순한 예배의 정의에 있는 기본적인 역동성-계시와 반응(revelation and response)-을 나타낸다. 주해는, 예배가 예배를 위한 중심 본문이 원래 의미했던 것으로부터 흘러나오도록 확실히 해 두면서, 하나님의 계시를 풀어내려는 것이다. 렉치오 디비나는, 현재의 우리를 위해 그 본문이 의미하는 것을 가지고 개념적인 동의를 넘어서 영혼의 교제로 우리의 예배를 이끌어, 우리의 반응을 깊어지게 하려는 것이다.

선택된 구문을 가지고 상호작용하는 방법은 각각의 다른 것을 알려준다. 때때로 주해는 렉치오 디비나로 얻은 우리의 시야를 원저자의 의도를 더 정확히 반영하도록 새롭게 해 줄 것이다. 다른 때에 렉치오 디비나는, 하나님이 우리의 특정한 청중들에게 바로 이 특정한 시간에 말하기를 원하는 것을 짚어주는 주해에 따라 제시된 여러 개의 적용에 초점을 맞출 것이다.

렉치오 디비나가 감정적이고 직관적인 인간 경험의 상징적 영역을 더 온전히 살핀다면, 주해는 우리의 합리성에 가장 직접 연결되어 있다. 이 둘은 함께 성경이 하나님의 살아있고 활력이 있는 말씀이 되어, 영을 찔러 쪼갤 뿐 아니라 마음의 생각과 뜻을 판단하게 되는 정황을 만든다 (히 4:12).

선택한 구문을 연구하기 위해서 이 두 접근을 조합하는 것은 우리가 강해적 예배를 발전시켜 나가는 다음 단계, 즉 발견하기(Discovering), 분석하기(Analyzing), 예전적 아이디어 형성하기(Formulating the Liturgical Ideas)를 잘 준비시켜 준다.

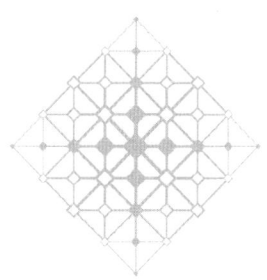

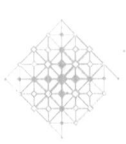

# 제3장

# 강해적 예배-예전적 아이디어 형성하기

"아이디어는 중요하다."
"아이디어에는 영향력이 있다."

　이러한 생각은 삶의 다른 어떤 영역에서만큼이나 예배에서도 충분히 적용된다. 특별히 강해적 예배는 주해와 렉치오 디비나(*Lectio Divina*, 거룩한 읽기)라는 도구를 사용하여서 선택되고 연구되는 본문의 중심 아이디어에서 흘러나오게 된다.

　성경에 있는 본문들은 저자가 성령님의 영감에 의해서 전달하려고 했던 생각이 무엇인지 우리가 분별할 때까지는 그냥 단어들로 머무른다. 성경적 예배는 우리가 본문 연구에서 시작해서 본문의 중심이 되는 주해적 아이디어를 발견하는 데까지 이르기를 요구한다.

## 1. 3단계: 주해적 아이디어 발견하기

주해적 아이디어(the exegetical idea)는 두 부분으로 구성되는데, 주제(the subject)와 보충어(the complement)이다. 주제는 "이 본문은 정확히 무엇을 말하고 있는가?"에 대해 묻는다. 보충어는 "이 본문이 말하고 있는 모든 것을 요약하면 바로 이것이다"라고 답한다. 주제와 보충어를 결합한 것이 주해적 아이디어이다.

완결된 주해적 아이디어를 찾는 것은 시간과 노력이 드는데, 그 이유는 중심 아이디어를 지지하는 요소들을 간과하기 쉽기 때문이다. 그러나 그 노력은 보람이 있을 뿐 아니라 그 이상인데, 왜냐하면 본문의 중심 아이디어가 분명해져 가면서 설교와 예배의 다른 부분들을 위한 방향을 제공하기 때문이다. 하나님과 다른 예배자들이 상호 교제하도록 돕는 조화와 연결을 가져다주는 "빅 아이디어"로 부터 모든 것이 흘러나오고 또한 그것을 지지한다.

주해적 아이디어를 찾으려고 할 때는 주제로부터 시작하라.

"이 본문은 정확히 무엇을 말하고 있는가?"

주제는 한 단어 또는 한 구문보다는 질문의 형태로 가장 잘 표현된다. 질문으로 주제를 표현하는 것은 우리가 본문이 말하고 있는 것을 설명하면서 애매하거나 너무 포괄적 표현(예를 들어 "하나님," "믿음," "사랑")에 안주하지 못하게 한다.

또한, 주제를 정확하고 구체적인 질문으로 만들려고 애쓰는 훈련은 우리 생각에 그 본문이 말하고 있을 것 같거나 혹은 말하면 좋을 것 같은 것을 그 본문에 투사시키지 못하도록 막아준다. 예를 들어 "지금이 11월(추수감사절이 있는 달)이니까, 이 본문은 아무튼 감사에 대해 말하는 어떤 것으로 만들어야만 해!"와 같이 말이다.

성경 본문들이 비록 우리가 기대했던 것과는 반대로 나가는 때에라도 본문 스스로 말할 수 있도록 성경을 다룰 때, 이 과정은 우리가 "원래대로 말하도록" 돕는다. 이러한 의미에서 우리는 어린이를 위한 설교시간에 앉아 있는 한 소년처럼 되려는 경향이 있다.

"어린이 여러분! 내가 말하고 있는 것이 무엇인지 누가 말해볼 수 있을까요?

이것은 작고 회색이에요. 그리고 도토리를 먹고 길고 털이 많은 꼬리를 가졌어요."

이 질문을 듣고 다음과 같이 반응하는 소년처럼 말이다.

"나는 알아요. 답은 '예수님'일 거예요. 그런데 나한테는 그게 꼭 다람쥐같이 들리지만!"

주해적 아이디어를 찾는 방법의 예로서 성경에 있는 가장 짧은 시편 117편을 사용해 보자. 시편 117편의 간결함이 주해적 아이디어를 찾는 방법을 단순하게 할 뿐만 아니라 이 시편은 예배와도 관련이 있기 때문이다.

> 너희 모든 나라들아 여호와를 찬양하며
> 　　너희 모든 백성들아 그를 찬송할지어다
> 우리에게 향하신 여호와의 인자하심이 크시고
> 　　여호와의 진실하심이 영원함이로다
> 할렐루야(시 117:1-2).

주제를 찾아내려고 우리는 먼저 "찬양"이나 "여호와" 같은 반복되는 단어나 구문을 선택할 수도 있지만, 이것은 대체로 몹시 부정확하기 쉽다. 주제는 질문의 형태로 만들면 정확성이 더해질 수 있다.

"누가 여호와를 찬양해야만 하는가?"

이 질문에 대한 답은 시편에서 말하고 있는 어떤 것을 선택한다.

"모든 나라들과 모든 백성들은 여호와를 찬양해야만 한다."

그러나 이것은 시편의 두 번째 부분-인자하심과 영원하심을 말하고 있는 부분-을 설명하지 못한다.

더 나은 주제 질문은 이것이다.

"누가 여호와를 찬양해야 하는가?"

"그리고 왜 그들은 그를 찬양해야 하는가?"

이 주제는 더 범위가 넓은 보충어의 답변을 형성케 한다.

"모든 나라들과 백성들은 여호와의 인자하심과 진실하심 때문에 그를 찬양해야만 한다."

이렇게 주제 질문과 보충어 답변을 결합하면, 우리는 그 아이디어를 성경적 맥락 안에서 만들고, 너무 급히 현대적 적용으로 넘어가지 않는다는 확신 가운데 주해적 아이디어를 도출하게 된다. 정확한 주해적 아이디어가 "우리는 여화와의 인자하심과 진실하심 때문에 그를 찬양해야만 한다"는 아니다. 왜냐하면, 우리는 이 시편을 직접 받는 원래의 청중이 아니기 때문이다.

이 경우에 "우리"가 의미하는 것은 "우리 같은 사람들"이라고 너무 쉽게 추측해 버리기 때문에, "우리"라는 말이 시의 중요한 요점 하나를 감추고 있을 수 있다. 더 엄밀하게 주해적 아이디어를 표현할 방법은 표현이 좀 어색하지만 다음과 같다.

"시편 기자는 여호와의 인자하심과 진심하심으로 인하여 그를 찬양하도록 모든 나라들과 백성들을 부르고 있다."

이 단계의 목적은 본문의 중심 아이디어를 가능한 한 이해하기 쉽도록 파악하는 것이다. 다음 단계에서 우리는 이 아이디어를 어떻게 가장 잘 전달하고 적용할지에 대해 연구할 것이다. 한편 함께 그룹을 이루어 연구하는 것은 주해적 아이디어가 예배의 중심 구문에 있는 모든 것을 파악하도록 도울 수 있고, 모든 사람이 주해적 아이디어의 기본적 의미에 대해서 같은 생각으로 예배를 인도하는 데 동참할 수 있게 도와준다.[1]

## 2. 4단계: 주해적 아이디어 분석하기

우리가 가진 중심 본문에 있는 모든 것을 파악하기 위해서 주해적 아이디어를 연구하고 또 연구해 왔다고 하더라도 우리의 연구가 끝난 것은 아니다. 강해적 예배를 전개하기 위한 다음 단계는 주해적 아이디어를 분석하는 것이다.

이 과정은 강해적 메시지를 전개하는 것과 비슷하다. 그것은 다음 3가지 발전적 질문들(developmental questions)에 주해적 아이디어를 제공한다.[2]

**첫째**, "그것은 무엇을 뜻하는가?"
**둘째**, "그것은 진리인가?"
**셋째**, "그것은 어떤 차이를 만드는가?"(예, 그래서 뭐?)

모든 설교는, 실제로 모든 아이디어는 이러한 질문들에 의해 암시되는 3가지 방법들, 즉 그것을 설명하는 방법, 증명하는 방법, 적용하는 방법으로서만 분명하게 발전시켜 나갈 수 있다.

---

[1] 구문의 주해적 아이디어를 탐색하는 더 자세한 내용을 찾는다면 다음을 보라. Robinson, 『강해설교』(*Biblical Preaching*, CLC, 2016), 특히 제2장; Keith Willhite and Scott M. Gibson, *The Big Idea of Biblical Preaching: Connecting the Bible to People* (Grand Rapids: Baker, 2003).

[2] 더 자세한 내용은 다음을 보라. Robinson, *Biblical Preaching*, 제4장, "성경 본문에서 설교까지의 구상 단계."

이러한 세 질문에 대한 답은 대체로 서로 밀접한 관계가 있다. 당신은 자신이 이해할 수 없는 것을 증명할 수 없고, 당신이 사실이라고 생각하지 않는 데 그것을 적용해 보고 싶은 적극적인 마음을 아마도 가질 수 없을 것이다. 어떤 복잡하고 논쟁적인 본문은 이 3가지 질문들 모두에 답을 요구할 수도 있겠지만, 대부분의 구문은 3가지 질문 가운데 하나 또는 둘에 주로 집중하게 한다.

궁극적으로 예배와 설교는 하나님의 말씀으로 살아가는 것에 대한 것이기에 항상 적용에 우선순위가 있다. 나에게 있어 가장 고민스러운 것은 내가 완전히 이해하지 못한 성경의 부분들이 아니다. 그것은 내가 그 모든 것, 즉 하나님을 사랑하고 내 이웃을 사랑하는 것, 나 자신을 죽이고 다른 사람을 용서하는 것 등을 너무 분명하게 잘 이해하고 있다는 것이다. 하지만, 나는 하나님 말씀의 이 부분들을 삶에서 살아내지 못하는 자신을 매번 발견한다!

비록 어떤 의미에서는 이 3가지 발전적 질문들이 설교를 위한 주해적 아이디어를 분석하는 데 있어서 예배의 나머지 부분들보다 더 중요하다 하더라도, 예배를 계획하는 자들 또한 그것들을 함께 탐구함으로 역시 유익을 얻을 수 있다. 시편 117편으로 그렇게 해 보자.

### 1) 우리는 그것을 설명한다: "그것은 무엇을 뜻하는가?"

시편 117편은 비록 짧은 본문이지만, 거기에도 예배를 기획하는 사람들과 예배자를 도울 수 있는 어떤 설명이 여전히 존재한다. "찬양"은 히브리 어근 할렐(*hll*)에서 기원한다. 대부분 언어에서 "할렐루야"(Hallelujah)로 바로 번역됐다. "할렐루야"는 문자적으로 시편의 마지막 구절을 번역한 형태로, 할렐루(*hallelu*, "[당신들 모두 안에서 당신은] 찬양하라")와 야(*yah*, "여호와"에서 온)의 합성어이다.

이는 여호와가 추가적인 문법적 표시를 가지고 완전히 표현된 시편의 도입부에 나오는 일종의 축약된 표현이다. 예배 기획자들은 이것을 유념해서 "할렐루야"를 예배 전체 가운데 군데군데 두도록 하며, 특별히 예배의 시작과 끝부분에 위치하도록 해야 한다.

이것은 상황에 따라서 다양한 형태를 취할 수 있다. 성가대가 헨델의 "할렐루야 합창"을 찬양하는 동안 그 단어를 자연스럽게 외침으로 고무시키는 것에서부터 어린이들을 위한 설교 중에 "할렐루, 할렐루, 할렐루, 할렐루야! 여호와를 찬양하라!"(Hallelu, Hallelu, Hallelu, Hallelujah! Praise ye the Lord!)라고 노래함으로 어린이들이 회중을 앞서게 할 수도 있다.³

또 다른 유용한 설명은 1절에 있는 "나라들"은 연방 국가를 이루는 캐나다 같은 주권국가를 뜻하는 것이 아니라 민족 그룹을 언급한다는 것이다. 히브리어 고임(*goyim*)은 유대인이 아닌 모든 민족 그룹을 말하는데, "이방인들"이라고도 번역할 수도 있다. "백성들"(복수이며 "사람들"처럼 일반적인 개인의 집합이 아니라 다양한 민족 그룹을 뜻하는 백성들)도 같은 내용으로, 이것은 반복을 통해 아이디어를 강조하는 히브리 시의 규칙을 드러낸다. 결과적으로 예배 기획자들은 참석자들, 음악, 읽기, 기도를 통해서 예배에 뚜렷한 국제적인 정취가 나도록 고려해야만 한다.

모든 나라와 모든 백성에 대한 이런 강조는 여호와를 찬양함에 비유대인을 포함하는 어쩌면 놀라운 초청에 비유될 수 있는데, 특히 그와 같은 찬양—"우리에게 향하신 여호와의 인자하심"(시 117:2)과 같은 하나님

---

3   이것은 전체 회중에게 "할렐루야"라는 단어를 헛되이 반복해서 그 의미를 퇴색시키는 잘못된 사용을 피하기 위해서 "할렐루야"는 단지 "여호와를 찬양하라"라는 뜻이라고 가르치는 기회가 될 수 있다.

의 인자하심과 영원한 진실하심에 대한 찬양—은 유대인에게만 관련된 것이기 때문이다.

"인자하심"(헤세드)과 "성실하심"(에메트)이라는 단어는 여호와와 그의 백성과 특별하게 맺어진 관계, 다르게 말하면 언약 관계와 강력히 결합하여 있다. 여기서 얻게 되는 예배를 위한 하나의 암시는 하나님의 새로운 언약과 세례 그리고 성만찬의 내용이 예배 안으로 들어가서 통합되도록 할 수 있다는 것이다.

다른 하나는 복음적 초청을 포함되도록 하는 것인데, 하나님은 모든 사람이 그리스도를 통해서 자신과 언약 관계에 있기를 원한다는 것을 강조하거나 새로 나온 사람을 새 언약의 공동체를 나타내는 지역적 표현인 이 교회의 멤버로 받아들이면서 복음적 초청을 할 수도 있다.

**2) 우리는 그것을 증명한다: "그것은 진리인가?"**

이 본문은 창세기 1장 또는 로마서 8장에 나오는 종류의 변증적 이슈들을 만들어 내지는 않지만, 그래도 여전히 뛰어난 증명을 제공함으로써 유익을 주게 되는 점들이 있다. 어떤 사람들은 하나님 사랑의 크심이나 주의 성실하심이라는 영원한 인격에 대해 질문할 수도 있다.

맨 처음 기도하고 찬양도 했을 유대인들에게 이 시편의 헤세드와 에메트라는 단어들은 일종의 축약된 표현으로, 그것은 주님이 자신의 백성들과 맺은 언약을 지키셨던—비록 그의 백성들은 지키지 못할 때도—긴 역사를 돌아보도록 과거의 율법과 선지자들을 떠올리게 한다. 이 단어들은 너무 친숙하여서 다 기록할 필요가 없었겠지만, 우리가 그것을 일일이 표현한다면 우리와 함께 예배하는 사람들에게는 아마 도움이 될 것이다.

신약 읽기를 통한 사도행전 7장의 첫 부분이나 히브리서 11장과 같은 하나님의 신실한 언약적 사랑에 대한 하나님 백성들이 경험한 줄거리를 포함하는 것이 한 가지 방법일 수도 있다.

시편 117편의 진실하심에 누군가 질문해야 하는 또 다른 요점은 "하나님은 정말 모든 나라와 백성들이 그를 찬양하기를 원하시는가" 하는 것이다. 만약 우리가 더 정직하게 말한다면, 우리가 질문해야 하는 것은 "우리가 정말 어떠한 민족이든지 모든 민족 그룹들, 특히 우리와 전혀 다르거나 우리 민족 그룹을 압제했던 민족들과 함께 주를 찬양하기를 원하는가" 하는 것이다.

어쩌면, 여기가 사마리아인 비유의 극적인 재현을 통해, 그 사마리아인을 우리가 정말 싫어하는 민족으로 바꿈으로써, 예배 가운데 꺼려지는 내용을 전달해야 할 장소일 수 있다. 더 직접적인 접근으로는 강복선언에서 마태복음 28장의 위대한 사명을 말하며 예배를 마칠 수 있는데, "모든 나라들을 제자 삼는" 것에 특별한 강조점을 두어 청중들이 그러한 단어들 안에 머무를 수 있게 할 수도 있다.

### 3) 우리는 그것을 적용한다: "그것은 어떤 차이를 만드는가?"

"그것이 우리 예배에 어떤 차이를 만들어 내는가?"

이것은 강해적 예배를 전개해 가면서 가장 직접 그리고 광범위하게 해야 하는 질문이다. 이것은 너무나 중요해서 나는 5가지 "예전을 위한" 발전적 질문들을 만들어 왔는데, 이는 본문의 "빅 아이디어"를 예배에 더 구체적이고 현실적으로 적용하도록 도울 것이다.

우리는 시편 117편에 대한 구체적인 답을 찾는 탐색을 다음 부분, 즉 "5단계: 예전적 아이디어 형성하기"에서 시작할 것이다. 그 전에 지금은 이러한 질문들의 일반적인 성격을 설명할 것이다.

5가지 "예전을 위한"(liturgical) 발전적 질문들은 예배를 위한 가장 기본이 되는 적용을 위한 질문에 답하기 위한 구체적인 방법들을 탐색한다. 그 질문은 계시와 반응이라는 우리가 가진 예배에 대한 가장 단순한 정의에서 유추되는 질문들로, "하나님이 계시하고 있는 것에 우리는 어떻게 반응해야만 하는가?"로 요약된다. 모든 본문의 아이디어를 항상 이런 방식으로 구획하고 나눌 수 있는 것은 아니지만, 대체로 주제는 하나님의 계시를 나타내고 보충어는 우리의 반응을 나타낸다.

어떤 주어진 성경 본문이 가지각색의 예배에 사용된다 하더라도, 그 내용은 동일하다. 다르게 표현하면, 만약 우리가 다른 교파 출신의 세계 곳곳에 흩어져 있는 다른 청중들, 즉 어떤 곳은 대형교회이지만 다른 곳은 아주 작고, 어떤 곳은 몇백 년 동안 모여왔지만 다른 곳은 몇 년밖에 안 되었고, 어떤 곳은 연세가 많은 성도로 구성되었지만 다른 곳은 밀레니엄 세대들이고, 어떤 곳은 부유하고 잘 교육받았지만 다른 곳은 가난하고 교육받지 못한 다양한 청중들로부터 온 예배 기획팀에게 같은 성경 본문을 준다면, 우리는 그들 모두가 그 본문이 원래 전달된 청중들에게 의도했던 것이 요약된 기본적으로 동일한 주해적 아이디어를 찾게 되리라 기대해야만 한다.

그렇다면 이 공통된 내용이 각각의 특정 청중들이 가진 구체적인 다양한 환경을 모두 통과하고 걸러져서 예배의 개별 요소들을 만들어 낼 수 있게 된다. 또한, 우리는 같은 계시에 대해서 각 청중의 독특한 반응들을 나타내는 청중들 간의 뚜렷한 차이도 기대해야만 한다.

강해적 예배를 발전시키는 과정은 기본적으로 무엇을 투입하든지 똑같은 상품을 만들어 내는 소시지 그라인더가 아니다. 그것은 그 옷을 받을 사람의 독특한 체형에 맞추어 다양한 재료들 가운데 적합한 것을 고르고 그것을 바느질하며 다양한 솜씨를 발휘하게 되는 맞춤 정장을 만들어 내는 과정과 더 닮았다고 할 수 있다.

심지어 한 해의 시간처럼 중요하지 않아 보이는 어떤 것이 동일한 본문을 예배 안에서 매우 다르게 전개하도록 영향을 줄 수도 있다. 예를 들어 만약 우리가 대강절에 시편 117편을 발전시켜야 한다면, 우리는 메시아를 보내기로 한 그의 언약을 성취하시고 그리스도의 다시 오심을 바랄 수 있도록 우리에게 소망을 주시는 하나님의 영원한 성실하심을 강조해야 한다. 반면에 만약 우리가 이후 몇 주 후에 있을 주현절에 시편 117편으로 예배를 준비한다면, 이방의 박사들이 예수를 예배하러 오는 것으로 성취된 내용인 모든 나라와 모든 백성을 위한 초대를 강조해야 한다.

"하나님이 계시하신 것에 우리는 어떻게 반응해야 하는가?"

이 질문에 있는 암시는 예배를 위한 독특하고 특정한 상황이다. 각 상황의 복잡함을 나타내는 도표는 예배에 대해 이 책이나 다른 책에서 자세히 기록할 수 있는 것 그 이상이다. 하지만, 그것을 확인하고 다루는 가장 좋은 방법은—다음 장에서 설명할 것인데—회중을 대표할 수 있는 예배 기획팀의 모임을 통해서이다. 하나로 뭉친 예배 팀은 어떤 개인도 혼자서는 결코 가질 수 없는 상황적 문제들과 연관된 많은 것을 직관적으로 파악해야 한다. 사각지대가 있을 수 있지만, 서로 인식을 넓혀 가면 아마 그 부분은 더 줄어들게 될 것이다.

동일한 성경 내용으로 드리는 예배라고 하더라도 회중의 정황이 다르다면 의미 있는 효과들이 달라지기 때문에, 예배 전체 또는 주요 부분에서 기존 자료들—웹사이트에서 구한 비디오가 포함된 멋지게 포장된 찬양 세트거나, 교회력 핸드북에 있는 전체 예배순서거나 간에 기존 자료들—은 다른 어떤 예배에서 실행되었고 일반적 사용을 목표로 하는 것이기에 그냥 사용하지 않도록 주의를 기울여야만 한다. 물론 이러한 자료들 일부는 예배에서 함께 사용될 수도 있는데, 그 자료들이 본문의 내용으로부터 나오는 것이고 회중의 정황에 맞을 때만 가능하다.

## 3. 5단계: 예전적 아이디어 형성하기

우리가 주해적 아이디어를 분석하는 주제에서 옮겨와서 강해적 예배를 전개하는 것은 강해의 메시지를 전개하는 과정으로부터 다소 떠나오게 되는데, 이는 예배와 설교의 일차적인 목표가 다르다는 것을 보여준다. 설교가 기본적으로 커뮤니케이션에 대한 것이라면, 예배는 보다 적용에 대한 것이다. 분명히 그 둘 사이에는 상당히 중첩되는 부분이 있기는 하지만, 이렇게 확연히 다른 일차적인 목적으로 인해서 일단 분석을 통해 주해적 아이디어가 파악된 이후에는, 다른 방법을 통해서 그 아이디어를 발전시키게 된다.

설교를 위한 다음 단계는 주해적 아이디어를 통해서 생각하는 것이고, 그것을 청중들의 지혜와 경험을 고려하여 가능하면 더 정확하고 기억하기 쉬운 문장으로 진술하는 것이다.[4] 이것을 때로는 "설교적 아이디어"(homiletical idea, 설교[sermon]를 뜻하는 다른 단어인 설교[homil]와 관련되어 있는)라고 말함으로 주해적(exegetical) 아이디어와 구분한다. 본문의 원래

---

4　더 자세한 내용은 Robinson, *Biblical Preaching*, 제5장을 살펴보라.

문맥에 가능한 한도 내에서 근접해 있으려 하는 주해적 아이디어(예, "시편 기자는…")와는 달리 설교적 아이디어는 바로 이곳 그리고 바로 지금에 대해서 언급해야만 한다.

여기에서 목표는 성경을 정확하게 나타내면서 회중들과 의미 있게 연결된 성경적 개념에 대해서 잘 짜인 간결한 진술을 만들어 내는 것이다. 시편 117편을 위해 적합한 설교적 아이디어는 이렇게 나타낼 수 있다. 누구든지 그리고 어느 곳에서든지 하나님의 인자하심과 영원한 성실하심으로 인하여 하나님을 찬양해야 한다.

커뮤니케이션의 첫째 법칙은 명확함이기에 설교를 하나의 진술로 요약하는 것은 정말 중요하다. 그러나 전체로서 예배의 근본적인 목적이 적용, 즉 하나님의 계시에 대한 우리의 반응이기에, 한 아이디어가 다양한 적용을 가진다면 그것을 꼭 하나의 진술로 요약할 필요는 없다. 시편 117편과 같이 예배와 관련된 본문은 그 자체가 가진 설교적 아이디어가 예전적 아이디어보다 먼저 작동하게 한다.

때로는 예배 전체에 그 아이디어를 짜 넣는 것이 효과적일 수도 있는데, 예배 구조를 짜 가면서 어쩌면 그것을 예배의 부르심과 강복선언(축도)에서 사용할 수도 있다.[5] 예배 인도자들은 이러한 방식의 설교적 아이디어 사용에 대해서 설교자와 함께 확인해야만 하는데, 이는 귀납적 형태의 설교인데 예배 초반에 "빅 아이디어"를 진술해 버리면 설교를 손상할 수도 있기 때문이다.

---

5 한 문장으로 예배 경험을 자아내도록 구성하는 것에 대한 훌륭한 예들은 Sara Singleton에게 들을 수 있다. Sara Singleton, *Hearts on Pilgrimage: A Daily Devotional Experience Filled with Music, Prayer and Scripture* (Carol Stream, IL: Oasis Audio, 2005), Compact disc.

예배에 있어서 일차적인 목적이 반응이기에, 하나의 설교적 아이디어를 낳은 주해적 아이디어는 다양한 "예전적"(liturgical) 아이디어로 만들어 내야 한다.[6] 예전을 위한 5가지 발전적 질문들로부터 나오게 되는 이러한 아이디어들은 예배를 위해서 본문의 목적을 구체적으로 드러내는데, 설교를 위한 목적을 결정하는 설교적 단계(homiletical stage)와 함께 평행을 이룬다.[7]

이 예전을 전개하기 위한 질문들은 전형적이고 포괄적이긴 하지만 완벽한 것은 아니다. 어떤 본문과 예배는 이 5가지 범주에 맞지 않는 적용을 제안할 수도 있다. 그렇기에 여기의 전체적인 목적은, 모든 예전적 아이디어를 다 체크하여 열어보는 것이 아니라, 하나님의 말씀 안에 있는 하나님의 계시에 회중들이 반응하도록 돕는 것이다. 그런데도 거의 모든 본문과 예배는 아래의 다섯 질문 각각에 어떤 답을 제안하게 된다.

다섯 질문을 가지고 씨름하는 것은 예배 기획자들에게 가장 명백한 것만이 아니라 반응할 수 있는 다양한 방법을 제안하게 해 준다. 예를 들어 시편 117편에서 찬양은 가장 명백한 적용이지만 그것이 결코 유일한 적용인 것은 아니다.

---

[6] "예전적"(liturgical)은 "주해적" 그리고 "설교적"과 동격으로 사용된다는 것을 기억하라. 이는 예배에 있어서 그것의 최대한 넓은 이해이며 예배 스타일이나 어떤 특정 예식을 제안하는 것이 아니다.

[7] 강해 메시지를 전개하는 Robinson의 여섯 번째 단계를 참고하라. Robinson, *Biblical Preaching*, 72.

### 1) 예전을 위한 5가지 발전적 질문들

① 우리는 왜 하나님께 찬양해야 하는가? - 기쁨(Rejoice)
② 우리는 무엇을 하나님께 고백해야 하는가? - 회개(Repent)
③ 우리는 무엇을 하나님께 구해야 하는가? - 요청(Request)
④ 우리는 무엇을 하나님께 드려야 하는가? - 희생(Sacrifice)
⑤ 우리는 어떻게 하나님을 위해 살아야 하는가? - 섬김(Service)

이 항목들은 개략적으로 전형적인 예배의 흐름을 따르는데, 특히-물론 꼭 그래야만 하는 것은 아니지만-앞서 말한 4막 모델을 사용하고 있다.

결과적으로 이러한 질문을 따라 연구하는 것은 비록 엄격하지는 않더라도 예배의 각 부분에 질서를 부여할 수 있다. 예를 들어 네 번째 질문 "우리는 무엇을 하나님께 드려야 하는가?"에 대한 적합한 하나의 답은 "찬송의 제사"(히 13:15)라고 할 수 있는데, "우리는 이미 첫 번째 질문에서 그것을 했는데!"라는 잘못된 염려로 그것을 폐기할 수 없다.

나는 설교자일 뿐만 아니라 예배 인도자이기 때문에 이러한 기본 범주들을 잘 기억할 수 있도록 두운을 맞추었다. 찬양(Rejoice), 회개(Repent), 요청(Request), 희생(Sacrifice), 섬김(Service). 앞의 세 개의 "R"은 보다 명백한 반응(response)의 항목이지만, 뒤의 두 개의 "S"는 동일하게 중요하지만 간혹 파악하기가 더 어렵다. 각 질문을 개략적으로 살펴보고, 구체적으로 시편 117편에 각각 적용해 보자.

### (1) 우리는 왜 하나님께 찬양해야 하는가? - 기쁨(Rejoice)

이 질문은 자기 자신을 드러내시는 하나님에 대한 기쁨과 놀라움 그리고 즐거움과 경외라는 우리의 반응에 초점을 맞추고 있다. "찬양"은 무엇보다 중요한 범주로서 이러한 반응들을 대표하며 경배와 감사와 같은 반응들도 포함한다.

때때로 "찬양"과 "예배" 사이 또는 "찬양"과 "감사" 사이에 만들어지는 미묘한 차이를 무시하지 않고 포괄적으로 생각해야만 한다. '하나님이 누구신가로 인해서 하나님 안에서 기뻐하는 것'과 '그가 하신 일로 인하여 그에게 감사를 표현하는 것'이 밀접하게 관련이 있는 이유는 '그가 무엇을 하셨는가'는 '그가 누구인가'로부터 흘러나오고, '그가 누구인가'는 '그가 무엇을 하셨는가'에서 확인되고 드러나기 때문이다.

음악은 찬양을 표현하는 데 있어 주요한 역할을 하므로, 대체로 연주할만하고 노래할 만한 잠재적 곡들의 목록에서 시작하고 싶을 수도 있다. 하지만, 손을 들거나 소리치거나 같은 소리로 또는 번갈아 가며 성경의 찬양을 암송하는 것과 같은 다른 비음악적 표현들도 함께 염두에 두어야 한다.

시편 117편은 찬양의 시편이기 때문에 분명히 이 범주에 잘 맞는다. 이 시편의 원래 정황에서도 하나님의 백성들은 예배에서 이 시편을 분명히 찬양했을 것이다. 그렇기에 우리 예배에 이 시편을 적용하는 가장 좋은 방법의 하나는 그것을 노래하는 것일 수 있다. 시편에 대한 곡들이 남아 있지 않기 때문에, 우리는 스스로 작곡할 수 있고 우리 회중 가운데 노래를 만드는 사람이나 작곡가에게 그렇게 하도록 격려할 수도 있다.[8]

아무도 새로운 것을 작곡할 수 없거나 그렇게 하려 하지 않는다 하다라도, 시편 117편을 찬양의 형태로 부르기 위한 몇 가지 방법들이 여

---

8 우리는 설교자들과 같이 스스로 작사가나 작곡자로 생각하지 않는 사람이라도 성경에서 노래를 찾도록 초대하고 권할 수 있어야 한다. 대상 17:16-17에 근거한 "나 같은 죄인 살리신"(Amazing Grace)은 존 뉴턴(John Newton)이라는 한 설교자에 의해서 평범한 지역 교회 예배를 위해 작곡되었다는 것을 기억하라.

전히 존재한다. 어떤 전통 안에서는 예배에서 시편만을 찬양으로 불러왔기 때문에, 모든 시편을 노래 부를 수 있는 형태-시편찬송(the psalter)이라고 부르는 형태-로 만들어 두었다. 시편을 운율에 맞춘 버전은 영어를 쓰는 사람들이 노래로 부르기 쉽도록 영어 시의 기본 형태에 단어들을 배치시켰다. 이것들은 그 운율로 쓰인 다양한 멜로디로 부를 수 있는데(예를 들어 일반 운율, 긴 운율, 짧은 운율 등), 이는 당신의 회중들이 부를 수 있는 멜로디를 찾을 가능성을 상당히 높여준다.[9]

시편 117편은 아이작 왓츠(Issac Watts)가 만든 "이 천지간 만물들아"(From All that Dwell Below the Skies)라는 유명한 운율 버전으로 잘 알려졌다.

| | |
|---|---|
| 1. From all that dwell below the skies, | 이 천지간 만물들아 |
| Let the Creator's praise arise; | 복 주시는 주 여호와 |
| Let the Redeemer's name be sung | 전능 성부 성자 성령 |
| Through ev'ry land by ev'ry tongue | 찬송하고 찬송하세. |
| 2. Eternal are Thy mercies Lord; | 주 자비는 영원하고 |
| Eternal truth attends Thy Word; | 주 말씀은 진실하니 |
| Thy praise shall sound from shore to shore | 이 천지간 만물들아 |
| Till suns shall rise and set no more. | 찬송하고 찬송하세. |

최근까지 곡의 가사들은 멜로디와 따로 쓰였기 때문에 같은 가사들이 보통 여러 가지 곡조로 불리어 왔다. 그러므로 우리의 다음 선택은 왓츠의

---

[9] 시편을 노래하는 것, 시편찬송(the psalter) 사용법, 운율에 맞춘 시편 전체 세트에 대한 더 많은 내용은 줄리 테넌트(Julie Tennent)가 운영하는 http://psalms.seedbed.com/을 보라.

가사들로 불리어 온 세 개의 익숙한 멜로디 가운데 우리 회중에게 가장 잘 맞는 것을 고르는 것이다. "시편 100편"(Old Hundredth; 찬송가 1장 "만복의 근원 하나님"에서 영광송의 기본적인 버전으로 사용된 곡조) 또는 "공작의 길"(Duke Street; 찬송가 210장 "귀하신 주님 계신 곳"에 사용된 곡조), 또는 "다 함께 기뻐하세"(Lasst Uns Erfreuen; 찬송가 69장 "온 천하 만물 우르러"에 사용된 곡조) 등이 있다.[10]

이 세 개의 곡조들은 모두 이 본문을 똑같이 사용하고 있고 각각은 부르기 쉽기 때문에 세 개 중에 어떤 것이든지 좋은 선택이 될 수 있다. 나는 그래도 "다 함께 기뻐하세" 쪽으로 기우는데, 그 이유는 왓츠의 기본적인 절들에 본문의 주해적 아이디어로부터 찾게 된 시편의 핵심 단어를 강조하는 반복하는 후렴구 "알렐루야"가 있기 때문이다. 가사는 이렇게 된다.

| | |
|---|---|
| 1. From all that dwell below the skies, | 이 천지간 만물들아 |
| Let the Creator's praise arise; | 복 주시는 주 여호와 |
| Alleluia! Alleluia! | 알렐루야! 알렐루야! |
| Let the Redeemer's name be sung | 전능 성부 성자 성령 |
| Through every land, in every tongue. | 찬송하고 찬송하세. |
| Alleluia! Alleluia! Alleluia! | 알렐루야! 알렐루야! 알렐루야! |
| Alleluia! Alleluia! | 알렐루야! 알렐루야! |
| 2. Eternal are Thy mercies, Lord; | 주 자비는 영원하고 |

---

[10] 대부분의 찬송가들의 가사와 곡들은 대개가 다른 시기에 다른 사람들이 만들었기 때문에, 각각의 곡조는 "Old Hundredth"처럼 그 고유한 이름이 붙여져 있다. 예를 들어 "나 같은 죄인 살리신"(Amazing Grace)과 가장 유사한 곡조는 "New Britain"이라 불린다. 찬송의 가사, 곡조, 찬송가집에 대한 폭넓은 목록은 www.hymmary.org를 보라.

| | |
|---|---|
| Eternal truth attends Thy Word; | 주 말씀은 진실하니 |
| Alleluia! Alleluia! | 알렐루야! 알렐루야! |
| Thy praise shall sound from shore to shore | 이 천지간 만물들아 |
| Till suns shall rise and set no more. | 찬송하고 찬송하세. |
| Alleluia! Alleluia! Alleluia! | 알렐루야! 알렐루야! 알렐루야! |
| Alleluia! Alleluia! | 알렐루야! 알렐루야! |

예배의 중심 본문이 무엇이든지 간에 시편 117편을 바꾸어 부르는 것은 항상 좋은 출발점이기 때문에, 우리는 그 본문과 직접적으로 관련된 것들만으로 제한할 필요는 없다. 그렇지만 본문의 "빅 아이디어"에 예배를 위한 찬양의 성격을 맞추어야 한다. 분명 하나님은 많은 것으로 인해서 찬양 받으실 만하지만, 시편 117편과 관련된 예배에서라면 우리는 특별히 그의 크신 인자하심과 영원한 성실하심에 대해 찬양하고 싶어진다.

예를 들어 크리스 탐린(Chris Tomlin)이 불러 유명해진 "온 세계 지으신"(God of Wonders)은 많은 회중들이 부를 수 있는 강력한 찬양 곡이기는 하지만, 그것이 이 예배에서 최선의 선택이 될 수 없는 것은 그 곡은 하나님의 놀라운 예측할 수 없는 활동들에 맞추어 있지만 하나님의 인자하심과 성실하심에 대해서는 직접적인 언급이 없기 때문이다.

시편 117편을 더욱 잘 자세히 나타내는 더 나은 선택은 "그 크신 하나님의 사랑"(The Love of God is Greater Far)이나 크리스 탐린의 "왕 되신 주께 감사하세"(Forever)가 될 수 있다. "왕되신 주께 감사하세"에는 이 중심 주제를 하나로 잘 요약하여 반복하고 있는 후렴구가 있기 때문이다.

"영원히 신실하신 능력의 하나님 영원히 함께하리 영원히 영원히."[11]

---

[11] Chris Tomlin, *The Noise We make* (Atlanta, GA: sixstepsrecords, 2001), Compact disc,

시편 117편의 "빅 아이디어"의 또 다른 요소(그리고 다른 발전적 질문에 해당하는 것)는 모든 나라들과 백성들에 대한 강조이다. 이 요소는 다양한 언어로 쓰인 찬양 곡들을 부르는 것으로 반영될 수 있다. 테제공동체(Taizé Community)는 의도적으로 이러한 종류의 음악을 전개하려고 노력해 왔으며 시편 117:1 상반절에 기초를 둔 노래, 라우다테 도미눔(*Laudate Dominum*, "여호와를 찬양하라"는 뜻으로 여섯 개의 언어로 불릴 수 있다)를 가지게 되었다.[12]

시편 117편의 국제적인 특성은 이 짧은 구문이 여러 개의 언어로 읽혀지는 동안 찬양으로 표현될 수도 있는데, 특별히 다양한 모국어를 쓰는 사람들이 표현함으로써, 그 시편이 원래 기록된 이래로 어떻게 성취되어 왔는가를 이야기하게 할 수 있다.

### (2) 우리는 무엇을 하나님께 고백해야 하는가? - 회개(Repent)

이 두 번째 예전을 위한 발전적 질문은 간과되거나 축소되기 쉬운데, 그 이유는 죄를 고백한다는 것이 기분을 침울하게 만드는 것으로 보일 수 있기 때문이다. 그러나 실제로 고백은 앞으로 나아가는 길을 제공한다.

찬양은 항상 우리를 거룩한 하나님의 임재 속으로 인도한다. 바로 하나님과 우리의 관계 안에 무엇이 있는가를 드러내면서 인도한다. 그리고 그때 드러나게 되는 것은 우리의 부정함이다. 우리 모두는 우리가 고백해야 할 필요가 있는 일반적인 우리의 타락의 모습을 가지고 예배에 오는 반면, 각 예배자에게 적용되지 않는 것들을 회개하도록 권면하는

---

www.christomlin.com/music/the-noise-we-make.

[12] Taizé, *Taizé-Music of Unity and Peace* (Berlin: Deutsche Grammophon, 2015), Compact disc. www.taize.fr/en_article17739.html.

것에도 주의를 기울여야만 한다(예를 들어 한 번 방문하게 된 교회에서 그 교회에서 제공하는 "계획 용지"[designer sheets]를 언급하면서 죄의 고백 시간에 참여하도록 했는데, 내가 지니고 있기는커녕, 나에게 존재한다고 한 번도 생각해 본적이 없는 어떤 것에 대해서도 회개하게 했다!). 본문의 핵심 아이디어는 더욱 온전히 하나님의 일차적인 관심과 우리의 실제적인 죄들을 나타내 보여주어서 우리가 진심으로 회개할 수 있도록 도울 수 있다.

언뜻 보기에, 시편 117편은 짧기도 하지만 그 경쾌함으로 인해서 참회에 대한 어떤 내용들을 제공하는 것처럼 보이지 않는다. 그러나 하나님의 긍정적인 속성에서 인간의 타락한 측면을 보게 되면, 고백해야 하는 어떤 구체적인 영역들이 드러나게 된다. 하나님의 강력한 사랑에 대비하게 되면 하나님에 대한 그리고 이웃을 향한, 심지어 나에게 가장 가까운 사람들을 향한 나의 연약한 사랑을 고백해야 할 것 같다.

정말 내가 정직하다면 어떤 때 나의 사랑은 연약한 것도 모자라 무관심하고 심지어 미움으로까지 퇴보한다. 하나님의 영원한 성실하심은 나의 믿음이 얼마나 자주 일시적인 열정의 성격을 띠는지 폭로한다. 시편 117편의 언약적 용어들은 주님께 대해, 나의 배우자에 대해, 나의 자녀에 대해, 나의 회중에 대해 내가 약속한 관계에 충실하지 못했던 것에 대한 내용을 열거하도록 만든다.

시편 117편에서 계획하는 것처럼 모든 나라들과 백성들이 아직은 주님을 찬양하지 않고 있다는 것을 감지하는 것은 고백을 위한 또 다른 영역을 우리에게 열어준다. 부분적으로 이들의 찬양에 대한 부족과 결핍은 신자들이 모든 나라들로 제자를 삼는 데 실패한 결과이다. 한 번도 들어 본 적 없는 하나님, 자신들에게 복음을 전해준 사람이 없는 이들은 이 하나님을 찬양할 수가 없다.

보내심을 받지 아니하였으면 어찌 전파하리요(롬 10:15).

이 내용의 각 부분들이 회개의 이유가 된다. 우리의 믿음을 나누지 않은 것에 대해서, 또한 아직 복음을 들어보지 못한 사람들에게 그것을 나누기 위해 다른 사람들을 보내지 않은 것에 대해서 회개할 필요가 있다. 우리는 또한 모든 민족들이 하나님을 찬양하는 것을 가로막는 인종주의와 또 다른 민족중심적인 편견을 고백할 필요가 있을 수 있다.

우리가 하는 회개의 특징들은 우리 개별 민족 그룹과 우리가 갖는 포용과 배제에 대한 상대적인 민감성에 따라 다양하겠지만, 여하튼 성경적 예배는 하나님의 용서를 구하도록 우리에게 요구한다.

### (3) 우리는 무엇을 하나님께 구해야 하는가? - 요청(Request)

예배에서 어떤 것을 요청하는 것을 포함한다는 것이 좀 이기적인 것처럼 여겨지지만, 예수님은 요청하는 것이 우리와 하늘에 계신 아버지와 관계에서 중요한 부분이 된다고 매우 분명히 보이셨다(예를 들어 마 7:7-8). 또한 예수님은 자신의 임재를 경험하면서 그리고 자신의 말씀대로 살아가시면서 이러한 요청들을 하기 위해 주의를 기울이셨다.

너희가 내 안에 거하고 내 말이 너희 안에 거하면 무엇이든지 원하는 대로 구하라 그리하면 이루리라(요 15:7).

진정한 성경적 예배는 이러한 기준과 이를 반대하는 내용들, 즉 예배에서 요청을 한다는 것이 목회자 중심이 될 수 있다는 염려하는 내용들 양쪽에 다 적합한 상황을 제공해야 한다. 그 이유는 요청들은 언제든지 우리 자신뿐만 아니라 다른 사람들을 위한 것이기 때문이다. 그럼에도 불구하고 우리 자신을 위해 요청하는 것이 부적당한 것만은 아니다. 예배에서 그렇게 하는 것을 내켜하지 않는 것은 어쩌면 우리가 너무 교만하여 우리의 필요를 말할 수 없다는 것일 수도 있다.

시편 117편은 다른 시편들(예를 들어 개인 시편 86편 또는 공동체 시편 44편) 또는 다른 성경 본문들(예를 들어 주기도문 또는 자신의 편지 수신자들을 위한 바울의 기도)처럼 어떤 직접적인 중보 기도나 간청 기도를 포함하고 있지 않다. 그렇지만 여러 가지 요청들이 암시되어 있다. 모든 나라들과 모든 백성들을 위해, 특별히 그들이 주님을 찬양하게 되도록, 세계에 흩어져 있는 선교사들을 위해서, 그리고 우리 가운데 하나님의 크신 인자하심과 영원한 성실하심에 대한 인식과 깊은 경험이 있도록 말이다.

그래서 결과적으로는 시편 117편을 통해 더 큰 찬양과 사랑과 성실이 우리 가정과 지역 사회와 직장 속으로, 더 나아가 궁극적으로는 세상의 끝까지 퍼져 나가도록 기도하고 요청할 수 있다.

### (4) 우리는 무엇을 하나님께 드려야 하는가? - 희생(Sacrifice)

예전을 위한 모든 발전적 질문들 가운데, "우리가 무엇을 하나님께 드려야 하는가" 하는 질문이 아마도 가장 파악하기 힘들 수 있다. 이 질문이 갖는 희생과의 관련성은 심지어 어떤 사람들에게는 성경적 예배를 위해 적합하지 않은 것처럼 보이게 할 수도 있다.

"희생"이 이교도들이 종교적으로 행하는 어떤 것 또는 단지 구약에 나오는 것, 혹은 로마 가톨릭이 너무 깊이 빠져 있었던 것을 의미하는 것은 아닌가?

비록 구약의 희생 제도는 십자가에서 그리스도의 희생으로 성취되고 따라서 파기되었지만, 그것이 예배에서 하나님께 소중한 것을 드리는 것이 더 이상 적합하지 않다는 것을 의미하는 것은 아니다. 우리가 아무

값도 치르지 않고 드리는 예배는 가치가 없다. 다윗이 공짜로 자신에게 제공되는 것들에 대해 값을 치르려고 하는 것으로 보아서, 이 역동성을 깨닫고 있음에 틀림없다.

> 그렇지 아니하다 내가 반드시 상당한 값으로 사리라 내가 여호와께 드리려고 네 물건을 빼앗지 아니하겠고 값없이는 번제를 드리지도 아니하리라(대상 21:24).

신약에서는 값비싼 향유를 예수님께 부은 마리아 또한 희생적인 예배의 모범으로 기억한다(요 12:1-2). 히브리서는 구약 희생제사의 본성을 예수의 제자들을 위해 매우 자세히 탐구하는데, 다음과 같이 요약된다. 그리스도의 희생은 희생 그 자체와 그 내용을 폐기하신 것이 아니라, 지금 우리가 듣는 대로 구약 희생 제사를 폐기함으로써, 구약 희생제사가 가리키고 있던 것을 성취했다.

> 그러므로 우리는 예수로 말미암아 항상 찬송의 제사를 하나님께 드리자 이는 그 이름을 증언하는 입술의 열매니라 오직 선을 행함과 서로 나누어 주기를 잊지 말라 하나님은 이 같은 제사를 기뻐하시느니라 (히 13:15-16).

이 본문은 희생이 기독교 예배 속에서 정당하게 구성될 수 있는 다양한 방법들을 보여준다. 헌금(offering)을 거두거나, 이보다 더 좋은 방법인 헌금을 들고 앞으로 나와서 드리는 것은 예배의 행위이다. 이것은 단순히 자금을 모으는 방식이 아니다. 만약 헌금이 단지 자금을 이동시키는 것이라면, 10%를 바로 신자들의 은행 계좌에서 이체시키는 것이 더 효율적이고 효과적일 것이다. 이러한 접근은 특별히 교회 재정부에게는 정말 매력적일 수 있겠지만, 하나님이 우리에게 주신 것들의 한 부분을 하나님께 다시 드리는 우리의 예배 경험을 빼앗는 것이다.

희생은 또한 "특별 음악(special music)"이라는 연주가 헌금이 되도록 다시 구성하게 돕는다. 이는 하나님이 회중 가운데 누군가에게 선물한 음악적 재능을 사용하여 회중들 모두가 하나가 되도록 하여 더욱 온전히 하나님께 영광을 돌리도록 하는 것이다. 다른 유형의 예술적 재능들도 희생의 또 다른 형태로 유사하게 예배 안에 구성될 수 있다.

시편 117편에 이러한 원리들을 적용하는 것은 예배를 위한 중심 본문을 반영하기 위해서 희생에 대한 표현을 맞추는 여러 방법들을 제안한다. 정기적인 헌금에 더불어, 시편 117편을 중심으로 드리는 예배는 모든 나라들이 찬양하게 하는 그러한 초청을 하도록 하는 특별한 선교 헌금을 할 수도 있다.

희생을 더욱 가치 있게 만들기 위해서, 어떤 사람을 선교사로 임명하거나 단기 선교 팀으로 헌신하도록 하는 상황에 활용할 수도 있다. 찬양팀이나 성가대에 헌신하는 것 또는 다른 민족 그룹의 음악 팀이 자신들 고유의 문화와 언어를 보여주는 특별한 음악들을 하도록 그들을 초청하는 것도 동일하게 적합할 것이다.

간증들도 희생의 형태로 하나님에 대한 우리의 경험을 고양시키는 한 방법이다. 시편 117편은 이러한 간증들이 하나님의 크신 사랑과 영원한 성실하심에 관련된 경험에 집중하도록 한다. 이 시편의 국제적인 성격은 더 나아가 선교사들과 다른 나라에서 온 신자들을 초청하여 함께 나누는 것까지도 제안할 수 있다.

### (5) 우리는 어떻게 하나님을 위해 살아야 하는가? - 섬김(Service)

희생은 섬김(service)으로 이끈다. 희생과 섬김은 둘 다 성경적 예배에 필수적인 요소들이다.

> 그러므로 형제들아 내가 하나님의 모든 자비하심으로 너희를 권하노니 너희 몸을 하나님이 기뻐하시는 거룩한 산 제물로 드리라 이는 너희가 드릴 영적 예배니라(롬 12:1).

또한 섬김을 예배에 통합하는 것은 앞서 설명한 요청 부분에서 드린 우리 자신의 기도에 우리가 답이 되는 것에 대해 얼마나 진지한지를 보여줄 수 있다. 간혹 섬김의 부르심은 설교로부터 바로 나오고, 예배의 끝에 다시 반복되어 신자들이 그 주간에 실행할 수 있게 한다. 어떤 교회들은 이것을 예배당 문 위에 써서 걸어 놓으면서까지 강조한다.

"여러분의 예배는 끝났습니다. 그리고 여러분의 섬김이 시작되었습니다."

"여러분은 이제 선교지에 들어서고 있습니다."

예전적으로는 이러한 행위가 대체로 '마침결단'(하나님을 위해 우리가 하려고 하는 것)과 강복선언(하나님이 우리를 위해 이미 행하신 것)으로 표현된다. 비록 짧지만 이 행위는 생수의 강(요 7:38) 같은 예배가 되게 하는 데 필수적이다. 예배시간 동안 하나님이 우리에게 부어주신 것이 주중에 다른 사람들을 새롭게 하고 생명을 줄 수 있도록 흘러넘치도록 해야 한다.

"하나님을 위해 우리가 어떻게 살 수 있을까"에 대한 생각이 없다면 예배는 사해와 같이 된다. 하나님이 우리에게 부어주신 것이 썩고 독성을 품고 죽음에 이르게 하는 사해처럼 말이다.

시편 117편을 삶으로 살아내는 몇 가지 방법들이 있다.

가장 기초적인 단계로는 "할렐루야 라이프 스타일"(Hallelujah Lifestyle)이라고 부를 수 있는데, 주일 아침 교회에서만이 아니라 주중의 6일 동안 우리가 어디에 있든지 하나님을 찬양하는 것이 삶의 중심이 되게 하는 것이다. 이 시편의 간결함은 걷거나 일하는 중에도 일관되게 노래할 수 있게 한다. 그래서 예배자들은 시편 117편에 대한 왓츠(Watts)의 버전이나 라우다테 도미넘(*Laudate Dominum*)을 가지고 주중의 출퇴근길이나 일상의 업무 중에도 찬송하도록(주로 혼자서) 격려할 수 있다.

대학 공동체에서 이 본문을 삶에서 살아내는 또 다른 방법은 외국 학생들을 식사에 초대하는 것 또는 그들이 원한다면 예배에도 초대할 수 있다. 예배에서 적합한 마침 곡은 위대한 사명(예를 들어 마 28:18-20; 요 20:21; 행 1:8)에서 가져온 마침결단과 강복선언과 더불어 "오 신실하신 주"로 할 수가 있다.

이 장에서 우리는 많은 다양한 아이디어들을 살펴보았다.[13] 시편 117편에 대한 앞서 언급한 내용을 가지고 다시 살펴보자.

- 주해적 아이디어(중심 본문에서 중심 아이디어를 요약한다): "시편 기자는 하나님의 크신 사랑과 영원한 성실하심을 찬양하기 위해서 모든 나라들과 백성들을 부른다."
- 설교적 아이디어(중심 본문에 근거하여 메시지의 중심 아이디어를 요약한다): "모든 곳에 있는 모든 사람들은 하나님의 크신 사랑과 영원한 성실하심으로 인하여 그를 찬양해야 한다."
- 예전적 아이디어(중심 본문에 대한 중심 아이디어를 5가지 예전을 위한 발전

---

[13] 제2부 제1장 주해적 아이디어와 예전적 아이디어를 전개하는 훈련을 위한 "예전적 아이디어 연습 문제지"를 참조하라.

적 질문들에 답하면서 예배에 적용한다):

① 우리는 왜 하나님께 찬양해야 하는가? - 기쁨(Rejoice)

"우리는 하나님을 찬양해야 하는 이유는…
- 그의 크신 사랑(인자하심) 때문이다."
- 그의 영원한 성실하심 때문이다."
- 얼마나 더 많은 나라들과 백성들이 그를 찬양하고 있는가."

② 우리는 무엇을 하나님께 고백해야 하는가? - 회개(Repent)

"우리는 하나님께 고백해야 한다…
- 우리의 연약한 사랑을."
- 우리의 일시적인 열정을."
- 우리가 모든 나라들과 백성들이 하나님을 찬양하도록 초대하지 못한 것을."

③ 우리는 무엇을 하나님께 요청해야 하는가? - 요청(Request)

"우리는 하나님께 요청해야 한다…
- 모든 나라들과 백성들이 하나님을 찬양하게 되도록(사명들)."
- 우리 가운데서 하나님의 크신 사랑과 영원한 성실하심을 더 깊이 깨닫고 경험하도록."

④ 우리는 무엇을 하나님께 드려야 하는가? - 희생(Sacrifice)

"우리는 하나님께 드려야 한다…
- 특별 선교 헌금을."
- 선교 팀에 헌신을."
- 찬양팀에 헌신을."
- 하나님의 크신 사랑과 영원한 성실하심의 경험에 대한 간증을."

⑤ 우리는 어떻게 하나님을 위해 살아야 하는가? - 섬김(Service)

"우리는 하나님을 위해 살아야 한다…
- 할렐루야 라이프 스타일로."
- 위대한 사명을 성취하면서, 또한 다른 사람도 그것을 성취하도록 돕기 위한 새로운 헌신으로."

이러한 예전적 아이디어를 형성하는 것은 예배의 어떤 구체적인 요소들을 위한 가능성도 드러내 준다. 예배에서의 다양한 기도들과 다른 종류의 스피치 그리고 공연 부분을 구성해가는 여러 방법들뿐만 아니라, 몇 가지 노래들과 특별한 음악적 아이디어들도 살펴보았다.

다음 장에서 우리는 중심 본문으로부터 진행되는 통일성 있는 예배를 구성하기 위해, 이러한 요소들을 구성하고 배치시키는 방법을 살펴볼 것이다.

# 제4장

# 강해적 예배 구성하기

성경은 신적 저자인 성령님으로부터 나온 한 권의 책으로 창조와 타락, 구원과 회복, 그리고 완성이라는 하나의 내러티브 흐름을 따른다. 하지만, 성경의 통일성이 성령님께서 하나님의 이야기를 인간에게 드러내기 위해 선택한 장르의 다양성—역사적 내러티브, 시, 예언, 지혜서, 계시문학, 서신서, 우화, 기도, 연대기, 복음서 등의 다양성—을 흐리게 해서는 안 된다.

    설교에서 "빅 아이디어" 접근을 따른다는 것이 설교가 잠언에 근거하거나 사도행전에 근거하거나 상관없이 모든 설교가 정확히 똑같이 들리도록 하지 않는 것과 같이, "빅 아이디어" 예배도 동일해져서는 안 된다.[1] 오히려 그 예배가 근거하는 성경 본문의 독특한 성격이 반영되어야 한다. 본문의 장르와 다른 특징들이 예배가 취해야 할 구성 형태를 알려주게 된다.

---

1  다른 성경 장르들을 다양한 방법으로 "빅 아이디어" 설교로 만드는 방법에 대한 예들은 Arthurs, *Preaching with Variety*를 보라.

이 공통의 성경 내용이 어떤 특정 예배 공동체든지 그들이 처한 다양한 상황을 통해 드러나기 때문에, 비록 동일한 본문에 기초하였다 하더라도 각각의 예배는 그 공동체만의 독특한 형태를 취하게 된다. 중요한 상황적 요소들인 교파, 언어와 민족성, 연령대, 또는 회중의 규모 등이 주는 영향은 명백해 보인다고 하더라도, 시간과 같이 좀 더 미묘한 요소들도 예배 경험에 영향을 줄 수 있다.

주일 아침 예배가 여러 번 있는 교회의 예배자들은 이러한 차이를 직관적으로 이해해서, 자기 자신은 "11시 예배자"이기보다 "9시 예배자"라고 인정하게 된다. 9시와 11시의 예배 순서가 동일하다 하더라도 명민한 인도자들은 각각의 회중 안에서 계시와 반응의 역동성이 어떻게 다르게 작동하는지를 인지하고, 또한 이들을 효과적으로 인도하기 위해서 이러한 차이에 민감해야 할 필요가 있다.

회중이 함께 모이는 공동체의 예배는 그리스도의 몸이라는 이 특별한 표현을 위해 하나님의 백성들의 삶에서 일어나는 흐름들을 반영한다. 무엇이 앞에 오고 무엇이 다음에 오는가는 각각의 구체적인 예배 경험을 규정하게 된다.

이러한 관점에서 예배의 어느 한 순서를 보는 것은 영화에서 한 장면을 보는 것과 같다. 움직임을 멈추는 것이 자세히 세부적인 것들을 볼 수 있는 유일한 방법이긴 하지만, 앞서 지나간 그리고 이후에 진행될 내용에서 그것만을 분리시키는 것은 본질적으로 왜곡하는 것이다.

"당신은 같은 강물에 두 번 발을 담글 수 없다"라는 고대 철학적 공리는 설교에도 적용될 수 있다. 당신은 같은 예배를 두 번 인도할 수 없다. 한 가지 이유가 인도자인 당신이 일단 첫 번째 예배를 인도한 결과 변했을 것이고, 그렇다면 두 번째 예배는 다르게 인도하게 될 것이기 때문이다. 성경적이면서 동시에 상황에 맞는 예배를 만들어야 한다는 복잡성은 각각의 예배가 고객 맞춤이 되도록 하는데, 이 내용은 마지막 장에서 예배 기획팀의 역할과 관련해서 더 자세하게 탐구할 것이다.

이 장을 읽으면서 유념해야 할 것이 있다. 이 장에서 나는 성경의 여러 장르에 근거한 여러 형태의 강해적 예배의 샘플들을 제공할 것이다. 그 샘플들은 시리즈의 한 부분이거나 교회력과 같이 주요 상황에 근거한다. 유념할 것은 내가 제공한 샘플들처럼 당신이 그 방법 그대로 정확히 예배를 전개해야만 진정한 "성경적 예배"라는 결과를 얻게 될 것이라고 추론하지 말라는 것이다.

방법론을 설명하기 위해서 제2장과 제3장에서 각 본문들의 개요를 만드는 과정을 진행하면서, 내가 선택한 방법이 그 구성요소들이 보다 구체화되어 가면서, 당신이 적용하기에 더 어려워졌다고 느낄 수도 있다. 그래서 나는 몇 가지 개별 구성요소들과 함께 예배의 구체적인 예들을 제공함으로써, 당신의 독특한 상황에 맞는 예배를 만들어 나갈 때, 당신과 또한 당신과 함께 하는 예배 인도자들과 어떻게 해야 할지에 대한 감각을 얻게 되기를 바란다.

내가 제안하는 구체적인 것들은 당신과 당신의 예배 기획팀도 채택할 수 있는 것이 될 수 있다. 왜냐하면, 그 제안들은 많은 다른 예배 인도자들의 결과물에서 얻은 것들이기 때문이다. 그러나 이러한 예배를 일괄적으로 그냥 따라하고 그것들을 당신의 상황에 끌어당겨 사용하는 것을 권하고 싶지 않다.

여기에서 제공하는 예들은 대개 제1장에서 설명한 바 있는 4막 예배 모델을 따르고 내가 인도했던 예배라는 기본적인 상황—중간 사이즈의, 세대가 통합된, 주로 백인의, 다양한 종파의 배경(로마 가톨릭에서부터 근본주의자에 이르기까지)을 가진 교외에 위치한 복음주의 회중과 많은 수의 교회에 가본 적 없는 사람들—을 반영한다.

음악은 전통적인 것과 현대적인 것 양쪽 모두에서 가져왔으며, 전문 피아니스트와 찬양대 인도자가 인도했고, 더불어 작은 규모의 정기적으로 자원하는 악기 연주자와 보컬리스트가 "찬양팀"(예를 들어 부드러운 포크락[folk-rock] 밴드)에 속해 있다. 예배 속 찬양과 성도가 반응해야 할 부분들은 종이로 인쇄되거나 화면에 띄우며, 찬송가도 사용하고, 좌석에는 성경책도 비치되어 있다.

## 1. 복음서 [비유] : 누가복음 15:1-7

복음서, 특별히 비유에 기초한 한 번의 예배(시리즈가 아닌)에 대한 간단한 예를 살펴보는 것으로 시작해 보자.

누가복음 15:1-7은 잃어버린 양에 대한 비유로 잃어버린 것을 찾게 되는 것에 대한 3가지 비유들(15:8-10, '잃어버린 동전'; 15:11-32, '잃어버린 아들') 중 첫 번째이다. 이 비유는 예수님이 자신과 함께 있는 사람들을 "죄인들"이라고 비난하는 바리새인들과 사두개인들에게 말씀하신 것이다.

이 본문의 주제 질문은 "잃어버린 사람들이 예수님을 통해서 하나님께 돌아오는 것에 대해 하나님의 백성들은 어떤 태도를 가져야 하는가?"이다. 보충어 대답은 "잃어버린 양을 찾기 위한 수고를 아끼지 않고 그 양을 무리들과 연합시키고, 공동체와 함께 그 양의 돌아옴을 축하하는 목자와 같아야 한다"가 된다.

주해적 아이디어는 다음과 같다.

"예수님을 통해서 하나님께 돌아오는 잃어버린 양에 대한 하나님의 백성의 태도는 그 잃어버린 양을 찾기 위해 수고를 아끼지 않고, 그 양을 무리들에게 연합시키며, 공동체와 함께 그 양의 돌아옴을 축하하는 목자와 같아야 한다."

5가지 예전을 발전시키기 위한 질문들을 함으로써 이 주해적 아이디어를 예배로 옮겨오기 위한 몇 가지 방법들을 떠올리게 되었다.

① 우리는 왜 하나님께 찬양해야 하는가? - 기쁨(Rejoice)

"우리는 하나님을 찬양해야 하는 이유는…
- 그의 목자 같은 돌보심 때문이다."
- 잃어버린 자에 대한 그의 열정 때문이다."
- 잃어버린 자를 찾으려는 그의 고집 때문이다."
- 잃어버린 자를 찾기 위해 자신이 기꺼이 고통당하심 때문이다."
- 잃어버린 자의 회복에 대한 그의 기쁨 때문이다."
- 잃어버린 자의 회복에 대한 자신의 기쁨을 나누기 위한 그의 초대 때문이다."

② 우리는 무엇을 하나님께 고백해야 하는가? - 회개(Repent)

"우리는 하나님께 고백해야 한다…
- 그리스도로부터 분리된 우리 자신의 잃어버림을."
- 우리의 무관심과 심지어 잃어버린 사람에 대한 혐오감을."
- 잃어버린 자를 돌아오게 하는 그리스도의 사명을 계속하지 못하는 우리의 저항을."
- 잃어버린 자가 돌아오는 것에 대한 하나님의 기쁨을 마지못해 나누는 우리를."
- 잃어버린 자의 회복을 그들과 함께 축하하기 거절하면서 하나님의 공동체로부터 분리되는 우리를"

③ 우리는 무엇을 하나님께 간구해야 하는가? - 요청(Request)

"우리는 하나님께 요청해야만 한다…

- 잃어버린 자에 대한 하나님의 마음을."
- 그리스도 안에서 찾아야 할 잃어버린 사람들을."
- 잃어버린 사람을 계속 찾으려는 목자와 같이 되는 우리의 성숙을."
- 그리스도로부터 멀리 떨어진 사람들을 찾기 위해 특별한 소명을 가진 선교사, 중독 상담가, 그리고 여러 사람을 위한 기도를."

④ 우리는 무엇을 하나님께 드려야 하는가? - 희생(Sacrifice)

"우리는 하나님께 올려드려야 한다…

- 잃어버렸다가 찾은 우리 자신의 간증을."
- 어떠한 대가를 치르고도 잃어버린 자를 찾으려는 우리의 간증을."
- 그리스도가 여전히 "죄인"들과 함께 식사하신다는 경험적 증거로서의 성만찬을."

⑤ 우리는 어떻게 하나님을 위해 살아야 하는가? - 섬김(Service)

"우리는 하나님을 위해 살아야 한다…

- 우리 주위에서 잃어버린 자를 찾는 목자의 눈과 아무리 희미한 소리라도 도움을 구하는 그들의 외침을 들을 수 있는 목자의 귀로."
- 잃어버린 자를 찾을 때까지 어려움을 참아내는 목자의 끈기로."
- 잃어버린 자의 돌아옴을 기꺼이 기뻐함으로."

이 비유와 더불어 성경 전체에 있는 목자 이미지의 중심성이 누가복음 15:1-7에 근거한 예배를 위한 길잡이가 되는 은유를 제공한다.[2] 이 이미지는 예배를 위한 개별 요소들을 선택하고 발전시키기 위한 풍부한 자료들을 제공해 왔다.[3]

시편 100편에 근거한 전통 찬송가, "만복의 근원 하나님"(All People That on Earth Do Dwell)은 오프닝 모임 초반의 부름의 찬송으로 적합할 것이다. 이 곡이 비유에 나오는 공동체가 함께 기뻐하는 특징을 드러내기에 적합할 뿐만 아니라, 2절("우리는 그의 백성, 그가 우리를 먹이시네, 그리고 그의 양떼로 그가 우리를 이끄시네")에서 목자와 양의 이미지를 보여주기 때문이기도 하다. 이 이미지는 시편 95:6-7의 예배로의 부름(the call to worship)에서 더 분명하게 드러낼 수 있다.

> 인도자: 오라 우리가 굽혀 경배하며
> **회　중: 우리를 지으신 여호와 앞에 무릎을 꿇자!**
> 인도자: 그는 우리의 하나님이시요!
> **회　중: 우리는 그가 기르시는 백성이며 그의 손이 돌보시는 양이기 때문이라!**

---

[2] 성경 전체에 걸친 목자에 모티프의 중심성에 대한 더 많은 내용은 다음을 보라. Timothy S. Laniak, *Shepherds After My Own Heart: Pastoral Traditions and Leadership in the Bible* (Downers Grove, IL: InterVarsity, 2006).

[3] 이와 유사하게, 잃어버린 것을 다시 찾는 삼총사 비유의 마지막에 나오는 아버지 이미지(탕자 비유, 눅 15:11-32)도 풍성한 자료들을 만들어 낸다. 대조적으로, 중간에 있는 잃어버린 동전(눅 15:8-10)은 성실한 가정 주부로서 하나님의 이 이미지를 반영하는 예배의 자료들을 만듦에 있어 더 많은 독창성을 필요로 한다.

이 본문은 다수의 현대 작곡가들이 찬양으로 만들어 왔고 기쁨의 찬송 세트에 포함할 수 있는데, 예를 들어 "오라 우리가 굽혀 경배하자"(Come Let Us Worship and Bow Down, Fernando Ortega, 2006)와 "와서 주께 경배하자"(Come Worship the Lord, John Michael Talbot, 1990)가 있다.

또한 목자와 양의 이미지는 자연스럽게 고백의 기도로 이어지게 할 수도 있다. 이러한 기도들을 세워가는 하나의 방법은 다음과 같다.

> 회 중: 양들의 좋은 목자이신 예수님,
> 당신으로 인하여 잃어버린 자들을 찾게 되고
> 그 당신의 품인 교회로 들어옵니다.
> 우리를 먹이소서, 우리가 만족하리이다.
> 우리를 치유하소서, 우리가 온전하리이다.
> 우리를 인도하소서, 우리가 당신과 함께 거하리이다.
> 우리를 씻기소서, 우리가 깨끗하게 씻긴 양털같이 되리이다.
> [침묵의 고백]
> 인도자: 오 주님! 우리의 죄를 용서하소서!
> 회 중: 그리고 우리의 믿음을 채우소서. 아멘.

이사야 1:18은 용서의 보증을 위해 이 이미지를 선택한다.

> 오라 우리가 서로 변론하자 너희의 죄가 주홍 같을지라도 눈과 같이 희어질 것이요 진홍 같이 붉을지라도 양털 같이 희게 되리라(사 1:18).

예배를 여는 움직임인 "하나님은 우리를 자신에게로 모으신다"로부터 "하나님은 자신의 말씀을 통해서 우리에게 말씀하신다"라는 두 번째 움직임으로 옮겨가면서, 성령의 조명하심을 바라는 기도는 주인으로서 하나님 그리고 목자로서 하나님의 이미지를 시편 23편의 이미지와 함께 보여주면서 이후 예배에 있을 성만찬의 기념을 향하도록 한다.

> 주님! 당신은 우리의 좋은 목자이자 우리의 좋은 주인이십니다. 당신은 우리의 깊은 필요를 만족시키기 위해 우리가 먹고 마실 수 있는 곳으로 인도하십니다. 당신은 우리의 적들 앞에서 우리를 위한 상을 준비하십니다. 이제 당신의 소리를 듣고 당신의 말씀에 순종하기 위해서 우리의 마음을 준비하게 해주소서. 그것을 위해 당신은 참된 믿음과 사랑과 감사가 있는 당신의 상 주위에 우리를 모으셨습니다. 아멘.

성경읽기 시간에는 에스겔 34:11-16을 추가하는 것이 잃어버린 양을 찾는 목자로서 그려진 하나님의 이 이미지에 대한 구약적 배경을 보여준다. 그리고 누가복음 15:1-7을 읽으면, 회중들은 성경에 정통한 바리새인 청중들에게 주는 예수님의 미묘한 주장—자신이 에스겔이 예언한 것을 성취할 것이라는 주장—을 듣고 이해할 준비가 된 것이다.

> 주 여호와께서 이같이 말씀하셨느니라 나 곧 내가 내 양을 찾고…찾아서…그것들을 건져내리라(겔 34:11-12).

비유가 이야기 형태로 원래부터 갖고 있는 극적인 특성 때문에, 누가복음 15:1-7을 읽는 것은 설교의 한 부분으로 또는 설교에 더하여 그것을 드라마 팀이 공연함으로 보충할 수도 있다.

말씀이 우리의 반응을 요구하게 되면서, 예배는 세 번째 움직임인 "하나님은 우리가 반응하도록 움직이신다"로 이동해 가는데, 그리스도가 찾아오신 것 또는 그리스도와 함께 파송 받은 것과 관련된 다양한 개인적인 간증들을 나눌 수 있다. 예를 들어 이제 막 돌아온 단기 선교 팀은 그들의 사역현장에서 어떻게 그리스도를 찾을 수 있었는지에 대해서 나눌 수 있을 것이다. 다른 경우에는 최근에 치명적인 위험에서 회복된 회중의 일원들이 자신들이 "사망의 음침한 골짜기"를 지날 때 목자처럼 인도하신 그리스도를 경험한 것에 관해 간증할 수도 있다.

잃어버린 사람들을 위한 기도를 구성할 때는 "성 프란시스의 기도"라고 불리는 회복의 움직임을 강렬하게 연상시키는 기도(알코올 중독자 모임[Alcoholics Anonymous]의 회원들은 이것을 "11단계 기도"라고 부른다)를 중보와 간구 중심의 기도로 바꾸어 사용할 수 있다.

> 주여! 우리를 평화의 도구로 써주소서
> 미움이 있는 곳에 사랑을 심게 하소서
> 아픔이 있는 곳에 용서를
> 의심이 있는 곳에 믿음을
> 절망이 있는 곳에 희망을
> 어둠이 있는 곳에 광명을
> 슬픔이 있는 곳에 기쁨을…
> [구체적인 사람들과 상황들을 위해 짧은 언급 또는 침묵 기도]
> 오 거룩하신 주여! 우리가 이렇게 구하게 하소서
> 위로받기보다는 위로하기를
> 이해받기보다는 이해하기를
> 사랑받기보다는 사랑하기를
> 우리는 내어줌으로써 받게 되고
> 우리는 용서함으로써 용서받고

그리고 우리가 죽음으로써 영생을 얻기 때문입니다. 아멘.

성만찬 찬송가로 "나는 기쁨으로 나아갑니다"(I Come With Joy, Brian Wren, 1968; 1977)는 전환, 즉 기도에서 헌금으로, 헌금에서 성만찬으로의 전환을 나타내는데, 비유에 나오는 목자가 잃어버린 양을 찾은 것을 축하하는 잔치를 여는(6절) 이미지를 고른 것이다. 이와 같은 정서적 어조는 성만찬에 들어가는 일반적인 말들이 어떻게 전해지고 들려야하는지에 영향을 미친다.

"형제자매 여러분! 이것은 하나님의 백성들이 누리는 기쁨의 만찬입니다."

심지어 "에워싼 식탁 테이블"이 비록 배타적이게 보일지라도 다음과 같이 말함으로써 초대로 제공될 수 있다.

> 이것은 주님의 테이블입니다. 오직 주님의 백성만을 위한 것입니다. 그러나 예수 그리스도를 구세주 그리고 하나님으로 신뢰하는 사람은 누구든 모두 초대하고 하나님이 준비하신 풍성함을 나누려합니다.

누가복음 15:1-7에 근거한 이 예배의 마지막 움직임인 "하나님은 우리가 섬기도록 보내신다"에서 파송의 곡으로 "사랑의 왕 나의 목자는"(The King of Love My Shepherd Is)이라는 시편 23편에 근거한 전통 찬송곡과 함께 목자의 주제로 돌아오게 된다. 다음과 같이 회중에게 부여하는 사명을 말함으로써, 설교와 예배의 "빅 아이디어"를 강화한다.

> 하나님께 소중한 잃어버린 사람을 찾기 위해서 예리한 눈과 예리한 귀를 가진 목자처럼, 당신은 이제 하나님의 세상 속으로 나아가 한 주간

을 살아가십시오.

강복선언은 모든 이들에게 그리스도가 그들을 찾기 위해 하신 일과 그들이 그리스도의 목자적 사명을 나눌 수 있도록 하신 모든 것을 일깨운다.

양들의 큰 목자이신 우리 주 예수를 영원한 언약의 피로 죽은 자 가운데서 이끌어 내신 평강의 하나님이 모든 선한 일에 너희를 온전하게 하사 자기 뜻을 행하게 하시고 그 앞에 즐거운 것을 예수 그리스도로 말미암아 우리 가운데서 이루시기를 원하노라 영광이 그에게 세세무궁토록 있을지어다 아멘(히 13:20-21).

## 2. 구약 선지서: 미가 5:2-5 (대강절)

구약 본문의 예로 돌아와서도, 본문의 "빅 아이디어"가 예배를 형성하기 위해서 교회력과 성서정과를 통과해서 어떻게 활용될 수 있을지 고려해 보자.

대강절 기간은 크리스마스 전 네 번의 주일에 걸쳐있고, 교회력으로 한 해의 시작이라고 여겨진다. 그 초점은 그리스도의 오심, 즉 성탄일에 있었던 그의 첫 번째 오심과 최후에 있을 그의 두 번째 오심을 기다리는 데 있다. 대강절의 중요성은 준비와 열망의 절기 안으로 들어서는 것이기 때문에 우리는 성탄절을 더 온전히 즐거워할 수 있고 더불어, 그리스도의 다시 오심을 더 성실하게 열망할 수 있다.

미가 5:2-5 상반절은 개정공동성서정과(Year C)의 대강절 네 번째 주일을 위한 첫 번째 성서정과 읽기이다. 이것은 대강절의 처음 세 주일동안 사용된 메시야의 오심에 대한 다른 구약 예언들(렘 33:14-16, 말 3:1-4, 습 3:14-20)과 유사하다. 네 번째 주에 읽게 되어 있는 다른 읽기 본문들은 시편 80:1-7, 히브리서 10:5-10, 누가복음 1:39-55이다.

앞선 대강절 주일의 설교들은 모두 구약의 성서정과 읽기에 기초한다. 또 각 예언에 있는 생생한 이미지들을 골라서 성탄절 노래의 제목을 바꾸어 그 이미지들에 맞춘다. "성탄절에 내가 원하는 것은 바로 당신"(All I Want for Christmas Is You)을 "성탄절에 내가 원하는 것은…한 가지"(All I Want for Christmas Is…a Branch; 렘 33:14-16), "…깨끗하게 하는 비누"(Some Soap; 말 3:1-4), 그리고 "… 본향"(a Home; 습 3:14-20) 등과 같이 말이다. 이를 미가 5:2-5 상반절에 대한 주제로 이어가기 위해서는 이렇게 된다.

"성탄절에 내가 원하는 것은…한 다스리는 자"(All I Want for Christmas Is…a Ruler).

이 본문을 위한 주제 질문은 이것이다.

미가는 약속된, 신실하게 장차 오실 이스라엘의 지도자가 갖는 특성이 무엇이라고 말하는가?

보충어 대답은 이것이다. 미가는 말하기를 그 지도자는 베들레헴에서 태어날 것이고(2절), 상고의 근본을 가지고(2절), 목자와 같이 인도하고(2절), 평강을 가지고 온다(5절). 주해적 아이디어를 얻기 위해 주제 질문과 보충어 대답을 합하면 이렇게 된다. 미가는 약속된 성실한 장차 오실 이스라엘의 지도자의 특성을 이렇게 말하고 있는데, 그는 베들레헴에서 태어날 것이고, 상고의 근본을 가지고, 목자와 같이 인도하고, 평강을 가져다준다.

설교적 아이디어는 이 예언을 성취시키는 예수님의 신분증명을 분명히 하는데, 그것은 성탄절로 축하받는 베들레헴에서 그의 태어남으로 시작된다. 예수님이 우리 성탄절의 왕이시기에 그분이 리더십에 대한 우리의 척도가 된다.

이러한 아이디어들을 5가지 예전을 발전시키는 질문들에 대입해보자.

① 우리는왜 하나님께 찬양해야 하는가? - 기쁨(Rejoice)
"우리가 하나님을 찬양해야 하는 이유는…
- 그의 목자 같은 다스리심, 즉 그의 백성에게 공급하고 지키고 지도하심 때문이다."
- 그의 평화로운 다스림이다."
- 그의 성실하심, 즉 베들레헴에서 예수의 탄생으로 자신의 백성들에게 한 자신의 약속을 성취하는 성실하심 때문이다."

② 우리는 무엇을 하나님께 고백해야 하는가? - 회개(Repent)
"우리는 하나님께 고백해야 한다…
- 그의 다스림에 대한 우리의 저항과 반역을."
- 하나님과 다른 사람들, 그리고 피조물로부터 멀어짐을."
- 섬기기보다 다른 사람들을 지배하고, 우리의 유익을 위해 권한을 사용하려는 경향성을."
- 자신의 약속을 이루어가는 하나님의 시간표를 기다리지 못하는 우리의 조급함을."

③ 우리는 무엇을 하나님께 구해야 하는가? - 요청(Request)
"우리는 하나님께 요청해야 한다…
- 목자와 같은 리더들을."

- 이 땅에서 누리는 그의 평화를."
- 그리스도의 다시 오심을 기다리는 참을성과 끈기를."

④ 우리는 무엇을 하나님께 드려야 하는가? - 희생(Sacrifice)

"우리는 하나님께 올려드려야 한다…
- 집, 학교, 일터, 지역사회, 시, 국가, 세계 그리고 교회에서 리더로 섬기는 사람들을."
- 목자의 주제에 관련된 특별한 음악(예를 들어 "한 밤에 양치는 자")를."

⑤ 우리는 어떻게 하나님을 위해 살아야 하는가? - 섬김(Service)

"우리는 하나님을 위해 살아야 한다…
- 우리의 영향력이 닿는 한도 내에서 목자와 같은 리더십을 나타내는 것으로."
- 우리의 집, 학교, 일터, 지역사회, 국가, 세계, 교회에서 평화를 추구하는 것으로."

"하나님은 우리를 자신에게로 모으신다"라는 예배의 첫 번째 움직임에서 시편 24:7-10에 근거한 전통적인 대강절 찬송인 "영원한 문아 열려라/ 새 임금 들어가신다/ 만왕의 왕이 오시니/ 만민의 구주시로다"(Georg Weissel, 1642; 번역 Catherine Winkworth, 1855)를 회중들이 부름으로써 그리스도의 왕적 신분이 그 위에 적힌 "기쁨으로 기다리자"(Wait with Joy)라는 배너 행렬과 더불어 더욱 가시화된다.

예배로의 부르심은 과거와 현재의 초점을 요한계시록 1:5-6의 성경 메시지 버전을 사용한 미래로 옮겨간다.

인도자: 우리를 사랑하는 예수 그리스도께 영광과 능력이 영원하기를!

회　중: 그는 자신의 피로 우리를 죄에서 해방시키셨고

인도자: 그는 우리를 성부를 위한 나라와 제사장으로 삼으셨으니

회　중: 영원토록 그에게 영광과 능력이 있기를 원합니다!

모　두: 우리 하나님을 예배합시다!

미래에 대한 초점은 요한계시록에 나오는 그리스도에 대한 다른 이미지를 보여주는 노래, "유다의 사자"(Robin Mark, 1997)로 이어진다.

　　대강절 절기 내내 연속성을 유지하기 위해, 매 주일마다 이사야 59장(1-2, 9, 12, 16, 20절)에 근거한 고백의 기도를 사용하였고, 대강절 화환에 조명이 비치도록 무대를 설치했다. 각각의 이어지는 주일마다 다른 초를 밝혀서, 성탄절에 그리스도가 오심으로 그리고 그분의 최후의 오심이 가까워지면서 어두움에서 빛으로의 이동을 나타낸다.

인도자: 여호와의 손이 짧아 구원하지 못하심도 아니요 귀가 둔하여 듣지 못하심도 아니라.

회　중: 오직 우리 죄악이 우리와 우리 하나님 사이를 갈라놓았고,
　　　　우리 죄가 우리에게서 그의 얼굴을 가리게 하여
　　　　그가 우리를 듣지 않으시게 되었다.

　　　　[침묵의 고백]

인도자: 우리가 빛을 바라나 어둠뿐이요
　　　　밝은 것을 바라나 캄캄한 가운데에 행하게 되었다.

회　중: 이는 우리의 허물이 주의 앞에 심히 많으며
　　　　우리의 죄가 우리를 쳐서 증언하며
　　　　우리의 허물이 우리와 함께 있으며
　　　　우리의 죄악을 우리가 알고 있다.

[침묵의 고백]

인도자: 주께서 사람이 없음을 보시고
　　　　중재자가 없음을 이상히 여기셨으므로
　　　　자기 팔로 스스로 구원을 베푸시고
　　　　자기의 공의를 스스로 의지하셨다.
회　중: 여호와의 말씀이니라.
　　　"구속자가 시온에 임하며 야곱의 자손 가운데에서 죄과를 떠나는 자에게 임하리라."
회중 찬양: 오! 베들레헴의 거룩한 아기
　　　　우리가 기도하니 우리에게 오소서.
　　　　우리의 죄를 쫓아버리고 우리 속에 오소서.
　　　　오늘 우리 안에 오소서.
　　　　성탄절 천사의 소리가 들리니
　　　　큰 기쁨의 소식을 전하네;
　　　　오! 우리에게 오셔서 우리와 함께하소서.
　　　　우리 주 임마누엘!

고백의 기도을 마치면서 친숙한 캐롤 곡인 "오 베들레헴 작은 골"에 넣어 부름으로써, 대강절에 우리가 기다리고 있는 것을—성탄절에 행할 축하의 축포를 여기에서 쏘지는 말고—미리 가리키며, 그리스도의 첫 번째 오심의 중요한 목적이 죄 용서가 가능하도록 만드시는 것이라는 것을 강조한다. 이 예는 찬송이 우리 입술의 말과 우리 마음의 묵상들을 이어주면서 고백하는 데 얼마나 효과적인 도구가 될 수 있는지 보여준다.

　　용서의 확신은 우리의 성탄절의 왕이신 그리스도가 우리 죄를 궁극적으로 용서할 수 있는 유일한 분임을 강조한다.

누가 정죄하리요? 오직 그리스도! 그리스도는 우리를 위하여 죽으셨을 뿐 아니라, 그리스도는 우리를 위하여 살아나셨고, 그리스도는 우리를 위하여 하나님 우편에서 다스리시고, 그리스도는 우리를 위하여 간구하신다. 누구든지 그리스도 안에 있으면 그들은 새로운 피조물이라. 이전 것은 지나갔으니, 보라 새 것이 되었도다!<sup>4</sup>

여러분! 복음의 좋은 소식을 믿으십시오, 예수 그리스도 안에서 우리는 용서받았습니다.

예배가 제1막(부르심)에서 제2막(말씀)으로 넘어갈 때, 대강절 화환에 있는 네 번째 초에 불을 밝히면서 미가 5:2-5의 읽기를 한다. 간단한 소개말은 회중이 성경적 암시들—어떤 사람에겐 친숙하지 않을 수 있는 암시들—의 의미를 알도록 해준다.

"이 본문은 하나님이 다윗의 고향인 베들레헴에서 이스라엘의 가장 위대한 왕, 통치자를 어떻게 세우시는지를 설명합니다."

성경 읽기는 매 주 그리스도가 다스리는 자로 오심을 강조하면서 대강절 화환에 불을 밝히는 것과 함께 진행되는 돌림기도 이후에 진행된다.

인도자: 오소서, 평화의 왕!

**회　중: 오소서, 평화의 왕!**

인도자: 오소서, 임마누엘!

**회　중: 오소서, 임마누엘!**

---

4　롬 8:34과 고후 5:17에 기초함.

연이어 진행되는 성도의 응답의 노래인 "이 아기는 누구인가?"(What Child Is This?)의 후렴구 첫 째 줄에서 설교의 주제가 되는 그리스도의 주 되심이 재차 확인된다. 내용적으로 볼 때, 이것은 대강절 캐럴이라기보다는 성탄절 캐럴에 가깝지만, 묵상의 분위기는 대강절이 갖는 기대하는 성격에 맞으며, 회중 기도 가운데 조용한 묵상의 시간으로 인도하기 위한 분위기를 자아낸다.

설교자는 설교의 중심 주제로부터 나오는 열려있는 묵상 질문을 가지고 침묵 중의 성도들에게 말한다.

> 여러분 마음의 왕좌에 예수님이 앉으신 모습을 그려봅시다. 그의 다스림은 여러분의 삶을 살아가는 데 어떤 영향을 줍니까? 여러분의 힘들고 갈등이 있는 어느 곳에 예수께서 평화를 주시고 싶어 할까요?⋯여러분의 방황으로부터 여러분을 이끌고 당겨주실 예수님이 지니신 목자의 지팡이를 여러분은 어디서 느끼십니까?
> 왕 중의 왕이신 그분이 자신의 구원을 세상 어디에 가져다주고 싶어 하실까요?⋯
> 어디에 자신의 평화를⋯자신의 완전함을⋯자신의 평안을?⋯.

주 되심의 주제는 주요 회중 기도 동안 산재해 있는 성도의 응답 부분에서 다시 드러나게 된다.

"우리의 고민과 감사를 하나님께 가지고 오십시오!"

인도자는 각 기도의 끝에 이렇게 말하고, 회중은 "예수 왕이여, 당신의 나심에 감사드립니다!"라고 답한다. 사실 인도자의 말은 "고요한 밤"(Silent Night)에서 가져온 구절인데, 성탄절을 앞두고 있음을 나타내는 방법이다. 미가 5:2-5의 목자가 가지는 중심 이미지는 특별한 음악의 드림(봉헌)—"목자가 양떼를 지키던 밤에 (While Shepherd Watched Their Flocks by Night)—을 통해 성탄절과 연결된다. 예배는 요한계시록 22:20의 그리스도의 왕 되심과 다시 오심에 대한 최종 확증의 메시지 버전에 근거한 강복선언으로 마친다.

> 요한계시록 끝 부분에 예수님의 마지막 말씀을 들어봅시다.
> "내가 진실로 속히 오리라."
> 그래서 우리는 말합니다.
> "아멘, 주 예수여 오시옵소서!"
> [회중이 함께 반복하도록 표시] "아멘, 주 예수여 오시옵소서!"

바로 이전 세 번의 주일 동안의 "기뻐하라! 기뻐하라! 임마누엘 곧 오시리라 이스라엘!"(Rejoice! Rejoice! Emmanuel shall come to thee, O Israel!)에 이어서, 대강절 캐럴의 후렴구—"오소서, 오소서, 임마누엘"(O Come, O Come, Emmanuel)—가 파송의 부분을 결말짓도록 한다.

### 3. 복음서 [내러티브]: 요한복음 20:1-10(부활절)

"빅 아이디어" 접근이 부활절과 같이 중요한 예배에서 어떻게 적용되는지 보여주기 위해서 교회력의 대강절/성탄절에서 사순절/부활절로 넘어가 보자. 본문은 복음서 내러티브인 요한복음 20:1-20이고 이사야 53:8-12이 추가된다. 구약 읽기 본문들은 사순절 기간 동안에 "고난받는 종의 모습"을 설교의 주제로 선택한다(예를 들어 멍에-마 11:25-30; 사 42:1-4; 놋

뱀-요 3:11-16; 민 21:4-9; 잔-마 26:36-46; 사 50:4-7; 수건-요 13:1-15; 사 52:13-15; 돌-막 12:1-12; 사 53:1-7 등).

이러한 메시지들은 이사야에 나오는 고난받는 종의 예언을 예수께서 성취하는 과정들을 따라가게 하고, 그의 고난에 대한 신약과 구약의 다른 이미지들을 추가해 간다. 부활절 예배를 위한 이미지는 이사야 53:9 "그의 무덤이 악인들과 함께 있었으며 그가 죽은 후에 부자와 함께 있었도다"에 나타나는 "무덤"이다.

요한복음 21:1-10에 대한 주제 질문은 "예수님의 죽음과 매장 후 그 주의 첫날에 예수님의 무덤을 처음 찾아간 막달라 마리아와 베드로와 요한은 무엇을 발견했다고 요한은 말하는가?"이다. 보충어 대답은 "그들은 세마포가 놓여 있는 비어 있는 무덤을 발견했다"이다.

전체 주해적 아이디어는 "요한은 예수님의 죽음과 매장 후 그 주의 첫날에 예수님의 무덤을 처음 찾아간 막달라 마리아와 베드로와 요한이 세마포가 놓여 있는 빈 무덤을 발견했다고 말한다"이다. 설교를 위한 설교적 아이디어는 "무덤은 비었으나 우리의 마음은 가득하다. 죽음조차도 쇠약하게 하지 못하는 평화와 희망 그리고 사랑으로 우리의 마음은 가득하다"이다.

여기에 5가지 예전을 전개하는 질문들에 적용한 결과가 있다.

① 우리는 왜 하나님께 찬양해야 하는가? - 기쁨(Rejoice)

"우리가 하나님을 찬양해야 하는 이유는…

• 빈 무덤 때문이다."

• 예수의 부활에 대한 증언 때문이다."

• 첫 부활절 이래 계속되는 부활의 증언 때문이다."

• 부활의 필연성에 대한 성경의 증언 때문이다."

② 우리는 무엇을 하나님께 고백해야 하는가? - 회개(Repent)

"우리는 하나님께 고백해야 한다…

- 부활의 필연성에 대한 성경적 증언을 이해하는 데 더딘 우리를."
- 예수님의 부활에 대한 증거를 대하는 우리의 믿음 없음을."
- 부활에도 불구하고 계속되는 우리의 두려움과 절망 그리고 고독을."

③ 우리는 무엇을 하나님께 구해야 하는가? - 요청(Request)

"우리는 하나님께 요청해야만 한다…

- 우리의 두려움과 절망 그리고 고독에 대한 평화와 희망과 사랑의 부활."
- 마리아와 베드로 그리고 요한이 처음 공유했던 빈 무덤의 복된 소식이 세계로 전파되도록."

④ 우리는 무엇을 하나님께 드려야 하는가? - 희생(Sacrifice)

"우리는 하나님께 올려드려야 한다……

- 고난받는 종이 되신 그리스도의 희생에 대한 감사를."
- 그리스도의 희생이 하나님에 의해 받아들여진 것을 보여주는 빈 무덤에 대한 감사를."

⑤ 우리는 어떻게 하나님을 위해 살아야 하는가? - 섬김(Service)

"우리는 하나님을 위해 살아야 한다…

- 그리스도의 종으로서, 그의 고난에 참여하는 희생적인 삶에 헌신으로."
- 마리아와 베드로 그리고 요한을 따라 그리스도의 부활과 빈 무덤에 대한 증인으로서 우리의 소리를 더하는 것으로."

부활절은 예배의 초점이 그리스도의 부활에 있기를 요구한다. 그래서 "예수 그리스도 오늘 부활하셨네"(Jesus Christ Is Risen Today; 라틴 찬송, 14세기), "기쁨의 그 부활절이 밝아왔네"(That Easter Day with Joy Was Bright; 라틴 찬송, 5세기; John Mason Neale 번역, 1852), "주님께 영광"(Thine Is The Glory; Edmond Louis Budry, 1884; R. Birch Hoyle 번역, 1923)과 같은 전통적인 찬송가로 수 세기동안 부활절을 축하해 왔으며, "그가 부활했네"(He Is Risen; Matt Maher and Mia Fields, 2009), 또는 "보라 얼마나 영광스런 아침인지"(See, What a Morning; Keith Getty and Stuart Townend, 2003)와 같은 더 현대적인 곡들이 추가될 수 있다.

빈 무덤의 중심성은 마태복음 28:5-6에 나오는 빈 무덤에서 하는 천사의 말을 반복하는 예배로의 부르심에서 강조된다.

> 인도자: 너희는 무서워하지 말라 십자가에 못 박히신 예수를 너희가 찾는 줄을 내가 아노라 그가 여기 계시지 않고 그가 말씀하시던 대로 살아나셨느니라.
>
> **회 중: 그 무덤은 비었네! 우리 기쁨은 넘치네! 할렐루야! 할렐루야!**

익숙한 성경 본문을 사람들이 새롭게 듣게 하는 방법으로 이사야 53:8-12을 번갈아 가면서 읽을 수 있다. 그리고 설교와 예배의 가장 중심의 "빅 아이디어"인 9절과 11절은 회중이 읽도록 한다.

유사한 효과를 위해서, 요한복음 20:1-10을 몇 명의 낭독자가 처음 빈 무덤을 대하는 막달라 마리아와 베드로 그리고 요한의 드라마처럼 만들어서 읽을 수 있다. 설교는 일인칭 내러티브 방식을 사용하여, 그들의 관점을 따라서 설교함으로 그 역동성이 이어지도록 한다.

중보 기도는 부활과 관련된 것에 초점을 맞춘다.

인도자: 그리스도가 부활했으니 하늘과 땅들아 기뻐하라. 할렐루야! 당신은 부활로 지옥의 문을 부수어 죄와 죽음을 멸망시켰습니다.

**회 중: 우리가 죄에 대해 승리하도록 지키소서!**

인도자: 당신은 부활로 죽은 자를 일으키셨고 우리를 죽음에서 생명으로 옮기셨습니다.

**회 중: 영원한 생명의 길로 우리를 인도하소서!**

인도자: 당신은 부활로 경비병들과 집행자들은 혼동에 빠뜨리셨고 제자들에게 기쁨을 채우셨습니다.

**회 중: 당신을 예배하는 우리에게 기쁨을 주소서!**

인도자: 당신은 부활로 여인들과 사도들에게 복음을 보여주었고 온 세계에 구원을 가져다주었습니다.

**회 중: 당신의 새로운 피조물로 우리의 삶을 인도하소서!**

[짧게 말하고 회중은 침묵 기도]

인도자: 자비의 하나님!

우리는 더 이상 죽은 자 가운데서 예수를 찾지 않습니다.

왜냐하면, 그는 살아나셨고 생명의 주인이 되셨기 때문입니다.

죽음의 강물에서 당신은 그와 함께 우리도 일으킵니다.

그리고 우리를 당신의 선물인 생명으로 새롭게 합니다.

우리의 생각과 마음을 열어주셔서

그리스도와 함께하는 부활의 삶을 살아

당신의 백성으로 자라가도록 도우소서.

당신과 함께 영생의 풍성함을 바라도록 도우소서.

우리의 주 그리스도를 통하여

성령님과 함께 다스리시는

한 분 하나님! 이제와 영원까지. 아멘.[5]

히브리서 13:20-21("양들의 큰 목자이신 우리 주 예수를 영원한 언약의 피로 죽은 자 가운데서 이끌어 내신 평강의 하나님이…")에서 온 강복선언은 빈 무덤의 의미를 강조하면서 부활의 중요성과 함께 예배를 마치도록 한다.

## 4. 구약 [내러티브] & 신약 [서신서]: 창세기 2:18-25 & 에베소서 5:21-33(주제설교)

"빅 아이디어" 설교는 보통 성경의 한 본문에 기초한다. 그리고 본문에서 본문으로 그리고 주제에서 주제로 건너뛰기보다는 체계적인 강해를 해가는 경향이 있다. 그러나 주제설교도—심지어 그것이 복수의 본문들이더라도—강해적일 수 있으며 "빅 아이디어" 예배와 같은 접근으로 적용할 수도 있다.

"목적이 이끄는 세계관"이라는 주제 시리즈에서 그 예를 살펴보자. "목적이 이끄는 세계관"은 일, 결혼과 가족, 교육, 돈, 정치와 같은 삶의 기본적인 것들에 대한 하나님의 목적을 탐색한다.

기본적인 질문인 "성(sex)의 목적은 무엇인가?"라는 질문을 살펴보기 위해서, 원래의 더 넓은 맥락(창 2:18-25)안에서, 창세기 2:24("이러므로 남자가 부모를 떠나 그의 아내와 합하여 둘이 한 몸을 이룰지어다")이 설교의 초점이 되며, 이 본문은 결혼에 대한 폭넓은 가르침(엡 5:21-33)의 일부분으

---

[5] *The Worship Sourcebook* (Grand Rapids: CRC Publications, 2004), 648에서 각색함.

로 에베소서 5:31에서도 인용된다.[6] 창세기와 에베소서 본문 모두가 주해되어야 하겠지만, 주제적 접근은 개별 본문의 주해적 아이디어들 이상의 "빅 아이디어"를 형성한다.

설교적 아이디어는 "성(sex)의 목적은 무엇인가?"라는 주제 질문에 이렇게 답한다.

"성(sex)에 대한 하나님의 일차적 목적은 즐거움도 아니고 출산도 아니고, 도리어 서로 간의 연합과 성육신의 신비이다."

이러한 본문에서 가져온 설교적 아이디어를 5가지 예전을 전개하는 질문들에 적용해보자.

① 우리는 왜 하나님께 찬양해야 하는가? - 기쁨(Rejoice)

"우리가 하나님을 찬양해야 하는 이유는…
- 결혼 안에 있는 떠남과 더불어 정서적이고 관계적이고 영적인 통합에 대한 언약적 헌신을 구체적으로 표현하는 방법으로서 한 몸이 되는 선물 때문이다."
- 남자와 여자로서 하나님의 이미지의 충만함의 신비를 구체화하는 방식으로서의 성(sexuality, 창 1:27)과 그리스도와 교회의 연합의 이미지를 구체화하는 방식으로서의 성(sexuality) 때문이다."
- 그리스도가 자신의 신부인 교회를 위해 자신을 내어주는 희생적인 사랑 때문이다."
- 성적인 죄를 포함한, 모든 죄에 대한 하나님의 용서 때문이다."

② 우리는 무엇을 하나님께 고백해야 하는가? - 회개(Repent)

---

[6] 창 2:24은 성(sextuality)을 이해하기 위한 중심적 역할을 하기 때문에 신약에서 가장 많이 인용되는 구약 구절들 가운데 하나이다. 마 19:5-6; 막 10:7-8; 고전 6:16을 참고하라.

"우리는 하나님께 고백해야 한다…
- 하나님의 선물인 성(sexuality)을 왜곡시킨 것을."
- 성에 대한 하나님의 목적에 우리가 얼마나 미치지 못했는가에 대한 결과로서 우리의 죄책, 수치, 상함을."

③ 우리는 무엇을 하나님께 구해야 하는가? - 요청(Request)

"우리는 하나님께 요청해야 한다…
- 성적인 죄로 인한 죄책에 대한 용서, 수치에 대한 회복, 상함에 대한 고침을."
- 독신으로는 정숙을, 결혼에서는 정절을 품을 수 있는 은혜를."

④ 우리는 무엇을 하나님께 드려야 하는가? - 희생(Sacrifice)

"우리는 하나님께 올려드려야만 한다…
- 우리가 드릴 영적 예배인 하나님이 기뻐하시는 거룩한 산 제물로서의 우리 몸을"(롬 12:1).
- 결혼 언약의 갱신을."
- 독신으로서 정숙에 도전과 그 결과적 기쁨에 대한 증언을."
- 건강한 성을 위한 센터의 네트워크를 돕는 특별 헌금을.

⑤ 우리는 어떻게 하나님을 위해 살아야 하는가? - 섬김(Service)

"우리는 하나님을 위해 살아야만 한다…
- 하나님의 선한 선물인 성의 목적을 기뻐하는 결혼생활로."
- 성적인 죄와 절망으로 인해 상처받은 사람들에게 다가가기 위한 특별한 헌신으로."

예배의 오프닝 찬양으로 하나님의 사랑의 렌즈를 통해 인간의 성(sexuality)을 보는 것이 중심이 되도록 예배의 톤을 정한다. "하나님의 크신 사랑"(Love Divine, All Loves Excelling; Charles Wesley, 1747)이 그 예이다. 예배로의 부르심은 주제의 목적을 잘 이해하도록 시리즈를 해 오면서 반복되어 왔으며, 에베소서 1:11-12을 메시지 성경 버전으로 바꾸어서 진행한다.

> 인도자: 우리가 누구인지 그리고 우리가 무엇을 위해 살아야 할지 찾을 수 있는 곳은 그리스도 안에서입니다.
> **회　중: 그는 우리를 지켜보시고 우리가 영광스러운 삶을 살도록 계획을 갖고 계십니다.**
> 인도자: 이것은 모든 일과 모든 사람들 안에서 그가 일하시는 전체 목적의 일부입니다.
> **회　중: 그러므로 그리스도 안에 희망을 둔 우리는 그의 영광을 찬양하기 위해 살아야만 합니다!**
> 함　께: 우리 하나님을 예배합시다!

이 예배로의 부르심은 하나님의 사랑을 강조하며 계속되는 노래들을 통해 기쁨의 시간으로 이어진다. "할렐루야"(Brenton Brown and Brian Doerkson, 2000), "당신의 사랑은 놀라우며 결코 변치 않습니다"(Your love is amazing, steady and unchanging), "당신은 나의 왕"(You Are My King; Billy James Foote, 1996), "주 날 위해 버림받으심으로 나 용서받고 용납됐네/…오 놀라운 주의 사랑/ 오 놀라운 주의 사랑 기쁨으로 경배해/ 내 삶 다해 주 경배해/ 날 위해 죽으신 나의 왕"은 고백의 순서로 옮겨가도록 한다.

　이사야 55:6-9은 하나님의 원래 목적에 대비하여 우리 시각을 비교하면서 시리즈를 위한 고백의 기도를 형성한다.

> 인도자: 하나님을 만날 만한 때에 찾으라
> 　　　　가까이 계실 때에 그를 부르라

>  악인은 그의 길을 버리고
>
>  불의한 자는 그의 생각을 버리고 돌아오라
>
>  긍휼과 용서의 하나님

회　중: 당신이…생각한 그 길을 우리가 생각지 않음을 당신 앞에 고백합니다.

[침묵 고백]

인도자: 긍휼이 많으신 용서의 하나님

회　중: 당신이…가신 그 길로 우리가 가지 않음을 당신 앞에 고백합니다.

[침묵 고백]

인도자: 긍휼이 많으신 용서의 하나님

회　중: 당신이…사랑한 그 길을 우리가 사랑하지 않음을 당신 앞에 고백합니다.

[침묵 고백]

인도자: 우리 하나님께 돌아갑시다. 그가 긍휼히 여기십니다.

　　　　우리 하나님께 돌아갑시다. 그가 너그럽게 용서하십니다.

성(sexuality)이라는 주제가 논쟁을 일으키고 가책을 주는 본성을 가졌기 때문에, 메시지 이후 성도의 응답 시간은 조심스럽고 민감하게 진행할 필요가 있다. 우리의 궁극적이고 일차적인 초점은 성도가 아니고 죄도 아니며, 오직 그리스도, 죄를 용서 하시고 남편과 아내라는 결혼 언약 안에 있는 성을 축복하시는 그리스도에게 있도록 한다.

특정 부분에서 그리스도에 맞춰진 초점은 탕자의 비유에서 달려가는 아버지(눅 15:11-32)로 보여주는, 기꺼이 용서하시는 하나님의 이미지를 가리킨다. 설교로부터 성도의 응답으로 옮겨가는 과정은 이러한 연결을 만든다.

당신의 성적인 죄가 하나님으로부터 영원히 떨어지게 하지는 않을지 만약 당신이 고민하고 있다면, 성적인 죄를 지은 사람인 탕자에 대한 예수님의 이야기를 기억하십시오. 그가 창녀들과 방탕함으로 자신의 유산을 다 낭비해 버렸지만, 그가 자신의 죄로부터 돌이켜 집으로 돌아왔을 때 그를 기다리고 있는 아버지…달려오시는 아버지…그는 용서받았음을 그리고 받아들여지고 사랑받고 있다는 것을 보여주기 위해서….

이렇게 말한 후에는 바로 탕자의 관점에서 말하는 이 이미지에 근거한 노래로 옮겨간다.[7]

**1절**
나는 뒤돌아서 걸어가 버렸지, 당신은 바라만 보네.
나는 곧 시야에서 사라졌지, 당신은 울기만 하네.
내가 가 버린 동안, 당신은 바라고 기도하고.
당신이 멀리서 돌아오는 나를 보았을 때…
당신은 달려오네…당신은 달려오네….

**합창**
당신은 달려오네, 당신의 팔을 활짝 벌리고

---

[7] 나의 회중 가운데, 현대 음악팀의 파트를 담당하는 한 커플(John and Lori Giampolo, 2003)이 이 설교를 위해 쓴 원곡이다.

당신은 달려오네 당신의 눈에 용서를 담고

당신은 서서 기다릴 수 없었네, 잃었다 찾은 날

당신이 멀리에서 나를 보았을 때…

당신은 달려오네…당신은 달려오네….

**2절**

내가 했던 말 그리고 했던 일

나는 당신의 것이라 불릴 자격이 없었지

나는 집으로 향해 왔지

내 죄로부터 멀어지기 위해서

당신이 멀리에서 나를 보았을 때…

당신은 달려오네…당신은 달려오네….

**합창**

**엔딩**

당신은 그냥 서서 기다릴 수 없었네, 그리고 당신의 사랑을 말했지

당신이 멀리에서 나를 보았을 때…

당신은 달려오네…당신은 달려오네…

당신은 달려오네…당신은 달려오네….

노래로부터 조용한 성찰과 묵상을 위해 집중하는 시간으로 옮겨가기 위해서 나는 다음의 질문들을 제안한다.

- 하늘의 아버지가 당신이 성적으로 일으킨 죄를 용서하시려고 당신에게로 달려오고 있습니까?
- 하늘의 아버지가 당신이 성적으로 매인 죄를 풀어주시려고 당신에게로 달려오고 있습니까?

당신이 성적인 왜곡과 유혹의 나라로부터 벗어나서, 당신의 가정에 머물 수 있도록 하늘의 아버지께 도움을 구하십시오.

어려운 것으로부터 벗어나고 싶은 마음과 "정각"에 예배를 마쳐야 하는 압박에도 불구하고 도전적인 메시지가 전해진 후, 특별히 죄책감을 느낄 수 있는 사람들의 마음에 하나님이 말하실 수 있도록 침묵의 시간을 갖는 것은 꼭 필요하다.

다른 환경에서 이와 동일한 메시지를 설교할 때 나는 다른 이미지, 즉 마태복음 11:28-30에 나오는 이미지를 결론에 사용했고, 그리스도께 우선순위를 두는 것으로 성찰과 묵상의 시간으로 옮겨갔다.

원치 않았던 성적인 욕망으로 인해 억압당하는 우리 가운데 있는 사람들에게…끊임없는 욕정으로 괴로워하는 우리 가운데 있는 사람들에게…우리 모든 삶을 향한 하나님의 계획—우리의 성(sexuality)도 포함하여—에 응답하기 위해서 그리스도의 초대를 받아들이고, 그 안에서 내가 찾은 희망을 여러분과 나누고 싶습니다.

"수고하고 무거운 짐진 자들아 다 내게로 오라. 내가 너희를 쉬게 하리라. 나는 마음이 온유하고 겸손하니 나의 멍에를 메고 내게 배우라. 그리하면 너희 마음이 쉼을 얻으리니 이는 내 멍에는 쉽고 내 짐은 가벼움이라." 아멘.

그리스도가 당신에게서 제거하기 원하는 무거운 성적 멍에는 무엇입니까?

그리스도가 당신이 소중하게 여기는 괴로워하고 상처 입은 누군가로부터 제거하기를 원하는 무거운 성적 멍에는 무엇입니까?

지금 그것을 없애주시기를 그리스도께 기도합시다….

자유로운 중보기도와 감사기도를 위해서 인도하는 각 부분들을 마치면서, 주된 기도는 시리즈의 목적이 되는 주제 가운데서 고른다.

"주여! 당신의 뜻이 땅에서 이루어지기를 원합니다."

거기에 회중은 응답한다.

"하늘에서 이루어진 것과 같이!"

로마서 12:1로 헌금 시간으로 들어간다.

"그러므로 형제들아 내가 하나님의 모든 자비하심으로 너희를 권하노니 너희 몸을 하나님이 기뻐하시는 거룩한 산 제물로 드리라 이는 너희가 드릴 영적 예배니라."

예배의 마지막 움직임인 "하나님은 우리가 섬기도록 보내신다"에서 "오 신실하신 주"(Great Is Thy Faithfulness; Thomas Chisholm, 1923)를 함께 부름으로써 하나님의 백성들이 성실하게 살아가는 데 필요한 것을 공급하시는 하나님의 사랑과 헌신을 강조한다.

로마서 8:28에서 가져온 강복선언은 때때로 믿는 자들이 하나님의 목적대로 살아내는 것에 실패하고 세상에서 그렇게 하는 것에 반대를 직면하더라도, 그의 목적을 이루어내는 하나님의 능력을 재확증한다. 왜냐하면, 이 구절은 이 "목적" 시리즈 전체에 걸쳐서 주제와 함께 묶여있고 그리고 회중이 일주일 동안 그 말씀과 함께 살아갈 수 있도록 그 말씀을 기억하도록 도와주기 때문이다. 강복선언을 예배 인도자를 따라서 회중이 반복하게 함으로 마친다.

> 하나님을 사랑하는 자
> 그 뜻대로 부르심을 입은 자들에게는
> 모든 것이 합력하여 선을 이룬다는 것을
> 우리는 압니다.

### 5. 신약 서신서: 디도서

대부분의 사람들이 강해설교를 생각하면 성경 중 단 한 권의 책, 구체적으로 바울 서신들 가운데 한 권에 대한 체계적인 탐구를 생각한다. 디도에게 보낸 바울의 편지에 근거한 네 주간의 설교 시리즈의 한 부분이 되는 예배를 예로 들어, 그 상황에서 예배의 "빅 아이디어" 접근을 어떻게 적용하는지 살펴보자. 시리즈 전체의 제목 "디도서: 가치 있는 삶을 위한 믿음"은 이 짧은 책 안에 있는 적용의 중심성을 강조하고 있다.

주별로 본문을 어떻게 나누었는지 보자.

제1주: 디도서 1:1-16: **리더십에서** 가치 있는 삶을 위한 믿음
제2주: 디도서 2:1-8: **가정에서** 가치 있는 삶을 위한 믿음
제3주: 디도서 2:9-15: **일터에서** 가치 있는 삶을 위한 믿음
제4주: 디도서 3:1-15: **공동체에서** 가치 있는 삶을 위한 믿음

디도서 2:9-15에 근거한 예배를 이 구문의 독특한 요소들뿐만 아니라 시리즈 전체가 공유하는 요소들도 주의 하면서 세부적으로 살펴보자. 이 구절들을 위한 주제적 질문은 "디도에게 주는 바울의 가르침에 따르면 믿는 종은 그들의 주인에게 어떠한 관계를 가져야만 하며 왜 그렇게 해야 하는가?"이다. 보충적 답은 "믿는 종은 그들의 주인에게 존경으로 대해야 한다. 왜냐하면, 그 믿음의 종들이 성실하게 살아갈 수 있도록 하나님이 은혜를 주셨기 때문이다"가 된다.

전체 주해적 아이디어는 "디도에게 주는 바울의 가르침에 따르면 믿는 종들은 그들의 주인들에게 존경으로 대해야 하는데, 그 이유는 하나님이 그들이 성실하게 살 수 있도록 그들에게 은혜를 주셨기 때문이다"라는 것이고, 설교를 위한 설교적 아이디어는 "당신이 자신이 하는 일을 보여준다면 당신은 나에게 하나님을 보여주는 것이다!"이다.

예전을 위한 5가지 발전적 질문들을 디도서 2:9-15에 적용했을 때, 다음의 아이디어들이 나오다.

① 우리는 왜 하나님께 찬양해야 하는가? - 기쁨(Rejoice)

"우리가 하나님을 찬양해야 하는 이유는…

- 모든 사람에게 구원을 주시기 위해 나타난 하나님의 은혜 때문이다(11절)."
- 복스러운 소망과 우리의 크신 하나님 구주 예수 그리스도의 영광이 나타나심 때문이다(13절)."
- 모든 불법에서 우리를 속량하시고 우리가 선한 일을 열심히 하는 그의 백성으로 우리를 깨끗케 하신 그리스도의 자기희생 때문이다(14절)."

② 우리는 무엇을 하나님께 고백해야 하는가? - 회개(Repent)

"우리는 하나님께 고백해야 한다…
- 우리 일터에서 우리에게 권위를 갖는 사람들에게 가지는 우리의 반항을."
- 우리가 함께 일하는 사람들에 대한 비방, 험담, 빈정거림을."
- 우리의 고용주로부터 우리에게 속하지 않은 것을 취하는 경향을(10절)."
- 그리스도 안의 신앙인으로서 우리 직업을 손상시키는 믿음 없음을(10절)."
- 우리의 경건치 못함, 세상적인 열정, 자기조절의 부족을(12절)."
- 우리의 악함과 깨끗하지 못함을(14절)."
- 선한 일을 하고자 하는 열심의 부족을(14절)."

③ 우리는 무엇을 하나님께 구해야 하는가? - 요청(Request)

"우리는 하나님께 요청해야 한다…
- 우리가 그 밑에서 또는 함께 일하는 사람들과 관계에 있어서 존경하는 태도를."
- 불경건함과 세상적인 열정을 포기할 수 있는 은혜를."
- 선한 일을 하려는 열심을."

④ 우리는 무엇을 하나님께 드려야 하는가? - 희생(Sacrifice)

"우리는 하나님께 올려드려야 한다…
- 우리 구세주 하나님의 가르침을 빛낼 우리의 사역을."
- 일터에서 신앙으로 살려고 애쓰는 우리의 도전과 그 기쁨에 대한 증언을."

⑤ 우리는 어떻게 하나님을 위해 살아야 하는가? - 섬김(Service)

"우리는 하나님을 위해 살아야 한다…
- 우리의 일과 동료들에 대해서 존경하고, 호의적이고, 성실한 모습으로."
- 우리의 궁극적 주인이신 그리스도께 대한 우리의 충성으로."

바울이 디도에게 보낸 편지의 일관성과 다른 예배들과 연결됨을 보여주는 방법으로서, 몇 가지 예배 요소들은 편지의 다른 부분에서 가져와서 매주 반복하였다. 아래의 예배로의 부름은 디도서 3:4-8의 메시지 성경 버전에 근거하여 약간씩 바꾼 3가지 내용들 중 하나이다.

인도자: 하나님! 사랑과 자비의 우리 구주 하나님! 오시옵소서! 우리 구주 예수 그리스를 통하여 당신은 새 생명을 풍성히 주셨습니다.

**회 중: 하나님의 선물은 하나님과 우리 관계를 회복시키셨고 우리에게 새 생명을 주셨습니다!**

인도자: 이제 우리는 이 상속자의 소망을 가지고 살아갑니다.

**회 중: 우리를 기다리는 더 좋은 삶, 바로 영생의 삶이 있습니다.**

함　께: 우리 하나님을 예배합시다!

고백의 기도는 디도서 2:11-14에 근거한 두 버전 가운데 하나인데, 이것 또한 메시지 성경 버전에 근거하여 조절한 것이다.

인도자: 오 하나님! 구원을 주시는 당신의 은혜가 우리 모두에게 나타났습니다.

**회 중: 여전히 우리가 경건하지 않고 이 세상 정욕을 따라 살아갈 때….**

[침묵 고백]

인도자: 오 하나님! 구원을 주시는 당신의 은혜가 우리 모두에게 나타났습니다.

**회　중:** **여전히 우리가 하나님으로 충만하여 살지 못하고 하나님을 높이지 못할 때….**

[침묵 고백]

인도자: 오 하나님! 구원을 주시는 당신의 은혜가 우리 모두에게 나타났습니다.

**회　중:** **우리가 복된 소망, 우리의 크신 하나님 구주 예수 그리스도의 영광스런 다시 오심을 소망하며 기다리는 동안에도 당신의 은혜 안에 살게 도우소서.**

인도자: 그분은 자신을 희생 제물로 드렸습니다. 우리를 캄캄한 반역의 삶에서 벗어나 우리 삶을 깨끗하게 하여 선한 일에 열심 내는 자기 백성이 되게 하시려고 자신을 드렸습니다.

디도서 3:5("우리를 구원하시되 우리가 행한 바 의로운 행위로 말미암지 아니하고 오직 그의 긍휼하심을 따라 중생의 씻음과 성령의 새롭게 하심으로 하셨나니")은 이 시리즈의 모든 예배를 위한 용서의 확증을 나타내지만, 디도서 2:9-15에 있는 은혜의 중심성에 더 적합한 것으로 에베소서 2:8-9을 제안한다.

"너희는 그 은혜에 의하여 믿음으로 말미암아 구원을 받았으니 이것은 너희에게서 난 것이 아니요 하나님의 선물이라 행위에서 난 것이 아니니 이는 누구든지 자랑하지 못하게 함이라"(엡 2:8-9).

여러분! 복음의 이 좋은 소식을 믿으십시오!

예수 그리스도 안에서 우리는 용서받았습니다.

은혜라는 주제는 중보와 감사의 주된 기도를 마무리하고 성도의 응답으로 초대할 때 자연스레 사용된다.

> 인도자: 주님! 당신의 은혜로 인해
> **회 중: 우리는 감사를 드립니다!**

이 예배의 주제는 "나 같은 죄인 살리신"(Amazing grace)으로 정한 마침 곡에서 다시 강하고 명백하게 강조되는데, 바로 이 곡의 저자 존 뉴턴(John Newton)은 회심한 노예상인이었기 때문이다.

헌금송인 "주님, 당신은 호숫가로 오셨지요"("Tú Has Venido a la Orilla"의 번역 곡)는 그리스도를 영화롭게 하기 위해서 어부와 같이 비천한 직업도 어떻게 사용하실 수 있는지를 강조한다.

> 당신은 어느 날 호수가로 오셨지요
> 현명한 자도 부유한 자도 찾지 않고
> 당신은 나를 택했고 나는 따를 수밖에요
> 당신은 내가 가진 것이 너무 적은 걸 알았지요
> 내 보트에는 돈도 무기도 없었고
> 당신이 찾은 거라고는 거물과 나의 힘뿐
> 당신은 내 손의 돌봄이 필요했지요
> 나의 피로함이 부디 다른 이의 쉼이 되기를
> 당신은 그저 계속되는 사랑이 필요했지요.[8]

---

8  Cesáro Cabaráin, 1979; trans. Certrude Suppe, George Lockwood, and Raquel Achón, 1988.

설교 후에 한 교사는 자신의 직업을 통해서 자신의 믿음대로 살아가려고 어떻게 노력했는지에 대해 간증을 나눈다. 또한 그녀는 목사와 함께 디도서 1:2-4에서 변형한 강복선언을 낭송한다.

> 예배 조력자: 우리의 믿음과 지혜는 영생의 소망 안에 있습니다.
> 식언치 않으시는 하나님은 세상이 시작되기 전에 약속하셨습니다.
> 목　　사: [함께 축복을 나누게 하도록, 회중들이 함께 반복 부분을 따라하도록 하면서]
> 우리가 함께 지닌 믿음 안에서 한 가족된 여러분에게!
> 하나님 아버지와 예수 그리스도 우리 구세주로부터 은혜와 평강이 넘치시길 빕니다.

## 6. 시편 136편: 강해적 교리 설교 시리즈

얼마나 다양한 성경 본문들과 상황들이 다양한 방식으로 예배를 형성하는지에 대한 마지막 예를 찾아 시편으로 돌아가 보자. 시편 136편은 시편송(Psalter) 가운데 탁월한 감사시(感謝詩) 중 하나이다.[9] 그 자체로 이 본문은 11월 설교 시리즈로 추수감사절에 대한 미국적 축하 의식에 아주 잘 맞는다.

또한 시편 136편은 교리에 중점을 둔 예배를 위한 좋은 모델을 제공하는데, 거기에는 히브리어 헤세드(hesed)라는 중심되는 반복 후렴을 그

---

[9] 감사시는 고백시나 비탄시처럼 시편의 몇 가지 주요 범주들 가운데 하나이다.

특징으로 갖는데, 이 단어는 하나님의 신적 본성인 그의 백성에 대한 사랑과 약속에 성실하심으로 요약된다.

시편 136편은 총 26절로 구성되어 있지만, 전체적으로 한 편의 설교/예배를 구성할 수 있는 하나의 사상의 단위가 될 수 있다. 그러나 시의 구조는 4가지 자연스런 구분들을 가지는데, 각각은 그 자체로 의미를 가진다. 시편을 강해 시리즈로 나누는 것이 복음서나 서신서에서 장을 나누는 것보다 더 이상해 보일수도 있지만, 원리는 동일하다. 성경적 사상의 문학적 단위가 있는지 확인하라.

시편 136편의 주된 주해적 아이디어는 1절에서 요약된다.

"여호와께 감사하라 그는 선하시며 그 인자하심이 영원함이로다."

반복되는 "왜냐하면"(for)은 주제가 되는 질문을 제안한다.

"시편 기자는 왜 예배자들에게 하나님께 감사드리라고 명령하는가?"

보충어 해답은 이렇다.

"왜냐하면, 그는 선하시고 그 인자하심이 영원하시기 때문이다."

주제 질문과 보충어 대답을 함께 놓으면 완성된 주해적 아이디어가 나온다.

"시편 기자는 예배자들에게 하나님께 감사드리라고 명령하는데, 이는 하나님이 좋으시고 그의 인자하심이 영원하기 때문이다."

시편에 대한 4가지 주제별 세부적 구분은 전체 주해적 아이디어를 지지하고 확장한다. "그는 선하시며 그 인자하심이 영원함이로다"라는 후렴구는 하나님과 그 백성과의 관계의 기초로서, 헤세드라는 중심 교리의 주제를 가리키면서 4가지 주제들에 함께 묶여있다.

1-4절은 '헤세드'라는 하나님의 성품에 감사를 드리는 데 초점이 맞추어져 있다. 5-9절은 하나님의 헤세드가 어떻게 그의 창조를 통해서 보

이는 지에 대한 감사함으로 옮겨간다. 4절에 따르면 창조가 하나님이 홀로 하신 "기이한 일들" 가운데 첫 번째 예가 되는데, 엔딩에서 다시 나올 때까지 1-3절에 있는 "감사하라"의 반복이 넘쳐흐르는 특색을 이루고 있다. 하나님의 헤세드의 놀라운 본질을 드러내기 위해서 감사해야 하는 다양한 이유들에 대해 강조함으로써, '감사함'은 마땅히 해야 하는 것이 된다.

시편의 세 번째 주요 세부 부분인 10-22절은 구속의 역사 가운데 특별히 출애굽과 첫 약속의 땅 정복이 어떻게 하나님의 헤세드를 드러내는지를 회고한다. 23-26절은 과거에서 현재로 이동하여 하나님의 자신의 백성을 향한 계속되는 인자하심을, 즉 하나님의 영원한 헤세드의 표현으로 강조된다.

예전을 형성하는 5가지 발전적 질문들은 시편 136편 전체와 각 세부 단락들에 적용하여 전체 시리즈와 각각의 개별 예배를 형성하는 방법을 살펴보자.

① 우리는 왜 하나님께 찬양해야 하는가? - 기쁨(Rejoice)

"우리가 하나님을 찬양해야 하는 이유는…

- (시 136편 전체)
  > 하나님이 자신의 백성과 맺은 언약관계로 표현한 영원하고 변치 않는 사랑 때문이다."
- (1-4절)
  > 하나님의 인격적이고 관계적인 성품('주' = 여호와, 하나님의 언약의 이름) 때문이다."
  > 하나님의 도덕적 성품('선하심') 때문이다."
  > 하나님의 비교할 수 없는 뛰어남과 다스림의 성품('신들 중의

신', '주들 중의 주') 때문이다."
　　> 하나님이 행하시는 기이한 일들 때문이다."
- (5-9절)
　　> 우주가 생겨나도록 하신 하나님의 지혜 때문이다."
　　> 피조물들이 제 역할을 하도록 하신 하나님의 질서 잡힌 계획 (해, 달, 별을 다스림) 때문이다."
- (10-22절)
　　> 하나님의 언약의 약속 성취를 위한 역사에서 보이는 구속의 놀라운 행동 때문이다."
　　> 하나님의 언약의 백성을 위한 하나님의 기업 때문이다."
- (23-26절)
　　> 비천한 가운데 있는 백성들을 향한 하나님의 인자하심 때문이다."
　　> 적들에게서 자신의 백성을 건져내신 하나님 때문이다."
　　> 우리의 필요를 채우시는 하나님 때문이다."

② 우리는 무엇을 하나님께 고백해야 하는가? - 회개(Repent)
　　"우리는 하나님께 고백해야 한다…
- (시 136편 전체)
　　> 하나님의 변치 않는 성실하심에 대한 우리의 변덕스럽고 신실하지 못함을."
　　> 우리의 배은망덕과 자기만족을."
- (1-4절)
　　> 우리에게 있는 선함의 부족을."
　　> 우리 자신을 높이거나 하나님보다 다른 것을 높이는 우리의

성향을."
- (5-9절)
  - 하나님의 이미지로 만들어진 대신 다스리는 자로서 하나님의 창조세계를 다스림에 있어 우리의 부족한 청지기 정신을."
- (10-22절)
  - 역사에서 하나님의 구속의 사역을 잊어버리는 우리를."
  - 미래에 대한 우리의 두려움들을."
- (23-26절)
  - 하나님이 우리를 잊어버리셨다는 우리의 비난을."
  - 우리의 풍요와 그로 인한 가난한 사람들에 대한 무관심과 빈곤과 싸우는 데 게으름을."

③ 우리는 무엇을 하나님께 구해야 하는가? - 요청(Request)

"우리는 하나님께 요청해야 한다…
- (시 136편 전체)
  - 우리와 모든 하나님의 백성들에게 하나님의 변치 않는 사랑을 주어주시길."
  - 감사와 성실함이 자라가도록."
- (1-4절)
  - 하나님이 신들 중에 신이며 주들 중에 주임에 대한 일반적 깨달도록."
- (5-9절)
  - 그의 창조세계의 온전함을."
- (10-22절)
  - 포악한 통치자들에 의해 위협받는 사람들과 난민들을 지키심을."

> 약속의 땅에 널리 퍼지는 하나님의 평강을."

- (23-26절)

> 도움, 특별히 배고픔에 대한 도움을 필요로 하는 모든 사람들에게 공급하심을."

④ 우리는 무엇을 하나님께 드려야 하는가? - 희생(Sacrifice)

"우리는 하나님께 올려드려야 한다…

- (시 136편 전체)

> 감사의 예물을(입술로 그리고 보이는 것으로)."

> 감사를(the Eucharist, 헬라어로 '감사')."[10]

- (5-9절)

> 과학자들이 자신들의 연구가운데 발견한 창조자의 지혜와 지식의 경이로운 것들에 대한 개인적인 간증을."

- (10-22절)

> 이스라엘이 홍해를 건너는 것에 비유되는 신자를 위한 하나님의 구속의 역사를 되풀이하는 방법으로서 세례 또는 세례 선언의 갱신을."

> 삶에서 하나님의 구속의 경험에 대한 개인적인 간증을."

- (23-26절)

> 음식 나눔 사역을 위한 특별 헌금을(재정적인 지원과 물질적인 헌금. 예를 들어 어린이들이 회중 가운데서 모으고 앞으로 가져오도록 초청)."

---

[10] 이 부분은 각 예배에 특별히 적합하다. 왜냐하면, 각 세부 부분들은 주의 만찬에 대해서 다른 강조점을 가지기 때문이다. 예를 들어 다음과 같다. 창조의 산물로서의 요소들(5-9절), 음식을 공급하심(23-26절), 또는 십자가와 부활을 통해 역사상 하나님의 궁극적인 구속의 역사를 돌아보는 언약의 표지(10-22절).

⑤ 우리는 어떻게 하나님을 위해 살아야 하는가? - 섬김(Service)

"우리는 하나님을 위해 살아야만 한다…
- (시 136편 전체)
> 하나님의 영원히 변치 않는 사랑에 대해 실제적으로 감사하는 행동으로 표현하기 위한 더 깊은 세심함으로."[11]

만약 우리가 음악을 작곡해서 시편 136편을 개념화해서 담아낸다면, 음악적 모티브처럼 반복되는 후렴구를 사용함으로 주제와 다양한 적용을 보여줄 수 있다. 이 시편에 근거한 네 번의 예배를 위한 예배 기획은 첫 주부터 마지막 주까지 전체 주제를 함께 붙들어야 할 뿐 아니라, 각 주마다 구별되는 다양한 표현도 함께 가져야 할 필요가 있다.

몇 가지 반복되는 특징들은 일관성을 강화한다. 헤세드의 중심성과 이 성경 단어를 온전히 담아내고자 해도 어떤 영어 단어나 문구로도 한계가 있기 때문에, 시각 예술가가 독특한 예배를 위한 주보 표지를 고안하여 시리즈 내내 사용한다.

이 주보 표지에는 중심되는 이미지로서 히브리 글자 헤세드(hesed)를 손으로 써 넣어 특색을 담아내고, 더불어 헤세드를 음역하여 타자체로 써넣고 그 배경에는 그것을 영어로 번역한 다양한 단어들과 문구들, "변치 않는 사랑," "인애," "긍휼," "신실함" "호의," "아낌없는 구원," "선행," "충성," "아름다움"을 함께 표시한다.

몇 가지 반복되는 음악적 요소 또는 구두적인 요소들은 연속성과 헤세드의 중심성을 강화할 수 있다. 각각의 예배는 동일한 오프닝 찬양,

---

[11] 매주 예배에서 소개되고 설명된 주제를 떠올릴 수 상징적인 것으로 집에서 그대로 해볼 수 있는 제안들은 이렇다. 언약의 떡과 잔(1-4절), 창의적인 도구들(5-9절), 유월절 기념 접시(10-22절), 구제와 섬김의 바구니(23-26절).

"내 구주 예수님"(Shout to the Lord; Darlene Zschech, 1993)으로 시작한다. 이 곡이 시편 136편에 직접적인 근거를 두고 있지는 않지만, 여기에는 많은 동일한 주제들이 나온다("주 같은 분은 없네," "놀라운 주의 사랑을," "주 행한 일 기뻐 노래하며," "영원히 주님을 사랑하리," "신실하신 주의 약속 나 받았네"). 그리고 이 곡은 시편 136편의 하나님을 예수님과 동일시한다("내 구주 예수님, 주 같은 분은 없네!")

이 오프닝 찬송은 시편 136:1-3에 근거하여 드리는 예배로의 부름으로 자연스럽게 이어진다. 매주 사용되는 이 예배로의 부름은 예배자들이 시편 이후의 부분들이 이 첫 부분에서 확장된다는 것을 상기하도록 돕는다. 아래에 그것을 기록한 내용이 있다.

> 인도자: 주께 외칩시다, 모든 나라여!
> **회 중: 우리 찬양합시다!**
> 인도자: 그의 선함으로 인하여 주께 감사드립시다!
> **회 중: 그의 변치 않는 사랑은 영원합니다!**
> 인도자: 신들 중의 신께 감사드립시다!
> **회 중: 그의 변치 않는 사랑은 영원합니다!**
> 인도자: 주들 중의 주께 감사드립시다!
> **회 중: 그의 변치 않는 사랑은 영원합니다!**
> 인도자: 우리 하나님을 예배합시다!

시편은 원래 공동의 예배에서 하나님의 백성들이 목소리를 내는 데 사용되었기 때문에, 이러한 직접적인 적용은 매우 적합할 뿐만 아니라, 어떻게 다양한 성경 장르들이 각각 다른 방법으로 예배를 만들어 갈 수 있는지를 보여준다.

그런 다음, 이 동일한 예배로의 부름은 예배자들이 하나님의 임재 안에서 함께 기뻐하는 데 초점을 둔 다양한 곡들을 노래하도록 인도하는데, 각 주의 구체적인 주제를 반영하도록 진행한다.

"우리 하나님과 같은 이가 누구리요?"(Who Is Like Our God?; Brian Doerksen, Brian Duane, Brian Thiessen, 1996)는 1-4절에 있는 하나님의 유일하심에 그 중심을 두고 있다. "빛들의 아버지"(Father of Lights; John Barnett, 1991)는 "큰 빛"(7절)의 창조자로서 하나님의 이미지를 나타낸다. 25절에 있는 하나님의 공급하심의 언어는 "당신은 언제나 좋으신 분"(You Have Been Good; Twilla Paris, 1988)에서, 그리고 시편의 전체 주제로, 더 분명하게 들린다.

> 오 주님! 당신은 언제나 좋으신 분
> 당신은 모든 세대에 얼마나 성실하신지요
> 당신의 손이 지금까지 우리를 먹이시고
> 당신의 영이 여기까지 우리를 인도하십니다.

일관성은 헤세드를 중심으로 한 하나님의 성실함의 역동성을 드러내는 하나님의 임재와 용서를 구하는 회중의 기도를 매주 반복함으로 지속된다.

> 인도자: 신들 중의 신, 주들 중의 주, 그의 인자하심이 영원함이로다!
> 회 중: 우리가 당신의 신실하신 임재 안에 설 때
> 우리는 우리 사랑의 본성을 고백합니다.
> 우리는 온전한 마음으로 당신에게 신실하지 못했습니다.
> 우리는 온전한 정신으로 당신에게 신실하지 못했습니다.

우리는 온전한 영혼으로 당신에게 신실하지 못했습니다.

우리는 온전한 능력으로 당신에게 신실하지 못했습니다.

그리고 우리의 가족을, 우리의 이웃을, 이 땅의 사람들을, 피조물들을 신실하게 사랑하지도 못했습니다.

[침묵 고백]

인도자: 오, 성실하신 하나님! 당신은 비천한 상태인 우리를 돌아보십니다.

당신은 항상 당신의 신실한 사랑의 언약을 지키시고 우리를 죄로부터 자유케 하십니다.

회  중: 우리에게 자비를 베풀어 주소서.

우리의 모든 믿음 없는 길에서 우리를 구하시고 용서하소서.

그리고 우리를 예수 그리스도 우리 구주를 통한 영원의 길로 인도하소서. 아멘!

이렇게 함께 드리는 고백의 기도는 하나님의 헤세드의 신실함과 우리의 신실하지 못함을 대비할 뿐만 아니라, 그것은 또한 우리가 용서받는 궁극적인 원천이 우리 구주 예수 그리스도의 성육신이라는 헤세드를 통한 것임을 가리킨다. 각각의 주일마다 회개를 위한 구체적인 영역들은 설교에서 한 적용을 따라 우선적으로 강조된다.

비록 주요 성경 읽기가 매주 그 예배의 초점이 되는 시편 136편의 구체적 부분을 포함하기 위해서 달라져야 한다. 하지만, 그럴지라도 일관성을 가질 수 있는데, 시편의 원래 정황을 드러내기 위해 어떻게 읽기를 실행할지 고민한다면 가능하다. 1절의 요약된 진술로부터 시편 136편의 나머지 부분들이 이어진다는 것을 보여주기 위해, 매주 읽기를 1절로 시작하고 그 주에 본문으로 잡은 부분인 5, 10, 23절을 이어서 읽는 방법이 그것이다.

시편의 원래 정황을 드러내는 방법으로서, 각 절의 뒤따르는 부분이 되는 반복되는 후렴구를 회중들이 함께 부르도록 초청할 수 있다. 이런 접근 방식은 시편 136편이 성전과 성막에서 인도자가 구절을 읽고—또는 어쩌면 노래로 부르고—모인 예배자들이 후렴을 노래했던 예배에 사용된 방법이라는 것을 보여줄 수도 있다. 시편 136편에 대한 존 밀턴(John Milton)의 찬송, "우리 기쁜 마음으로 주를 찬양합시다"(Let Us with a Gladsome Mind, 1623)는 좀 더 익숙하고 쉽게 부를 수 있는 후렴구, "그의 자비는 영원하고, 더욱 성실하고, 더욱 확실하니"를 반복한다.

예배의 후반부로 이동해 가면서 반복되는 요소를 추가함으로 일관성을 만들면서, 시편 136편의 중심 주제를 강조한다. 다른 사람들과 우리 자신을 위해 하나님의 도움을 구하는 주요 기도는 다른 영역의 헤세드를 말하는 후렴구로 강조된다.

인도자: 주님! 당신의 자비하심으로
회　중: 우리의 기도를 들어주소서.

회중들이 자신들의 기도를 한 단어 혹은 한 구문으로 덧붙이는 협력 기도를 통하여, 교회와 세계 그리고 도움이 필요한 사람들, 그리고 우리 자신을 위한 일반적인 기도의 범주 안에 각각의 예배의 강조점을 드러내는 구체적인 적용들을 해 나갈 수 있다.

감사를 위한 주요 기도의 기본적인 후렴은 예배의 중심 주제와 묶여 있지만 조금의 변화를 줄 수도 있다. 인도자는 "주님, 당신의 선하심으로"라고 말하는 대신에 "주님, 당신의 언약의 사랑으로"라는 후렴구를 미리 말해주고, 회중들은 "우리는 당신께 감사드립니다!"라고 응답할 수 있도록 한다.

또한 찬송가 "복의 근원 강림하사"(찬송가 28장)는 매주 헌금 시간에 부를 수 있다. 시편 136편에 직접적으로 근거하지는 않았지만, 이 잘 알려진 찬송은 시편 136편의 많은 중심 주제를 강조한다. 찬송가 1절의 "구속하신 그 사랑"은 시편의 후렴구, "그 인자하심이 영원하리로다"를 가리킨다.

찬송에서 가장 불명확한 부분 "주의 크신 도움 받아"마저도, 10-22절에 대한 설교에서 설명된 것처럼, 역사에서 보이는 하나님의 성실하심을 강조한다. 히브리어로 "돌"을 말하는 에벤(*Eben*)과 "도움"을 뜻하는 에셀(*ezer*)은 문자적으로는 "에벤에셀(*Ebenezer*)," 즉 "도움의 돌"을 뜻한다. 사무엘은 "여호와께서 여기까지 우리를 도우셨다"(삼상 7:12)를 표현하기 위해 돌에게 에벤에셀이란 이름을 주었다.

하나님께 그 끊임없는 사랑에 감사를 했던 자신을 기억하는 한 가지 현실적인 방법은 하나님이 그 길을 어떻게 도우셨는지를 보여주는 자신만의 에벤에셀을 세우는 것이다. 찬송가의 엔딩은 예배의 다음 요소인 헌금과 연결되는데, 바로 헌금은 단지 돈 만이 아니라, 근본적으로 자신의 전인을 포함한다는 것을 강조한다.

"하나님이 받으시고 천국 인을 치소서."

주의 만찬을 위한 예전은 시편 136편의 주제를 나타내기 위해 특별히 쓰인 감사의 위대한 기도(Great Prayer of Thanksgiving) 부분을 포함한다.

하나님! 당신의 모든 성실하심, 자비, 선하심, 왕권, 친절, 사랑에 우리는 기쁨으로 당신께 감사와 찬송을 드립니다. 당신의 변치 않는, 다함이 없는 사랑은 영원합니다. 당신은 자신의 헌신을 지키기 위해서 이

만찬을 우리에게 보여주십니다. 당신 자신을 바쳐야 하는 가장 큰 비용에도 불구하고 말입니다.

각각의 주일마다 흩어져 있는 다른 종류의 특별한 음악들 또한 시편 136편의 다양한 면들을 보여줄 수 있다. 어린이 합창단이 쉬운 합창, "좋고 좋으신 아버지"(Good, Good Father; Chris Tomlin, 2014)를 부르고, 현대 앙상블은 데럴 에반스(Darrell Evans)의 "속죄 주, 구세주, 친구(Redeemer, Savior, Friend, 1999)로 구속에 대한 설교를 상기시키며 연주한다.

시리즈의 마지막 주에 합창단은 "감사의 기도"(A Prayer of Thanksgiving)로 예배를 시작하는데, 그 곡의 후렴구는 회중이 참가하여 함께 부르게 한다. 설교를 이어서 합창단은 비앙코 다 시에나(Bianco da Siena)의 고전곡, "오소서, 사랑의 하나님"(Come Down, O Love Divine, 1434)을 노래하고, 이어서 다음에 나오는 질문들에 대한 조용한 묵상의 시간으로 인도한다.

예배에서 우리가 하나님을 대할 때, 당신은 하나님이 무슨 말씀을 하셨다고 느끼고 있습니까?
그러면 우리는 다른 사람들과 우리 자신을 위해 어떻게 기도할 수 있을까요?

마침 찬송과 파송의 찬송은 매주 다양하다. 감사에 대한 전통 찬송곡들 가운데서 가져온다. 첫 번째 주에는 하나님의 성품에 초점을 둔 "오 신실하신 주"(Great Is Thy Faithfulness; Thomas Chisholm, 1923)를 부른다. "온 세상 만물 우러러"(All Creatures of Our God and King; Francis of Assisi, 1225)는 더 명백히 시편 136편에 기초하고 있고, 특히 5-9절에 있는 해와 달의 이미지를 보여준다.

"저 금빛 나는 밝은 해/ 저 은빛 나는 밝은 달."

라틴 아메리카 찬송곡인 "오, 무엇으로 보답할까?"(O What Shall I Render?; George Simmond 역, 1968)는 국제적인 정서를 가진 셋째 주에 포함되었고, 마지막 주에는 고전적 감사 찬송가인 "다 감사드리세"(Now Thank We All Our God; Martin Rinkart, 1636; Catherine Winkworth 역, 1858)로 시리즈를 완결한다.

어린이들이 시편 136편과 헤세드의 의미를 더 충분히 경험하며 참여할 수 있도록 하기 위해서 매 주일 다른 상징들을 들고 앞에서 소개하고 "어린이 성도를 위한 교훈"을 한 순서로 넣어서 설명했다.

- 1-4절: 언약의 떡과 잔
- 5-9절: 창조적인 도구들(붓과 물감)
- 10-22절: 유월절 전통의 접시
- 23-26절: 구제와 섬김의 바구니(음식으로 가득 채워진 바구니)

예배 순서가 끝난 후 주보에 있는 교회 소식에는 그 주간의 주제를 우리가 자신들만의 상징물로 계속 기억나도록 초청장을 각자의 집으로 가져가는 방법을 제안한다.

- 당신이 오늘 집에 가면 주위를 둘러보면서 당신에게 하나님의 인격—우리에게 하신 그의 약속을 지키기 위한 그의 희생적인 사랑과 성실한 헌신—을 표시하는 어떤 것을 찾으십시오. 그리고 그것을 식탁 테이블이나 당신이 자주 그것을 볼 수 있는 다른 장소에 두고, 그것을 볼 때마다 하나님의 인격으로 인해 하나님께 감사드렸던 당신을 기억하도록 하십시오.

- 당신이 오늘 집에 가면 주위를 둘러보면서 당신에게 하나님의 창조와 그 창조적 과정—그가 만든 모든 것을 위한 그의 희생적인 사랑과 성실한 헌신—을 표시하는 어떤 것을 찾으십시오. 그리고 그것을 식탁 테이블이나 당신이 자주 그것을 볼 수 있는 다른 장소에 두고, 그것을 볼 때마다 이 세상에서 하나님의 창조적인 작업이 지금도 진행되고 있다는 사실과 하나님의 창조에 대해 하나님께 감사드렸던 당신을 기억하도록 하십시오.

- 당신이 오늘 집에 가면 주위를 둘러보면서 당신에게 하나님의 구속—이스라엘을 이집트의 노예에서 해방하셨던 것처럼 그가 자신의 백성을 구하기 위해 어떻게 역사 속에 들어오셨던 것—을 표시하는 어떤 것을 찾으십시오. 그리고 그것을 식탁 테이블이나 당신이 자주 그것을 볼 수 있는 다른 장소에 두고, 그것을 볼 때마다 하나님의 구속으로 하나님께 감사드렸던 당신을 기억하도록 하십시오.

- 당신이 오늘 집에 가면 주위를 둘러보면서 당신에게 하나님의 긍휼을 표시하는 어떤 것을 찾으십시오. 그리고 그것을 식탁 테이블이나 당신이 자주 그것을 볼 수 있는 다른 장소에 두고, 그것을 볼 때마다 하나님의 긍휼—자신의 백성을 위한 특별한 보호와 함께 자신의 피조물들을 위한 일반적인 공급으로 보여주신 하나님의 긍휼—로 인해 하나님께 감사드렸던 당신을 기억하도록 하십시오.

**7. 결론**

여기에 있는 서로 다른 풍성하고 다양한 형태의 예배의 예들은 본문의 "빅 아이디어"로부터 나온 것이며, 이 "빅 아이디어" 방식의 풍성함을 드러낸다.

내러티브는 시와는 다른 구조를 제공한다. 변화하는 절기에 따라, 어떤 시기에는 본문의 특정한 측면들이 전면부에 부각되기도 하지만, 다른 때에는 예배의 배경이 되기도 한다. 강해 시리즈와 주제 시리즈는 유사한 역동성을 자아낸다.

이러한 정황적 뉘앙스들이 특정 예배의 구체적 요소들을 만들기 위해서 기본적인 내용을 걸러낸다. 그 결과, 예전을 위한 발전적 질문들을 통해 형성된 모든 아이디어들이 예배에서 항상 잘 통합되는 것은 아니다. 그러나 이러한 아이디어들은 예배를 위한 궤도를 설정하게 하고, 설교와 예배를 위한 주요 본문의 핵심 아이디어를 강화할 수 있는 다양한 방법들을 제안한다.

이같이 관련된 다양한 가능성은 어떤 개인도 혼자서는 이 보물들—삼위 하나님께 영광 돌리고 사람들의 예배 경험을 풍부하게 하려고 하나님의 말씀에서 채굴한 이 보물들—을 바르게 나타낼 수 없다는 것을 의미한다. 은사와 훈련과 기술들은 주해적, 신학적인 범위에서부터 예술적이고 음악적 범위까지를 포함한다. 말과 노래 그리고 상징은 드라마와 댄스 그리고 시각 예술과 균형을 이룬다.

회중의 공동체적 예배는 회중의 다수 멤버들—교회의 머리이신 그리스도가 자신의 몸의 각 부분을 세우신 것처럼 경험과 재능과 은사로 모인 멤버들—에 의해 인도될 때 가장 좋다. 목사가 기본적인 인도자이지만 예배는 한 사람의 '쇼'로 격하되어서는 안 된다. 예배 기획팀은 하나님께 최대한의 영광을 돌리기 위해, 하나님의 말씀과 하나님의 사람들 안에 있는 것으로 가장 좋은 것을 만들어 내도록 돕는다.

제5장은 이러한 팀을 어떻게 조직하고, 그들이 성경적 예배를 계획하고 평가하기 위해서 어떻게 잘 협력할 수 있는지에 대해 탐구할 것이다.

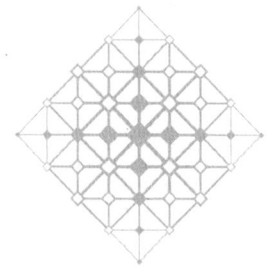

# 제5장

# 강해적 예배 인도하기

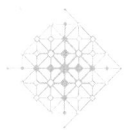

선장은 자신의 선실로 항해사들을 모은다. 항해하는 배의 후미를 장식하는 웅장한 창문을 통해 비치는 햇빛처럼 기대감이 방을 가득 채우고 있다. 선장은 미소를 지으며 장군으로부터 온 명령서를 개봉하고 있는데, 그는 그 명령이 자신의 상관에게서뿐만 아니라, 자신의 아버지에게서 온 것임을 알고 있다.

명령을 읽어가는 선장의 미소는 점점 커져간다. 그리고 선실에 모인 모든 사람들이 너무나 듣고 싶었던 한 단어로 요약한다.

"집으로!"

환호가 잦아들고 나서 장군은 자신의 1등 항해사에게 몸을 돌린다.

> 자네와 함께하는 항해사들에게 우리의 고향 항구로 안전하게 갈 수 있는 해도 만드는 것을 맡기겠네. 그것은 길고 어려운 항해가 되겠지만 나는 자네들 모두에 대한 충분한 확신을 가지고 있네. 여기에 자네들을 안내할 나의 해도 책이 있네. 나는 지금 갑판에서 돌아갈 것이네. 제군들은 모든 필요한 준비를 위해 나의 선실을 자유롭게 사용할 수 있다네.

1등 항해사가 해도 책을 열어 선장의 테이블 위에 펼친다. 모든 사람들이 둘러서서 그것을 가지고 함께 고민한다. 주어진 배의 사이즈와 계절 그리고 예상되는 해류와 바람을 고려하여 어떤 경로가 가장 적합할지 결정하는 과정을 일등 항해사가 감독한다. 개략적인 경로가 합의된 후, 항해사들은 각자 자신들의 경험과 책임에 따라 자신들의 구체적인 영역들에 집중한다.

항법사는 더 정밀하게 코스를 계획하기 위해서 평행자와 분할기를 꺼낸다. 사무장은 항해 기간 동안 필요하게 될 물품의 저장량을 계산한다. 갑판장은 1등 항해사와 함께 항해 삭구를 점검하고 합의하며 조정을 한다. 그리고는 선원들을 자신들의 의무 능력에 적합한 곳에서 역량을 발휘하도록 한다. 이로써 항해는 바람의 온전한 힘을 받기 위해서 돛을 오르내리게 하는 일을 순조롭게 할 수 있다.

비록 계획은 필수적이고 배의 항해사들은 자신들이 최선의 계획을 세웠다고 생각하지만, 그들이 고향 항구에 도달할 수 있도록 하는 데 자신들의 계획이 전혀 실행되지 않을 수도 있다는 사실을 그들은 또한 알고 있다. 최선으로 짜인 계획이라 하더라도, 바람이 바뀌고 예상치 못한 태풍이 일고 배가 상하거나 항해사나 선원들이 아프면 계획을 거기에 맞추어야 한다.

정기적인 점검이 진행을 좌우한다. 매일의 항로 관찰과 선장의 지도에 계획된 코스와의 상호점검에서부터 시작하여, 모든 것이 좋은 작업 조건들을 유지하도록 하는 항해 삭구와 돛 그리고 선체와 방향타의 잦은 점검이 진행을 좌우한다. 가장 중요한 것은 바람—바람의 방향과 세기 그리고 지속성—에 모두가 끊임없는 주의를 기울이는 것이다. 특별히 바람이 매우 세거나 매우 약할 때 더욱 그러하다.

항해 도중 항해사들은 서로서로 협의하고 정기적으로 선장에게-개인적으로든 공동체적으로든-보고한다. 선장은 언제나 최종 명령을 내린다. 선장의 "그렇게 하라"는 명령 없이는 아무것도 공식적으로 배의 항해 기록에 들어가지 못한다. 선장은 자신의 항해사들을 신뢰하고 그들에게 배를 항해하는 데 있어서 자신들의 재능과 경험을 발휘할 수 있는 자유를 주지만, 그들이 선장 자신의 계획에 따르고 바람이 어디로불 지에 항상 민감하기를 요구한다. 그들이 선장의 비난을 감지하거나 길고 힘든 항해에 지쳐갈 때, 선장은 그들에게 반복적으로 상기시킨다.

기억할 것은 나는 항상 그대들과 함께 있다는 것이다. 우리의 고향 항구에 도달하기 위해서, 우리 함대의 다른 이들과 함께 그리고 무엇보다 우리의 장군과 함께 온전한 연합을 이루어가기를 나보다 더 열망하는 사람은 없다.

신약에서 교회를 배로 묘사하고 있다. 그 이유는 교회 본당 중심 부분을 건축학적으로 "네이브"(nave)로 부르는 데서도 나타나는데, 그것은 "배의"(navel)와 같은 어근으로 지붕이 뒤집어진 배의 선체를 닮았기 때문이다. 그러기에 위의 시나리오는 강해적 예배의 리더십과 전개 과정의 두 요소—기획과 평가—를 설명하는 유용한 모델이 된다.

위의 그림을 조금 더 풀어서 설명해보자. 선장은 예수님으로 교회의 머리이고 궁극적으로 예배의 리더이다. 장군은 성부 하나님으로 그는 자신의 백성을 예배를 통해 궁극의 목적지인 자신의 임재의 충만함으로 인도하기를 원한다. 항해하는 배를 품고 가는 바람은 성령님이고 선장의 지도책은 성경이다.

배의 항해사들은 회중들을 위한 다양한 예배 인도자들 모두를 말한다. 목사는 일등 항해사가 되고 음악과 시각 디자인 예전 또는 춤과 같이 목사보다도 더 구체적인 임무를 가진 다양한 특별한 예배 사역자들은 일등 항해사보다 더 구체적인 임무를 가진 항법사와 사무장 그리고 갑판장의 특별한 역할로 나타난다. 항해를 시작하기 전에 코스를 계획하고 장비를 점검하는 것은 예배 기획 과정을 나타낸다. 계속적인 평가를 하는 것은 경로를 따라가기 위한 적절한 계획을 잡도록 도와준다.

어떤 평가는 배의 돛과 삭구를 정비하는 것처럼 음향시스템을 조정하는 것으로 기술적일 수밖에 없거나, 돛을 올리고 내리는 데 있어 선원들 간에 조정을 해야 하는 것처럼 노래 부르는 사람들 사이에 화음을 생각하며 더 우수하게 하려는 질적인 평가에 관한 것이지만, 가장 중요한 요소들은 그의 지도책인 성경을 통하여 성령님의 바람에 대해 끊임없이 관찰하는 것과 우리의 선장이신 그리스도의 인도를 확인하는 것이 포함된다.

기술적 평가에 해당하는 것들은 더 명확하게 우리가 잘 관리하고 있는 듯해서, 그로 인해 질적인 평가의 빛을 잃게 할 수 있다. 특별히 예배가 무풍지대에 빠지게 되었을 그 배는 아주 조용해진다. 이때가 바로 성령님의 미세한 바람을 분별해야 할 때로, 그 최대한의 파워로 예배에 능력을 더하여 줄 수 있도록 재빨리 또한 주의 깊게 돛과 키를 조정할 필요가 있다.

항해사들은 또한 그들이 기다리고 지켜보면서 더 많은 바람이 불기를 기도할 수는 있다. 하지만, 이들은 예배라는 항해에 착각을 일으켜서 고향 항구라는 우리 최후의 목적지를 향해 조금도 앞으로 나아가지 못하게 만들 수 있는 두 가지 일상적인 오해를 피해야만 한다.

**첫째**, 가장 잘 고안된 배-모든 돛들이 올라가 있고 가장 기술이 좋고 잘 훈련된 항해사들과 선원들로 구성된 배-를 그냥 갖추고 나면 어떻게 해서든 바람이 불도록 할 수 있다고 생각하는 것이다. 그리스도께서 니고데모에게 설명하셨다.

> 바람이 임의로 불매 네가 그 소리는 들어도 어디서 와서 어디로 가는지 알지 못하나니 성령으로 난 사람도 다 그러하니라(요 3:8).

인간의 노력은 성령님을 조절할 수 없다. 마찬가지로 가장 잘 디자인된 예배를 만들기 위해서, 뜨거운 마음이 충만한 회중들 가운데 재능 있고 경험 있는 예배 인도자들이 이 책에서 제시하는 아웃라인으로 구성한 과정을 잘 따라하는 것만으로 예배에 영감이 가득하게 할 수는 없다.

오히려 성령님의 바람이 불 때, 이 모든 것들이 질서정연하게 준비되어 있다면, 예배에서 더 강력하게 변화를 일으키는 하나님에 대한 경험을 더 잘 이끌 수 있을 것이다. 마치 잘 준비된 배가 그렇지 않아서 어떻게 돛을 올리고 키를 조정할지 몰라 모두가 우왕좌왕하는 배보다 더 빨리 더 멀리 그리고 더 부드럽게 나아가는 것과 마찬가지이다.

**둘째**, 예배에서 우리가 절대 조절할 수 없는 것-성령님-에 대해서 우리가 너무 좌절한 나머지 결국 바람이 불기를 살피며 기다리는 것을 멈추고 오로지 우리가 조절할 수 있는 것에만 집중하는 것이다. 능숙하고 때로는 세련되게 말과 이미지 그리고 음악을 교묘히 다루어서, 예배에서 하나님에 대한 경험 대신에, "예배 경험"을 만들어 낼 수도 있다.

이 과정은 마치 돛을 내리고 경주용 요트 엔진에 배를 연결하고는, 큰 바다를 향해 나가는 대신에 요트 엔진에 의지해서 항구 주위를 가볍게 맴도는 것과 같다. 이 상황의 가장 심각한 문제는 항해사들과 선원들이 바람이 가진 능력의 불확실성과 위험성보다 그들의 요트엔진이 주는 예측 가능성과 안전성을 더 좋아하게 되어 결국에는 자신들이 경주용 요트에 의지하고 있다는 것을 알아채지 못하여, 자신들이 마치 크루즈 배에 있는 듯이 행동하게 될 수도 있다는 것이다.

이사야 6장에 나오는 비전은 예배에서 거룩하신 하나님에 대한 진정한 경험을 한다는 것이 무엇을 뜻하는지에 대한 우리의 감성적 착각을 없앤다. 그러나 진정으로 성경적이 되기를 원하는 예배 인도자들은 압도적인 힘에 전복될 위기의 배처럼 되는 위험에도 불구하고 성경적이 아닌 것에 안주할 수가 없다.

계획과 평가를 너무 조절하려고 하는 것은 그 과정을 손상시킬 수 있으며, 그 반대의 경우도 똑같이 문제가 될 수 있다. 계획하기를 거절하고 선장과 그의 지도책 또는 다른 선원들과 협의하지 않는 사람들은 분명히 항구에서 벗어나지 못하게 되고, 만약 그렇게 되더라도 대부분 좌초하게 될 것이다.

긴 항해에는 주의 깊은 계획과 계속된 평가, 그리고 조정이 필요하다. 출항 전 선장의 선실에서 조용히 계획된 최상의 코스라도 예상치 못한 북동풍이 불기 시작하거나 조타실의 선원을 잃었을 때 그 계획은 다시 고려해야 할 필요가 있다. 한결같은 바람이 부는 조용한 바다에서도 배가 코스 상에 있고 항해사들이 선원들과 긴밀한 협조 관계에 있는 것을 규칙적으로 확인하는 것은 항상 현명한 것이다.

예배라는 항해에서 오는 결과적인 기쁨은 그 노력을 더 가치 있게 만든다. 왜냐하면 그 과정 내내 주님의 계속적인 임재와 지도에 의지할 뿐만 아니라 그 과정 자체가 예배의 마음으로 가득하기 때문이다. 기획과 평가에 대한 기술적인 내용들을 더 깊게 탐구해 나갈 때, 마음속에 하늘의 아버지가 계신 고향 항구라는 최종 목적지와 이 항해의 이미지를 기억하라.

## 1. 예배 기획팀 꾸리기

대양을 횡단하는 쾌속선과 연안의 범선(두 개 이상의 돛을 지닌 세로돛 범선)이 다소 다른 구성으로 다른 규모의 선원을 가지는 것과 같이, 다른 종류의 회중은 다른 종류의 예배 기획팀을 가져야 한다. 일반적으로 더 크고 다양한 회중에는 더 크고 더 다양한 예배 기획팀이 필요하다.

그럼에도 불구하고 어떤 예배 팀이든지 몇몇 핵심 예배 인도자들이 그 중심에 있게 된다. 거기에는 먼저 설교자(들)와 악기와 성악의 음악가들이 포함된다. 어떤 환경에서는 기술 부분(예를 들어 음향과 조명 그리고 프로젝트)과 안내를 책임지는 사람들도 포함될 수 있다.

다른 멤버들은 하나님이 주신 특별한 은사나 재능을 나타낼 수 있다. 하나님이 회중 가운데 세우신 그 은사나 재능은 회중마다 다양할 수 있고 동일한 회중이라도 매년 다를 수 있는데, 다음의 예배들을 위해서 이러한 은사들을 사용하도록 미리 요청을 하거나 회중으로서 지속적으로 참여하는 개인들에게 그들의 재능과 은사를 드러내도록 할 수 있다.

"언어 담당자"-그들의 미적 감수성의 핵심이 언어에 있는 사람-인 나는 전혀 생각해 본 적 없는 모습으로 성경을 드러내는 방법을 "본" 시각 지향의 예배 인도자들이 더 많이 들어오는 것을 환영한다. 나로서는 그들이 만들어 내는 이미지들을 절대 생각해 낼 수 없기에, "언어 담당자"인 나는 우리의 "그림" 예배자들보다 더욱더 그들의 진가를 잘 알고 있다.

하나님께서는 내가 예배를 인도하는 주요 정황 속에서 문자 중심의 커버 아트를 돕는 그래픽 아티스트와, "빅 아이디어"를 나타내는 상징과 색깔로 우리 예배의 배경을 고안하는 것을 돕는 무대 디자이너와, 몸의 움직임으로 본문에 생기를 가져오는 안무가를 예배 인도자들로 세우셨다.

또한 시적 은사를 가져서 예배에서 전체 회중을 본문 속으로 끌어당기는 성경에 근거한 구두적 요소들을 짜도록 돕는 사람들의 참여 또한 중요하다는 것을 알고 있다. 성령의 움직임에 특별히 민감한 사람(고전 12:10)은 바람이 어디서 부는지, 그리고 어떻게 부는지에 더 깊은 주의를 기울이며 다른 선원들을 도울 수 있다.

건강한 예배 기획팀은 "정기적인" 예배자들 가운데 몇 명의 대표들-그들이 앞에 나서지는 않지만 회중이 함께 하나님께 영광 돌리는 것을 보고자 하는 열정을 가진 사람들-과 함께 함으로 더 풍성해질 수 있다. 만약에 교회 내규에 이러한 대표들의 선출을 규정하게 된다면, 예배 팀의 핵심 멤버들에 의한 선출은 더 큰 결집력을 낳는 경향이 있다.

엄격하게 할당하는 시스템에 빠지지 말고 성별과 나이, 민족과 문화적 배경, 기독교/교파적 경험(새롭게 믿는 사람들/오래되고 덕 있는 멤버들/교회의 기둥들), 그리고 여러 번의 예배가 있다면 다른 예배의 참석자들(예를 들어 8시, 9시, 11시 예배에서) 가운데서 건강한 조합을 찾으라.

예배에 대해서 열정이 있는 사람들을 찾는 중에 스스로를 추천하고 예배 팀에 들어오는 것을 지나치게 바라는 사람들은 항상 경계해야 한다. 이 예배 팀 안에는 "도끼를 가는 사람들"(ax-grinders, 속마음이 엉큼한 사람-역주)은 필요가 없다. 왜냐하면 그들은 돛대도 쪼개어 쓰러뜨리고 선체에 구멍을 뚫어 배가 무능상태에 빠지게 하거나 가라앉게 만드는 경향을 지니고 있다!

가능하다면 예배 기획팀을 구성했거나 이 책에서 구성한 "빅 아이디어" 접근을 시작할 때는 모두 함께 반일 또는 온종일 수련회로 멀리 떠나 보라. 이 시간 중에 중요한 부분은 함께 예배드리는 데 시간을 투자하라. 왜냐하면 당신이 스스로 해보지 않은 것을 기획하고 평가할 수 없기 때문이다.

또한 수련회는 성경적 예배가 무엇인지에 대한 큰 그림과 또한 본문에서 주해적/설교적/예전적 아이디어로 옮겨가고 예배의 각 요소들에서 이러한 아이디어를 전개하는 과정을 세밀히 기획할 수 있는 좋은 시간이다. 정기적인 예배 팀 회의의 일부로서 이러한 큰 그림의 요소들에 대한 숙고와 진행 훈련을 위해 수련회를 추가해 보라.

다른 팀들은 종종 그리고 지속적인 모임이 다양한 리듬을 만들어 가장 좋은 결과를 가져온다는 것을 발견하기도 하는데, 이러한 기획은 참여도를 높이기 위해서 훨씬 미리 일정을 정하는 것이 중요하다. 내가 선호하는 방식은 횟수는 줄이고 만나는 시간은 늘이는 것인데, 이렇게 하면 팀의 멤버들이 개인적으로 구체적인 일들을 할 수 있는 더 많은 시간이 있고 또한 회의 가운데 세부 팀들이 시간을 더 가질 수도 있다.

한 달 또는 그 이상 기획하는 것과 예배의 주요 단위들을 기획하기 위해-마지막 코스 점검을 위해 흩어져 있는 짧은 모임들을 위해- 두서너 시간을 따로 떼놓는 것은 열매가 풍성한 접근이라는 것이 증명되어 왔다. 예를 들어 대강절/성탄절/주현일(또는 교회력을 따르지 않는다면 늦은 가을/이른 겨울)을 위한 세부적인 기획은 9월 말 또는 10월 초에 시작한다. 정확하게 조정된 준비를 위한 짧은 모임은 11월 중순에 있다.

1월 중순에서 말 또는 2월 초순은 주로 사순절/부활절/성령강림절을 준비하는 시간이다. 여름과 이른 가을을 위한 일차적인 준비는 늦은 봄에 시작하고, 여름에 추가적으로 확인한다. 진행 중인 스케줄을 한

달, 석 달, 여섯 달, 열두 달 앞서 확인하되 상세함은 줄여 지속적으로 보는 것은 모든 사람들로 하여금 다가오는 것이 무엇이고 자신들의 준비의 우선순위를 어떻게 매길지에 대한 감각을 가지게 하는 데 도움을 줄 수 있다.

물론 특별한 기회들과 비상시에는 추가적인 모임이 필요할 수 있다. 한 명 또는 그 이상의 팀원들이 함께 그들이 자신들의 책임을 수행하는 것을 돕기를 바라는 경우는 특별히 그러하다. 일반적으로 회중이 더 커져서 더 복잡하면 기획은 더 확대되어야 하는데, 거기에는 더 많은 조정이 필요하기 때문이다.

대개의 경우 50명 교회는 500명 교회나 5000명 교회보다 더 빨리 조정할 수 있다. 그것은 마치 작은 고기잡이 배가 대양횡단선보다 더 간단하고 신속하게 뱃머리를 바꿀 수 있는 것과 같다. 여러 개의 돛이 있는 범선의 예배 인도자에게는 직전 변경으로 배가 멈추게 되지 않도록 미리 항해 명령을 주어야 한다.

어떤 사람은 기획 과정이 이용 가능한 시간보다 더 많이 필요할 것이라고 걱정할 수도 있는데, 그러한 걱정은 주로 근거가 없다.

**첫째**, 그리스도의 몸으로서 우리가 우리 시간을 삼위 하나님께 성실하게 예배하려고 노력하면서 투자하는 것보다 더 가치 있는 것이 무엇일까?

**둘째**, 팀으로 기획하는 것은 개인적 그리고 함께 준비하는 것보다 대체로 준비시간을 줄여준다.

당신이 예배를 준비하기 위해서 이미 하던 것들에 예배 기획팀 모임을 단순히 추가하는 것이 아니라는 것을 기억해야 한다. 어쩌면, 당신은 미리 계획하는 것과 팀으로 일하는 데서 오는 엄청난 효율이 당신이 예배를 인도하기 위해 준비해야 할 시간의 총량을 줄여준다는 것을 발견하게 될 것이다. 왜냐하면, 협력과 조정이 부담을 줄여주기 때문이다.

장기 계획 덕분에 당신은 매주 무엇을 해야 할지 고민하느라 더 이상 시간을 낭비하지 않게 된다. 팀 덕분에 당신은 더 이상 모든 것을 혼자 할 필요가 없게 된다. 다양한 은사들이 예배의 다양한 영역을 위해 책임질 사람을 결정할 것이기 때문이다.

## 2. 예배 기획팀 모임 인도하기

좋은 예배 기획과 평가는 좋은 예배에서 나온다. 그러므로 항상 팀이 모이는 시간은 지혜를 구할 뿐만 아니라 찬양과 감사를 강조하면서 함께 예배드리는 것으로 시작하라. 이 시간은 다가오는 예배에 통합할 수 있는 새로운 노래들과 기도 형식들을 시도해 볼 수 있는 적당한 시간이 될 수도 있다.

개인과 팀에게 "가만히 있어 내가 하나님 됨을 알"(시편 46:10) 수 있는 시간을 주라. 그래서 하나님이 그들 중심에 임재하셔서 그들이 하는 협의와 결정들이 성령님으로 인해 더욱 능력있게 역사하시도록 하라. 그룹을 위해서 다가오는 시즌을 위한 성경의 중심 본문들 가운데 하나를 선택하는 렉치오 디비나는 이 역동성을 향상시킬 수 있다.

모임의 대략적인 스케줄을 펼쳐놓고 각 항목별 시간을 제한해 두는 것은 '회의에서 어떤 문제에 드는 시간의 양은 그 문제의 중요도와는 반비례한다'는 금언이 성취되는 것을 막아줄 수 있다. 팀의 지난 번 회합이 후 예배를 돌아보고 짧은 평가시간을 가지라. 팀으로서 큰 그림의 패턴과 리듬을 보는 것이, 매끄럽지 못했던 설교의 구체적인 부분이나 아무도 부를 수 없었던 노래나 사운드 시스템의 고장 등의 사소한 문제에 집착하는 것보다 더욱 중요하다. 이러한 세부적인 지적은 평가 과정의 다른 부분에서 더 즉각적으로 표시되어야만 한다.

비록 평가가 중요하고 이 장의 다음 부분에서 더 집중적으로 다루겠지만, 과거의 실수와 좌절을 다시 언급하는 것이 장래 그리스도의 인도하심에 대한 분별을 압도하지 않도록 주의해야 한다. 평가 그것 자체는 결코 끝이 아니라 더 성실하고 주의 깊은 방법으로 가게 하는 도구일 뿐이다. 이제 성령과 함께 보조를 맞추어 행하는(갈 5:25) 방법으로서, 그룹이 다음에 해야 할 예배의 주요 부분들의 계획을 시작하도록 하자.

기획 시간을 지키기 위해서 구분하고 결정해야 할 것에 대한 중요 부분들이 나열된 차트를 복사하여 배포하라. 여기에 일반적인 템플릿이 있다.

**예배 기획 차트**

| 날짜 | 본문 | 주해적 아이디어 | 설교적 아이디어 | 예전을 발전시키는 아이디어 | 음악적 요소 | 시각적 요소 | 기타 |
|---|---|---|---|---|---|---|---|
|  |  |  |  | 기쁨: |  |  |  |
|  |  |  |  | 회개: |  |  |  |
|  |  |  |  | 간구: |  |  |  |
|  |  |  |  | 희생: |  |  |  |
|  |  |  |  | 섬김: |  |  |  |

설교자가 날짜별 차트의 왼쪽 부분을 채우면서 시작할 수 있으며, 다른 팀 멤버들은 오른쪽 부분에 자신의 아이디어를 추가한다. 모든 사람은 "연필"로 써야만 하는데, 그 이유는 그룹의 역동성 가운데 성령님을 통해 그리스도께서 이끄시는 방향을 찾는 것이 목표이기 때문이다. 이러한 차트

를 전자파일 공유화면에 띄우면 보다 쉽게 확인하고 수정할 수 있어서 유용할 수도 있겠지만, 종이 위에 적힌 차트를 가지고 함께 연구하는 것은 새로운 아이디어가 생겨나고 발전시키는 훌륭한 기회를 만들어준다.

모임의 목적이 날짜별 각 항목을 반드시 다 채우는 것은 아니지만, 각 예배 인도자들이 어떻게 진행하는지에 대한 감각을 가질 수 있을 만큼 충분히 세부적으로 들어가야 한다.

제4장에서 언급한 디도에게 보내는 바울의 편지에 근거한 4주 시리즈를 위해 이 과정을 통해서 나와 긴밀히 협력했던 예배 기획팀의 방법을 살펴보자. 디도서가 성경에서 비교적 짧은 책이기 때문에 기획 시간은 그룹이 편지 전체를 큰 소리로 함께 읽으면서 시작했는데, 편지를 처음 받았을 사람들이 그것을 어떻게 경험했을지를 생각해 보았다.

이 과정에서 "디도서: 가치 있는 삶을 위한 믿음"이라는 전체 주제가 확정되었고 주간별 주제도 상당한 뉘앙스를 갖게 되었다. 디도서 1:1-16의 보조 주제는 처음에 나온 "리더들"에서 더 나은 아이디어인 "리더십에서"로 더 분명해졌고, 같은 방법으로 2:1-8은 "가정에서," 2:9-15은 "일터에서," 그리고 3:1-15은 "공동체에서"("이웃으로서"로 대체됨)로 정해졌다.

기획팀은 각 주의 보조 주제를 강조하기 위해서 각 주별 시각적 효과를 높이도록 협력해 나갔다. "리더십에서 가치 있는 삶을 위한 믿음"을 위한 시각 요소는 손(hand)이었다. 이는 이 회중의 전통에 속하는 장로 안수식의 한 부분에서 손을 올려놓는 것을 나타내는 것으로, 바로 그 주일에 실행되었다.

그다음 주를 위한 시각 요소는 마음(heart)이었고, "가정은 마음이 있는 곳"이라는 말을 골라서 "가정에서 가치 있는 삶을 위한 믿음"이라는 보조 주제를 잘 나타낸다. 디도서 2:1-8 본문을 예배 회중 가운데 다른 연령대와 성별들이 다른 부분들을 읽게 하고, 거기에다가 한 가족이 자신들의 가정에서 신앙으로 살아가려고 어떻게 노력했는지에 대한 간증을 더함으로써 가족에 대한 초점은 더욱 강조되었다.

디도서 2:9-15, "일터에서 가치 있는 삶을 위한 믿음"을 위해서는 기본 도구들(tools)이 이미지 요소로 제공되었다. 그리고 팀은 자신의 일터에서 믿음으로 살아간다고 알려진 한 선생님이 간증하도록 초대하는 것을 제안했다. 원래 기획했던 것과 다른 시각 요소가 디도서의 마지막 장인 "공동체에서 가치 있는 삶을 위한 믿음"에 대한 팀의 협의 과정에서 나오게 되었다.

주로 한 구절을 반영한 깃발(flag) 대신에 팀은 발자국(footprints)이라는 더 이해하기 쉬운 아이디어에 다다랐다. 이 발자국의 이미지는 우리 지역사회와 그 너머까지 그리스도의 발자국 안에서 그분의 왕국을 전파하기 위해서 그리스도를 따르는 제자들로 살아가는 복음을 촉진하는 아이디어를 전달했다.

팀의 멤버 가운데 한 명이 어린이 사역 팀과 함께 어린이들이 펠트 발자국을 만드는 일에 자원했다. 이 이미지가 모든 사람에게 더 실체적이도록 펠트(felt) 발자국을 만들어 회중에게 배포했다. 팀은 또한 기독교 학교와 장애인 공동체에 있는 건강 센터에서 활동했던 한 커플이 자신들의 간증을 나누도록 초대하는 데 동의했다.

그룹에 속한 그래픽 아티스트는 이러한 4가지 시각 요소들-손, 마음, 도구들, 발자국-을 함께 퀼트의 형태로 묶고 그 디자인은 또한 주보 커버로도 사용할 수 있게 제안했다. 그 그림은 하나님이 그리스도의 손으로 자신의 백성들의 마음을 만지시고 그 백성들에게 도구를 주셔서 세상에서 자신의 발자국을 따라 그 일을 수행하도록 하신 것이다.

이러한 시각 요소에 스티브 그린(Steve Green)의 음악, "우리의 신실함을 보게 하소서"(Find Us Faithful)가 매 주일 합해짐으로 음악의 일관성이 추가되었다. 기획 모임에서 다양한 음악 그룹의 인도자들은 이 곡이 반복되지만 여전히 새롭게 들리게 하기 위해서 이 곡을 어떻게 가르치고 인도할 것인지에 대해 제안했다.

여성 앙상블이 이 곡을 첫째 주에 회중에게 소개했다. 이 곡은 대부분 사람에게는 아직 익숙하지 않은 곡이었기 때문이다. 둘째 주에는 찬양대가 그 곡의 한 절을 부르고 마지막 합창부분에는 모든 회중이 함께 부르도록 했다. 셋째 주에는 기타가 중심인 그룹이 그 곡의 한 절을 부르고 각 합창부분은 회중이 함께 했다. 마지막 주일에는 회중이 모든 절과 합창을 불렀다.

디도서에서 준비한 이 시리즈의 샘플은 다채롭게 구성된 팀에 의해서 이루어진 성경에 초점을 둔 예배 기획의 잠재력을 보여준다. 우리 중 아무도 회의에 오면서 이 모든 생각을 갖고 있지 않았다. 그리고 그 기획들 중 어떤 것은 우리가 주의 깊게 기도하는 마음으로 서로 의견을 나누는 그때에 나온 것이다. 성령님의 인도하심과 함께, 전체는 부분의 합보다 더욱더 커지게 되고 함께 모여 미리 기획하는 데 쏟은 시간과 노력의 보상이 더 커진다.

일단 다가오는 연중 예배 기획의 큰 단위에 대한 스케치가 되고 나면, 비록 세부적인 것을 살피진 못하더라도 팀은 그 이상을 볼 수 있다. 이러한 토의의 목적은 모든 것을 다 해결하는 것이라기보다는 그다음 모임을 준비하며 아이디어의 펌프를 위한 마중물이 되는 것이다. 예배를 위한 여러 가지 작은 안건들과 기획과 직접 연관이 없을 수 있는 문제 해결(예를 들어 무선마이크를 위한 배터리 주문 또는 피아노 조율 등)은 실행에서 가장 가까운 모임에서 다시 언급될 수 있다.

만약에 시간이 허락한다면, 예배 인도자들은 책이나 컨퍼런스 또는 웹사이트[1]와 같이 예배에 대한 지속적인 훈련의 자료를 공유할 수 있다. 다음 모임의 날짜와 시간을 확인하고 최대한 참가할 수 있도록 필요한 조정은 하라. 각 개인과 팀들의 실행 항목들을 재검토하라.

모임은 시작할 때와 마찬가지로 집중적인 기도로 마쳐야 한다. 기도는 "주님, 우리가 지금 결정한 내용들을 축복하소서!"라는 기도로부터 다음과 같은 기도로 나아가야 한다.

> 주님! 계속해서 당신의 마음을 우리에게 개인적으로, 그룹으로, 공동체적으로 보여주소서. 우리가 당신의 백성을 당신의 말씀으로 당신의 임재 안으로 더 충분히 인도할 수 있도록 우리를 사용하소서!

기다림과 서로를 돌아보는 침묵을 위한 공간을 만들어라. 서로서로에게 그리고 함께 예배를 이끄는 놀라운 특권에 감사하라.

## 3. 평가와 훈련

계속되는 평가와 훈련은, 각 요소들이 서로 간에 정보를 주고받으면서 그리고 다른 요소들을 강화하면서 기획 과정을 보완한다. 평가는 지난 기획이 얼마나 정확했는지, 이후 기획은 어떻게 조정되어야 할지, 추가적으로 훈련이 필요한 영역은 무엇인지에 대한 시야를 제공한다.

---

[1] 칼빈기독교예배연구소(Calvin Institute of Christian Worship, http://worship.calvin.edu/)가 추천하는 자료를 참고하라.

훈련은 약점을 극복하고 강점을 키워가서 뛰어난 역량을 만들 수 있다. 그리고 이러한 뛰어난 역량은 더 이상적인 기획을 시도해 볼 수 있도록 만든다. 기획은 평가가 단지 스스로 축하하는 것으로 격하되지 않게 하면서 바라는 미래의 모습을 가리킨다. 목표가 명확하게 보이도록 목표물의 핵심 부분을 그리는 것과 그곳을 향해 화살을 쏘는 것은 똑같이 중요하다.

또한 기획은 훈련을 간과하지 못하게 해준다. 왜냐하면, 우리 모두는 누구나 같은 일을 같은 방법으로 해오고 있기에 어떤 것을 하기 위해서 새로운 방법으로 새로운 기술을 개발할 필요를 느끼지 못하기 때문이다.

최고의 평가 과정은 계속적이고 관리 가능한 것이다. 평가를 하면서 어떤 하나의 "완벽한" 접근 방법보다는 당신이 실제로 그것을 사용하는 여러 번의 기회를 갖는 것이 더 낫다. 내가 선호하는 방식은, 광범위한 양적 분석(예를 들어 예배 각 부분의 10분의 1 비율로 내용과 추이 그래프가 첨부된 자료)보다는 구두로 서로 확인하기(아래 세부 내용을 참조) 위한 기초자료로 간단한 질적 평가(qualitative evaluation) 기록을 사용하는 것이다. 주간별 그리고 월간별 평가의 순환은 예배 기획팀들이 자신들의 모임에서 전체적인 평가를 하도록 한다.

먼저는 당신이 예배 인도에 참여하고 있는 각 시간 또는 각 주에서 자신의 리더십을 평가하는 것으로부터 시작하라. 나의 경우에는 예배를 마친 후 곧바로 10에서 20여 분을 들여 예배에 대한 일반적인 그리고 특별히 나의 리더십에 대한 짧막한 비평으로 리갈패드(줄이 쳐진 황색 [법률] 용지 묶음-역주) 노트에 기록한다. 전형적인 예배 후 침체(예를 들어 "내가 그것을 했다니/안했다니 믿을 수가 없군!")가 반성시간을 점령해 버리는 것을 피하기 위해서 나는 언제나 긍정적으로 시작한다.

"잘 된 것은 무엇인가?"

"언제 하나님의 임재를 성령님의 능력을 통해 가장 많이 느꼈는가?"

"우리가/내가 성령님의 능력을 통해 하나님의 임재에 다른 이들이 집중할 수 있도록 어떻게 도왔는가?"

이러한 질문들에 대한 답은 항상 일정하지 않다. 때로는 일들이 "잘" 진행된 것처럼 보이는데, 팀의 기술적 능숙함 또는 나와 다른 이들이 좋았기에 그렇게 생각한다. 이때는 내가 주의력을 잃어버린 것인데, 예배를 인도하는 성령님의 바람보다는 나 자신의 능력과 기술로 엔진을 돌리는 것에 더 의지했다는 것이다.

대체로 주의력과 효율은 같은 궤도를 돈다. 물론 모든 설교자들이 자신은 설교를 망쳤다고 느꼈지만 나중에 다른 사람들이 크게 감동받았다는 점을 알게 된 경험을 가지고 있기는 하다.

그다음에 나는 부정적인 것들을 생각한다.

"무엇이 잘 진행되지 않았는가?"

"내가 성령님의 능력을 통한 하나님의 임재를 거의 느끼지 못했을 때는 언제였는가?"

"이러한 일들에 다른 사람이 집중하는 데 있어 우리가/내가 어떻게 부주의했는가?"[2]

잘못된 부분들에 너무 집착하지 않도록 노력하라. 그냥 당신이 부족하다고 느끼는 부분을 인정하고 하나님의 용서와 당신의 장래 리더십을 위한 도움을 구하라.

---

[2] 전통적인 영적훈련을 위한 성찰 기도에 익숙한 사람들은 이 긍정적인 질문과 부정적인 질문들이 예배의 위로와 외로움의 범주를 단순히 적용한 것이라는 것을 알아차릴 것이다.

마지막으로 나는 반성하면서 생각난 아이디어를 기록해 두어 다음 주에 우리가 해야 할 것, 같은 예배를 다음번에 드릴 때는 그때에 해야 할 것, 또는 이후 예배에서 그 구체적인 요소들에 대해 알려줄 수 있도록 한다. 때로는 이러한 내용들이 기술적인 제안으로 특정 사회자가 찬양 인도자들을 위한 음향시스템의 볼륨을 조절하는 것일 수 있다. 다른 경우에는 내년도 사순절 예배는 고백의 시편에 근거하도록 하는 것과 같은 더 큰 범위의 제안일 수도 있다.

나는 주로 종이 자료를 사용하여 왔기에 평가 용지도 그 예배를 위한 자료들 속에 넣어서 한 해의 다른 자료들과 함께 날짜순으로 파일하여 교회 사무실에 보관했고, 누구든지 거기서 찾아볼 수 있도록 했다. 유사한 과정이 디지털 자료를 선호하는 사람들에게 적용될 수 있고, 그것은 더 쉽게 찾아볼 수 있는 장점이 있다.

다가오는 주일을 위해 예배를 함께 준비하는 과정에서 나는 내가 정리한 노트를 참조하여 며칠 전의 견해가 제공했던 나의 평가에 의해서 일부 수정을 할 수도 있다. 또한 나는 우리 스텝들의 주간별 모임의 한 부분에 나의 노트를 인용하여 예배에 관련된 다른 사람들을 격려하도록 함으로써, 스텝들도 독립적으로 자신을 돌아보는 성찰의 과정을 갖도록 하여 결국은 그들 자신만의 노트를 가질 수 있도록 해 왔다.

이러한 주간별 평가를 스텝과—일대일로, 그룹으로, 또는 자원한 팀과 함께—진행할 때는 긍정적인 내용과 당신 스스로가 나아진 영역들에서(향상을 위한 제안들도 하도록 하며) 시작하여, 부정적인 내용들과 개선이 필요한 다른 영역들로 넘어가라. 그들에게 각자의 발전한 영역들을 알려주기 전에 자신들이 먼저 자신들의 성장을 인식하도록 하라.

대부분의 사람들은 자신의 장점보다 약점을 잘 알고 있기 때문에, 당신은 그들이 더 잘 할 수 있었다고 생각하는 것들을, 성령님이 그들을 통해서 어떻게 역사하셨는지를 그들 스스로 알 수 있도록 해주어서, 그것이 앞으로 그들을 얼마나 성장시킬 수 있을지 격려하도록 도와주어야 한다. 반복되는 약점의 패턴은 훈련하도록 제안하거나 리더십을 발휘해서 조정을 제안한다. 중요한 문제들이 드러나는 경우는 가능하다면 그룹 앞에서보다는 개인적으로 교정해 주려고 애써야 한다.

이와 같이 목사들과 교회 스텝들 그리고 음악가들과 다른 예배 팀이 함께 하는, 분리적이지만 동등한 주간 평가는 성도 협의체에 보고하는 내용의 일부가 될 월간 평가에 대한 정보를 제공한다. 계속 진행되는 평가 과정의 요약 내용과 몇 가지 실례를 제공하는 것은 협의체가 집중해야만 하는 더 중요한 것-예배에서 성령님의 역사하심에 대한 협의체의 통찰력-을 방해하는 사소한 불평들(예를 들어 "나는 그 곡이 정말 싫어요!" 또는 "지난주 예배는 시간을 초과했어요. 약 1시간 17분…")을 막아준다.

보고를 잘 받았다고 느끼는 협의체는 예배 기획팀과 예배를 인도하는 다른 이들과 신뢰로 구축된 일종의 영적 리더십을 더욱 잘 보여주게 되어, 궁극적으로 예배 리더십에 속한 사람들이 협의체 지도자들을 더 존경하게 하고 예배와 관련된 제안들도 하게 한다.

이 같은 주간 및 월간 평가는 결국 예배 기획팀 모임에서 모인다. 이 그룹이 예배에 대한 일차적인 책임을 가지기 때문에 이 책에서 제공하는 "빅 아이디어" 예배의 우선순위를 반영한 더 공식적인 평가 도구를 선택하는 것이 적절하다. 나는 제2부 제2장에 평가 도구를 제안해 두었다. 그러나 각 팀이 자신들의 특정한 필요를 더 잘 표현하도록 바꾸어서 사용하기를 권한다.[3]

---

[3] 예배 평가 양식에 대한 추가적인 설명들과 예들은 *The Worship Sourcebook*의 부록(763-69)을 살펴보라.

이 예배 평가 양식은 성경적 예배의 근원적인 정의와 이 책에서 구조화한 "빅 아이디어" 과정을 반영한다.

반성을 위한 첫 번째 영역이 가장 중요하다.

"중심 구문의 '빅 아이디어'가 설교와 예배에서, 하나님의 온전한 말씀이 전 과정을 인도하면서 분명하게 반영되었는가?"

두 번째 영역은 기본적인 질문들을 전개하면서 따라온다.

세 번째 영역은 (감자머리인형과 그리스도의 몸) 예배에서 하나님의 온전한 사람이 하나님의 온전한 백성과 연결되었는지를 탐색한다.

팀워크 부분은 "항해사들"이 자신들과 그들의 "선원"들이 각각으로 그리고 전체로서 얼마나 잘 역할을 했는지 숙고할 수 있는 기회를 제공한다.

마지막 영역은 "바람"을 확인하고 "배"가 정해진 항로에 있는지 확인함으로써 예배의 궁극적인 목적을 모두에게 상기시킨다.

이 모델에 근거해서 예배 평가 양식을 가지고 함께 고민하는 것은 그 평가 시간을 통해서 그 팀에 커다란 응집력을 가져다주고, 그들의 예배에서 장기적인 동향에 대한 폭넓은 감각을 얻게 하고, 직접적으로 그들의 기획이 더 활기차도록 돕는다.

예배 기획팀이 또는 경우에 따라 협의회가 하는 한 가지 질문은 예배 평가 도구를 통한 평가에 —그들이 선호하는 예배 곡들 또는 설문조사를 하는 예배 평가에— 전체 회중을 포함시켜야 하는가에 대한 것이다. 나는 몇 가지 이유를 들어 이러한 방법을 취하는 것에 주의하라고 조언하고 싶다.

**첫째**, 예배는 다수결이 결정하지 않는다는 것을 기억하라. 말씀이 결정한다. 만약 광야에서 이스라엘 백성들이 또는 고린도 교회에서 회중들이 예배 설문조사를 작성했다면, 압도적으로 많은 선택은 금송아지와 술에 취한 성만찬이 되었을 것이다!

**둘째**, 그러한 설문조사는 의도하지 않게 예배에 대해 소비자 또는 구경꾼 의식을 심어줄 수 있다. 왜냐하면, 그러한 설문조사들은 어디에나 넘치는 고객 만족 측정도구 또는 시청자가 자신의 선호를 투표할 수 있게 방송되는 탤런트 쇼(talent shows)와 너무 비슷하기 때문이다. 예배에서 하나님의 백성을 인도하도록 하나님이 목사와 장로들, 그리고 예배 기획팀과 평가 팀을 부르셨고, 거기에 모든 사람들이 항상 그들이 원하는 것을 하도록 허락하는 것은 포함되지 않는다.

회중을 대표하는 예배 기획팀은, 특별히 회중에 속한 다른 사람들에게 피드백과 제안을 하도록 격려하고 또한 회의 중간에 있는 실행 계획의 부분으로 이러한 것들을 적극적으로 요청함으로써 더 나은 사운딩보드(sounding board, 아이디어·결정 등에 대한 반응 테스트의 대상이 되는 사람-역주) 역할을 할 수 있다. 내가 권하고 싶은 방법은, 만약 더 솔직한 정보가 필요하다면 예배만 따로 물어볼 것이 아니라, 회중을 향한 사역에 대한 전체적인 평가의 일부로서 예배를 바라보라는 것이다.

회중으로부터 양질의 데이터를 얻기 위해 여러 도구들이 시험되고 있다. 회중의 건강과 성장 그리고 발전이라는 더 넓은 맥락 속에서 예배에 구체적인 관심을 기울이고 있는 것을 선택하는 것이 가장 유용한 시야를 제공할 수 있을 것이다.[4]

좋은 기획과 평가 과정이 회중들의 "예배 전쟁"(worship wars)을 점점 줄여가겠지만, 갈등을 완전히 제거하지는 못할 것이다. 갈등 그 자체는

---

4  예를 들어 리더십혁신협회(Leadership transformation Incorporate)는 10가지 평가영역들 중 하나로서 "하나님을 드높이는 예배"을 포함하는 교회건강성 측정도구(Church Health Assessment Tool, CHAT)를 개발했다. http://www.healtychurch.net/.

절대적으로 부정적인 것만은 아니다. 바울과 바나바의 요한과 마가 중 누구를 데려갈지에 대한 갈등은 초대교회 선교 팀을 두 배로 증가시키는 것으로 끝이 났다(행 15:36-41). 그러나 서툴게 다룬 갈등은 그리스도의 몸에 심한 파괴를 일으킬 수 있다. 그것은 마치 고린도교회와 갈라디아 교회에 보내는 바울의 편지에 나타나 있는 것과 같다.

갈등을 예견하고 미리 준비하기 위한 한 가지 효과적인 도구는 사례 연구를 통한 접근이다. 이것은 예배 인도자가 자신의 상황에서 "실제로" 그 문제들을 다루어야 하기 전에 다른 환경에서 제시되었던 잠재적으로 문제가 될 만한 이슈들을 미리 탐색하게 한다.

어떤 경우는 그 사례들을 다른 회중의 예배 인도자로부터 개인적으로 받을 수 있는데, 그것은 그 제공자가 자신의 상황을 통해서 더 충분히 생각하도록 도울 수 있고 또는 예배 인도자가 팀과 함께 그 기록을 가지고 공유하고 그 저자(제공자)가 참석하지 않아도 그룹 안에서 토의할 수 있도록 돕는다.[5] 사례들은 간단히 잠재적인 논쟁적 이슈를 제기하거나 새로운 예배를 추가하는 것과 같은 잠재적 변화를 나타낼 수 있을 만큼 짧을 수도 있고, 더 심층적인 탐색을 위해서는 책만큼이나 길 수도 있다.[6]

또한 예배에 있는 갈등들의 정확한 특성들을 밝히는 것은 반응의 어떠한 방향과 균형을 제공한다. 상당히 많은 갈등이 예배에서 구체적인 요소들에서 일어난다.

"나는 그 곡은 싫어요."

"그것은 내가 해 왔던 것과는 다른 성만찬 방법이군요."

---

[5] 사례들을 기록하고 평가하는 방법에 대한 지도와 그룹 토의를 위한 몇 가지 작은 사례 연구들은 제2부 제3장을 참고하라.
[6] 예를 들어 칼빈기독교예배연구소가 개발한 『예배하는 교회』(The Church at Worship) 책 시리즈가 있다.

불행하게도 이렇게 사소한 요소들에 대한 갈등이 때로는 예배 내용—설교 말씀—을 아우르는 갈등의 수위로 올라간다. 믿는 사람들은 예배의 요소들이 상반되거나 더욱이 성경에서 분리되었다면 갈등해야만 한다.

그러나 대부분의 갈등은 성경적이지 않아서가 아니라, 단순히 개인적인 선호 때문에 일어난다. "빅 아이디어" 접근을 사용하는 것은 특정한 구성요소가 어떻게 회중의 정황의 다양성을 통과하여 성경적 내용을 나타내게 되었는지를 설명해 줄 수 있다.

어떤 사람은 여전히 어떤 구성요소를 좋아하지 않을 수도 있지만 그렇다고 그것이 틀렸다거나 죄스러운 것이라고 말할 수는 없다. 만약 구성요소들이 지속적으로 성경을 무시하거나 더욱이 회중 가운데 나타난 특정한 정황을 무시한다면, 그때에는 갈등이 합법적이고 더 바른 성실함을 이루는 데 도움이 될 것이다. 내용, 정황, 구성요소들에 이르는 과정은 그리스도의 몸에서 통일성과 다양성에 대한 유명한 격언을 반영한다.

"본질에는 통일을, 비본질에서는 자유를, 그리고 모든 것에는 긍휼을!"

이와 똑같은 태도와 과정은 예배 인도자에게 있어서 갈등과 밀접하게 관련된 또 다른 도전들, 다르게 말하면 언제 그리고 어떻게 변화를 만들어야 할지에 대해서—특히나 목사와 다른 예배 인도자들이 회중 가운데 자신들의 사역을 시작할 때—가이드를 해 줄 수 있다. 분명히 성경에 적합하지 않는 것은 즉각적으로 말해야 할 필요가 있지만, 대부분 회중들은 바알을 섬기거나 성만찬 동안 술에 취하지 않는다. 그러므로 대다수의 상황은 변화를 위한 좀 더 복잡한 조정을 필요로 한다.

일반적으로는 회중들의 변화에 개방성을, 구체적으로는 예배를 위한 변화에 대한 개방성을 점검하는 것으로 시작하라. 대부분 회중들은 변화를 싫어하고 특히나 예배에 대해서는 더욱 싫어하지만, 새로운 리더십이 명확하게 다른 방향으로 이동을 주도해 갈 때는 드물게 그렇지 않은 경우가 있다. 만약에 이것이 당신의 상황이라고 생각한다면 더욱 분명히 해두어야 할 것이 있는데, 그것은 당신이 어떤 급진적인 변화를 만들기 전에 협의회나 위원회에 먼저 상의해야 한다는 것이다.

내용, 정황 및 구성요소들의 과정은 예배 인도자들, 즉 그들이 인도하는 예배에서 이 요소들을 역동적으로 접하고 있는 자들에게 시간이 필요하다는 점을 전제한다. 적어도 변화를 시작하기 1년 전에 새로운 회중의 예배 리듬에 들어가라.

"우리 새로운 인도자들은 우리가 항상 해 왔던 모든 것이 틀렸다고 생각하는군. 그러니 그들은 아직도 우리를 알지 못하는 거야!"

이와 같은 견해보다 변화에 대한 개방성을 더 빨리 닫아버릴 수 있는 것은 아무것도 없다. 관계를 형성하기 위해, 그리고 내력을 이해하는 감각을 얻기 위해 시간을 갖는 것은 신뢰도를 높이게 하고 변화란 것이 상황과 적절성에 맞는 것으로 보이게 할 가능성을 높인다.

전형적인 예배 기획팀은 이상적인 그룹 안에서, 그리고 이상적인 그룹을 통하여 그 변화가 일어나도록 한다. 만약 예배 기획팀이 변화의 유익에 대해 확신하고 있지 않다면 다른 회중들 역시 그것에 매우 저항할 것이다.

그러나 만약 예배 기획팀이 변화에 대한 필요를 느끼고 함께 변화를 진전시키려 노력하므로 그러한 사례를 만들고 그 변화를 이끌어낸다면, 회중은 만약에 그것을 적극 받아들이지 않더라도 적어도 그 변화를 존중하게 될 것이다. 왜냐하면, 그것이 외부에서 부과된 것이라기보다는 더욱 "우리들 가운데 있던 것"처럼 보이기 때문이다.

항상 성경이 앞서 이끌도록 하자. 어떤 사람들은 하나님이 그것을 요구하실 때조차 변화를 받아들이지 않겠지만(어쩌면, 그것이 성경책이 두꺼워진 이유인지도 모른다!), 대부분은 하나님의 말씀이 근거가 되는 어떤 것을 기꺼이 고려할 것이다.

예를 들어 만약에 공적으로 함께 드리는 고백의 기도를 예배에 포함해 본 적이 없었다면, 고백의 시편(예를 들어 시 51, 32, 38, 6, 102, 130, 143편)에 근거한 시리즈를 설교함으로써 그것들을 자연스럽게 통합할 수 있다. 사순절 기간에 그렇게 하는 것은 참회를 강조하기 위한 근거를 강화하고 또한 참회의 기간을 자연스럽게 제공할 수 있다.[7]

만약 사람들이 모든 조정이 영원히 고정된 것이 아니고, 또한 목표가 "변화를 위한 변화"가 아니라 회중들이 하나님에 대한 경험을 깊게 하는 것임을 알게 된다면, 변화는 덜 꺼려지게 된다. 사람들이 변화가 오고, 그 변화가 왜 오고, 그리고 그것이 언제 끝나고 언제 평가될 것인지 알게 하자.

예배 기획팀이 하는 계속적인 평가는 예배에서 일어나는 것이 성경적 의도와 회중의 깨달음을 반영한다는 확신을 키워준다. 우리가 계획했던 것만큼 잘 되지 않은 것을 시도할 때 그것을 인정하는 것은 겸손케 하는 것일 수도 있지만, 그것은 또한 신뢰를 자라게 함으로써 하나님이 천지창조 때 그러셨던 것처럼 하나님의 성령이 우리의 회중 위에 운행하시며 그의 선하심과 사랑으로 우리의 예배의 틀을 만드시고 그것을 채우시는 창조의 가능성을 만들어 내는 것일 수 있다.

---

7   더 많은 예들은 제2부 제3장에 있는 작은 사례 연구, "제가 죄송합니다…제가 죄송합니다"를 보라.

# 제6장

# 결론

강해적 예배를 인도하고 발전시키는 소명을 진지하게 받아들이는 사람들에게는 그 사명의 복잡함과 막대한 책임감, 그리고 자신이 지닌 능력이 부족함에 스스로 압도당하는 것을 발견하게 될 것이다. 우리 마음에는 브래톤 피셔맨(Breton Fisherman)의 기도가 메아리친다.

"오, 주여! 당신의 바다는 너무나 큽니다. 그러나 나의 배는 너무나 작습니다."

역설적이지만 우리가 예배에서 거룩하신 삼위 하나님의 임재를 더 많이 경험할수록, 우리는 우리 자신을 더 잘 발견하여 이사야와 같이 외치게 된다.

> 화로다 나여 망하게 되었도다 나는 입술이 부정한 사람이요 나는 입술이 부정한 백성 중에 거주하면서 만군의 여호와이신 왕을 뵈었음이로라 (사 6:5).

우리 사명의 불가능함에 대한 이 고통스런 깨달음은 충성스런 예배 리더십을 위해서 필수적으로 치루어야 할 비용이다. 이는 예수님께서 자신의 제자들에게 상기시킨 것과 같다.

> 나를 떠나서는 너희가 아무것도 할 수 없음이라 (요 15:5).

이 책은 고통을 경감시키려는 것이 아니라 그것을 더 증대시키려고 한다. "빅 아이디어" 예배는 결코 지름길이 아니다. 더 길고 더 어려운 여행길에 헌신하는 것이다.

그러나 우리가 포기해 버리고 싶은 유혹을 떨치기 위해서 기억해야 할 것이 있다. 성경적 예배에 대해서 성경의 하나님보다 더 헌신한 이는 아무도 없다는 것이다. 바로 그 속성으로 스스로 나타내시는 이가 바로 하나님이다. 생각해 보면 창조주는 우주와 인간에게 자신을 숨기고 우리에게 우리의 기원과 목적에 대한 아무런 실마리도 남기지 않아서, 말 그대로 예배가 불가능하게 할 수도 있었다.

그러나 감사하게도 삼위 하나님은 그의 영광을 자신의 창조 세계에 드러내는 것을 선택하셨고, 자신의 형상을 따라 창조한 인간 안에 가장 풍성하게 나타내셨다. 영원 전부터 누려 오셨던 성부와 성자 그리고 성령 하나님 간의 사랑의 친교를 우리가 누릴 수 있게 해주셨다. 에덴동산에서 하나님과 인간과의 상호관계는 하나님의 열망-알려지고, 함께 기뻐하고, 경배받기를 원하시는 열망-을 보여준다.

인간의 반역으로 예배의 초점이 우리의 창조자로부터 우리에게로 이동했을 때조차 하나님은 인간을 예배자로 부르신 처음의 근본적인 부르심에 열렬히 헌신하셔서 하나님 자신의 아들의 수난으로 절정을 맞는 구속의 계획을 풀어놓으셨다. 하나님은 율법서와 선지서 그리고 지혜서의 기록들에 노아와 아브라함 그리고 모세와 다윗과 맺은 일련의 언약을 통해 계속 자신을 나타내시면서 이 계획을 보이셨다. 구약에 있던 약속들은 예수님의 삶과 죽음 그리고 부활과 승천으로 열려진 새 언약에서 성취되기 시작하였고 성령님의 감동을 통해서 신약으로 기록되었다.

성경의 하나님은 우리와 같은 사람들이 하나님의 거룩함을 손상시키거나 죄악 속에 있는 우리를 멸절시키지 않으시고, 여전히 하나님을 예배하는 것이 가능하도록 만들기 위해서 궁극적인 비용, 즉 성자의 피를 기꺼이 지불하셨다.

> 그러므로 형제들아 우리가 예수의 피를 힘입어 성소에 들어갈 담력을 얻었나니(히 10:19).

거기에다 하나님은 우리 예배에서 성령님으로 계속된 인격적 투자를 하시는데, 그 성령님은 성경을 영감하셨고 지금은 예수님의 약속을 성취하기 위해서 믿는 자들에서 부어지는 영이시다.

> 아버지께 참되게 예배하는 자들은 영과 진리로 예배할 때가 오나니 곧 이 때라 아버지께서는 자기에게 이렇게 예배하는 자들을 찾으시느니라 (요 4:23).

성경적 예배에 대한 삼위 하나님의 헌신은 보기에는 불가능할 것 같은 압도적인 소명에 우리의 헌신을 요구하고 계시고 또한 그것을 가능하게 만든다. 예배가 영원한 삶의 중심되는 경험이기에 예배는 궁극적인 장기 투자이다.

모든 회중과 예배 인도자들이 향해 가는 예배라는 항해의 최종 목적지는 새 하늘과 새 땅이다. 도중에 우리를 경로에서 벗어나게 할 것 같은 태풍을 만나게 될 것이고 역풍을 맞아 앞으로도 뒤로도 꼼짝 못하는 것처럼 느껴지겠지만, 우리는 결국에는 우리의 영혼의 닻이신 그리스도가 우리를 고향 항구까지 이르도록 지키실 것이라는 확신에 거할 수 있다.

> 우리가 이 소망을 가지고 있는 것은 영혼의 닻 같아서 튼튼하고 견고하여 휘장 안에 들어가나니 그리로 앞서 가신 예수께서 멜기세덱의 반차를 따라 영원히 대제사장이 되어 우리를 위하여 들어 가셨느니라 (히 6:19-20).

지금 우리 예배의 모든 것은 신적 드라마의 궁극적인 실행을 위한 단순한 리허설이다. 이러한 자각은 모든 것이 극작가와 스타와 감독이 보기에 완벽해야 한다는 잘못된 두려움에서 우리를 자유롭게 만들고, 동시에 성경을 보다 더 충실하게 해석해서 다시 오실 사령관이 바라시는 실천에 부합될 수 있도록 새로운 헌신을 요구할 수 있게 만든다.

아이작 왓츠(Issac Watts)는 시편 23편의 마지막 줄 "내가 여호와의 집에 영원히 살리로다"에서 영원에 대한 어떤 깨달음을 얻어 자신이 쓴 문구에 담아내고 있다.

| | |
|---|---|
| 내 하나님의 확실한 공급이 | The sure provisions of my God |
| 내 사는 날 동안 나에게 있네 | attend me all my days; |
| 오 당신의 집이 나의 거처가 되기를 | O may your house be my abode, |
| 그리고 내 모든 일은 찬송이 되기를 | and all my work be praise. |
| 나는 거기서 변치 않는 안식을 찾으리 | There would I find a settled rest, |

| 다른 사람들은 왔다가 가더라도 | while others go and come; |
| 더 이상 이방인도 손님도 아닌 | no more a stranger or a guest, |
| 오직 집에 있는 아이처럼. | but like a child at home. |

우리 하나님의 확실한 섭리하심은, 하나님의 온전한 말씀이 성령 하나님의 충만한 능력을 통해 하나님의 모든 백성들과 함과 온전한 인격의 사람을 성자 하나님과의 충만한 연합 가운데 성부 하나님의 충만한 임재 안으로 인도하여, 하나님의 온전한 사명의 성취를 이루게 하실 것을 신뢰하는 가운데, 우리가 리더십을 발휘하는 동안 인내할 수 있도록 해준다. 요한계시록에서 보이는 것처럼, 우리의 불완전한 기대들은 성경적 예배의 "빅 아이디어"가 우리의 영원한 실재가 되는 그때에 이루어지게 될 것이다.

또 내가 "새 하늘과 새 땅"을 보니 처음 하늘과 처음 땅이 없어졌고 바다도 다시 있지 않더라 또 내가 보매 거룩한 성 새 예루살렘이 하나님께로부터 하늘에서 내려오니 그 준비한 것이 신부가 남편을 위하여 단장한 것 같더라 내가 들으니 보좌에서 큰 음성이 나서 이르되,

"보라 하나님의 장막이 사람들과 함께 있으매 하나님이 그들과 함께 계시리니 그들은 하나님의 백성이 되고 하나님은 친히 그들과 함께 계셔서 모든 눈물을 그 눈에서 닦아 주시니 다시는 사망이 없고 애통하는 것이나 곡하는 것이나 아픈 것이 다시 있지 아니하리니 처음 것들이 다 지나갔음이러라."

성 안에서 내가 성전을 보지 못하였으니 이는 주 하나님 곧 전능하신 이와 및 어린 양이 그 성전이심이라 그 성은 해나 달의 비침이 쓸 데 없으니 이는 하나님의 영광이 비치고 어린 양이 그 등불이 되심이라 만국

이 그 빛 가운데로 다니고 땅의 왕들이 자기 영광을 가지고 그리로 들어가리라 낮에 성문들을 도무지 닫지 아니하리니 거기에는 밤이 없음이라 사람들이 만국의 영광과 존귀를 가지고 그리로 들어가겠고.[1]

내가 보니 각 나라와 족속과 백성과 방언에서 아무도 능히 셀 수 없는 큰 무리가 나와 흰 옷을 입고 손에 종려 가지를 들고 보좌 앞과 어린 양 앞에 서서 큰 소리로 외쳐 이르되,

"구원하심이 보좌에 앉으신

우리 하나님과

어린 양에게 있도다"

하니 모든 천사가 보좌와 장로들과 네 생물의 주위에 서 있다가 보좌 앞에 엎드려 얼굴을 대고 하나님께 경배하여 이르되,

"아멘!

찬송과 영광과

지혜와 감사와 존귀와

권능과 힘이

우리 하나님께 세세토록 있을지어다.

아멘!"

하더라.[2]

---

1 계 21:1-4, 22-26.
2 계 7:9-12.

# 제2부

# 실천편

**제1장**　예전적 아이디어 연습 문제지
**제2장**　예배 평가 양식
**제3장**　사례 연구

## 제1장

## 예전적 아이디어 연습 문제지

여기에 성경에 있는 강복선언(축도)과 관련된 본문들이 있다. 이 짧은 본문들 각각에서 주제 질문과 보충어 대답을 채우고 그것을 함께 두어 주해적 아이디어와 예전적 아이디어를 발전시켜 나가는 과정을 연습해 보라.

    마지막으로 당신의 예전적 아이디어를 형성하기 위한 5가지 질문들에 답하면서 당신의 생각들을 적어보라. 이것을 개인적으로 시도하고 그리고는 자신의 생각을 다른 사람의 내용들과 비교하여 하나의 본문이 만들어낼 수 있는 예전적 아이디어들의 다양함을 탐구하라.

## 1. 민수기 6:24-26

여호와는 네게 복을 주시고 너를 지키시기를 원하며 여호와는 그의 얼굴을 네게 비추사 은혜 베푸시기를 원하며 여호와는 그 얼굴을 네게로 향하여 드사 평강 주시기를 원하노라(민 6:24-26).

주  제:

보충어:

주해적 아이디어:

예전적 아이디어:

우리는 왜 하나님께 찬양해야 하는가? – 기쁨(Rejoice):

우리는 무엇을 하나님께 고백해야 하는가? – 회개(Repent):

우리는 무엇을 하나님께 간구해야 하는가? – 요청(Request):

우리는 무엇을 하나님께 드려야 하는가? – 희생(Sacrifice):

우리는 어떻게 하나님을 위해 살아야 하는가? – 섬김(Service):

## 2. 고린도후서 13:13

주 예수 그리스도의 은혜와 하나님의 사랑과 성령의 교통하심이 너희 무리와 함께 있을지어다(고후 13:13).

주　제:

보충어:

주해적 아이디어:

예전적 아이디어:

우리는 왜 하나님께 찬양해야 하는가? - 기쁨(Rejoice):

우리는 무엇을 하나님께 고백해야 하는가? - 회개(Repent):

우리는 무엇을 하나님께 간구해야 하는가? - 요청(Request):

우리는 무엇을 하나님께 드려야 하는가? - 희생(Sacrifice):

우리는 어떻게 하나님을 위해 살아야 하는가? - 섬김(Service):

## 3. 유다서 1:24-25

능히 너희를 보호하사 거침이 없게 하시고 너희로 그 영광 앞에 흠이 없이 기쁨으로 서게 하실 이, 곧 우리 구주 홀로 하나이신 하나님께 우리 주 예수 그리스도로 말미암아 영광과 위엄과 권력과 권세가 영원 전부터 이제와 영원토록 있을지어다 아멘(유 1:24-25).

주  제:

보충어:

주해적 아이디어:

예전적 아이디어:

우리는 왜 하나님께 찬양해야 하는가? - 기쁨(Rejoice):

우리는 무엇을 하나님께 고백해야 하는가? - 회개(Repent):

우리는 무엇을 하나님께 간구해야 하는가? - 요청(Request):

우리는 무엇을 하나님께 드려야 하는가? - 희생(Sacrifice):

우리는 어떻게 하나님을 위해 살아야 하는가? - 섬김(Service):

## 4. 로마서 15:13

소망의 하나님이 모든 기쁨과 평강을 믿음 안에서 너희에게 충만하게 하사 성령의 능력으로 소망이 넘치게 하시기를 원하노라(롬 15:13).

주 제:

보충어:

주해적 아이디어:

예전적 아이디어:

우리는 무엇을 하나님께 찬양해야 하는가? - 찬양(Rejoice):

우리는 무엇을 하나님께 고백해야 하는가? - 회개(Repent):

우리는 무엇을 하나님께 간구해야 하는가? - 요청(Request):

우리는 무엇을 하나님께 드려야 하는가? - 희생(Sacrifice):

우리는 어떻게 하나님을 위해 살아야 하는가? - 섬김(Service):

# 제2장

# 예배 평가 양식

평가 기간: _____부터 _____까지

평 가 자: _____

\* 각각의 개별 사건보다는 더 큰 패턴과 추이에 유의하면서 평가 기간 동안 살펴본 당신의 생각들을 기록하라.

## 1. "빅 아이디어"

설교에 성경 본문의 "빅 아이디어"가 얼마나 명확하게 반영되었는가?

예배 전체에서 성경 본문의 "빅 아이디어"가 얼마나 명확하게 반영되었는가?

우리의 예배는 얼마나 충분히 하나님의 온전한 말씀을 나타내고 있는가?

## 2. 발전 질문들

아래의 발전 질문들의 각 질문은 개별적으로 그리고 전체적으로 얼마나 충분히 언급되었는가?
우리가 그것들 가운데 어떤 것을 너무 많이 강조하였거나 혹은 너무 적게 강조하지는 않았는가?
우리는 어떻게 더 나은 균형을 가져와야 하는가?

① 우리는 왜 하나님께 찬양해야 하는가? – 기쁨(Rejoice)

② 우리는 무엇을 하나님께 고백해야 하는가? – 회개(Repent)

③ 우리는 무엇을 하나님께 간구해야 하는가? – 요청(Request)

④ 우리는 무엇을 하나님께 드려야 하는가? – 희생(Sacrifice)

⑤ 우리는 어떻게 하나님을 위해 살아야 하는가? – 섬김(Service)

## 3. 감자머리인형 & 그리스도의 몸

우리 예배는 얼마나 충만히 전인격(머리, 가슴, 손발: 육체적, 지적, 감정적 등)과 하나님의 모든 백성(회중의 모든 사람들과 전 세계와 역사를 통한 믿음의 사람들)이 관여하는가?

더 깊은 교제와 연합을 이루려면 우리는 어떤 영역을 언급해야 하는가?

**4. 팀워크**

우리 팀은 어떻게 성령님과 발맞추어 가는가(예를 들어 설교, 음악, 기술, 안내, 예전 등)?

팀원들은 각 팀 안에서 그리고 모든 팀들 간에 어떻게 발맞추어 가는가?

이 책에서 제공하는 "빅 아이디어" 성경적 예배를 위한 과정에 더 일치하고 더 조화롭게 하기 위해 애써야 하는 영역은 무엇인가?

하나님은 우리 팀에 추가하고자 하는 은사를 가진 누구를 세우고자 하는가?

**5. 임재, 능력, 목적**

언제 우리는 성령님의 충만한 능력을 통해서, 성자 예수님과의 충만한 연합 안에서, 성부 하나님의 충만한 임재 안으로 더 충분히 들어갔다고 깨닫는가?
우리는 어떻게 우리 예배가 하나님의 온전한 사명을 더욱 성취해 가는 것을 보게 되는가?

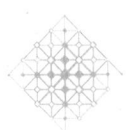

# 제3장

# 사례 연구

예배 인도자들, 특별히 예배 기획팀원들은 실제로 복잡한 상황을 "실제로" 접하기 전에, 사례 연구라는 학습 도구를 통해서 그 상황을 미리 생각해 봄으로 유익을 얻을 수 있다. 사례 연구는 사역에서 어려운 이슈를 기술하고, 그 제출자가 주어진 상황을 어떻게 다루고 있는지를 살펴봄으로써, 그 사례를 읽는 사람들이 자신들이라면 비슷한 상황에서 어떻게 할지를 미리 생각해 보게 한다.[1] 가장 도움이 되는 사례들은 간단히 답할 수 없는 것들이다.

사례들은 실제 경험에서 나온 것이 가장 좋다. 이상적으로는 문제에 직면한 사람이 자신의 사례를 동료 그룹의 피드백을 위해서 내어 놓는 것이 좋다. 이러한 접근은 다른 전문적 교육 분야—의학과 법률 그리고 비즈니스—에서 광범위하게 사용되고 있다. 고든콘웰신학교 목회학 박사 학생들은 예배 프로그램에서 이 도구가 대단히 유용하다는 것을 확인해 왔다.

---

[1] 사례 연구의 더 많은 내용은 Kenneth L. Swetland, *Facing Messy Stuff in the Church: Case Studies for Pastors and Congregations* (Grand Rapids: Kregel, 2005)을 보라.

아래의 여러 개의 "작은 사례들"은 예배학 수업 또는 예배 기획팀 훈련에서 토론해 볼만한 몇 가지 예들을 제공할 것이다. 마지막에 있는 당신 자신의 사례를 쓰는 것과 그룹 평가를 하는 것에 대한 설명은 이 도구를 더 폭넓게 사용하기를 원하는 사람들을 위해 요약해 두었다.

## 1. 작은 사례 연구

### 1) "이 찬송은 너무 길어요…"

제인은 예배 기획팀이 자신의 리더십 아래서 잘 협력해 온 것에 고무되었다. 이 지역 교회의 회중들은 오랫동안 깊이 뿌리를 내려온 조그만 도시가 지닌 제한된 다양성을 보여주었다. 많은 사람이 함께 자랐고, 같은 좌석에 여러 세대가 함께 앉는 것이 전혀 어색하지 않았다. 때때로 이것이 세대 간에 그리고 새로 온 사람과 오래 된 사람 간에 긴장을 만들었고 그것은 예배 안으로 흘러 들어갔다.

제인이 처음에 기분 좋게 놀랐던 이유는 회중 찬양에 대해서 예배 기획팀에 물었을 때 어떤 것도 결코 동의하지 않았던 두 팀원이 정확하게 같은 의견을 냈기 때문이다. 15년 동안 멤버였던 랄프가 "어떤 곡들은 너무 길어요!"라고 말하자, 새로운 청소년부 목사인 카일이 거의 제창하듯 말했다.

그러나 제인의 즐거움은 잠깐뿐이었다. 그녀는 랄프와 카일의 마음속에는 매우 다른 곡들을 품고 있다는 것을 알게 되었다. 카일은 큰 소리로 의문을 표했다.

"왜 우리는 항상 '저 멀리 푸른 언덕'(146장 찬송), '갈보리 산 위에'(150장 찬송)의 모든 절들을 불러야만 하지요?"

거기에 대고 랄프는 성나서 말했다.

왜냐하면, 그 찬송가의 내용들은 의미를 지니고 있으니까. 우리가 '나는 당신을 사랑해요'라고 계속 반복해서 부르는 그 새로운 노래보다는 더 많은 것을 전달하니까….

● **성찰과 토의 질문**

· 이 사례가 제기하는 문제는 무엇인가?

· 어떤 이슈가 더 주된 것이고, 어떤 것이 부차적인 것인가?

· 만약 당신이 제인이라면, 랄프와 카일의 의견에 예배 기획팀이 어떻게 반응하도록 돕겠는가?

› 어떻게 "빅 아이디어" 접근이 랄프와 카일, 또한 다른 멤버들이 이러한 곡들을 평가하는 것을 도울 수 있을까?

› 어떻게 당신은 여러 절이 있는 찬송가와 단순한 합창곡이 다르게 기능하고, 또한 서로 배척하기보다는 상호 보충할 수 있는지를 모두가 이해하도록 도울 수 있을까?

› 관계가 지닌 역동성은 무엇이며, 이것은 어떻게 표현되어야 하는가?

• 무엇이 곡을 "너무 길게" 만드는가?

› 그것이 적당하도록 어떻게 조절해야 하는가?

› 무엇이 설교나 예배가 전체적으로 "너무 길게" 만드는가?

## 2) "기도할 것인가 말 것인가? 그것이 문제로다"

닉 목사가 주기도문에 대한 설교 시리즈를 해야겠다고 결정했을 때, 교단에 속하지 않는 자신의 교회의 예배에서 따라올 그 모든 복잡함을 그는 결코 상상하지 못했다. 주기도문에 대해서 설교하기로 결심하게 된 주된 이유 중 하나는 회중들 가운데 많은 새로운 믿는 사람들과 어린이들이 주기도문이 무엇인지 모를 뿐만 아니라, 그것이 주일 예배의 정규 순서가 아니기에 그것을 외워서 기도하지 못하기 때문이었다.

이 시리즈 가운데 첫 번째 설교를 마치고 닉은 회중이 주기도문을 기도하도록 인도했다. 자신이 성장할 때 그렇게 한 것처럼, 기존의 모든 사람이 그것을 알고 있다고 생각했다.

하지만, 그가 생각했던 것처럼 잘 진행되지 않았다. 단지 소수의 사람만이 함께 기도할 수 있을 정도였고, 그들도 단지 따라서 중얼거리는 정도였다. 그러다가 죄에 대한 용서를 구할 때, 몇 사람이 자신들이 익숙한 "우리가 우리에게 죄(transgresses) 지은 자"라고 말하는 동안 다른 사람들은 "죄"(debts)와 "죄 지은 자"(debtors)를 언급하면서 실패로 끝났다.

그다음 주일 "죄"(trespasses)라고 말하는 감리교 신자들과 "죄"(debts)라고 고집하는 장로교 신자들의 반발을 피하기 위해서 그는 "죄"(sins)라는 에큐메니칼 버전을 생각해 냈고 그것을 선택했다. 그것으로 편애주의자라는 비판은 피했다. 그러나 아무도 만족하지 않은 것 같았다.

로마 가톨릭 배경을 가진 한 현명한 멤버가 닉 목사를 조용히 한쪽으로 불러서 왜 사람들이 추가로 말을 덧붙이는지 물었다. "나라와 권세와 영광이 아버지께 영원히 있사옵니다"인데 어떤 사람은 여기에 "영원히"(and ever)라고 "아멘" 전에 덧붙인다는 것이다.

닉 목사님, 나는 개신교인들은 성경의 사람이라고 생각합니다.
그런데 왜 꼭 마칠 때 그런 식으로 할까요?
예수님이 말씀하신 곳에서 멈추고 복음서에 있는 대로 말씀을 그냥 사용하지 않고 가톨릭이 하는 식으로 하나요?

이러한 의견을 옆에서 어쩌다 들은 엄격한 근본주의자로 양육된 다른 멤버가 한마디를 더했다.

이렇게 하는 것은 예수님의 제자들이 예수님께 기도하는 것을 가르쳐 주시기를 청했을 때, 예수님께서 제자들에게 가르쳤던 기도이긴 하지만, 매주 그것을 반복하는 것은 "이방인과 같이 중언부언하지 말라"라고 하신 마태복음 6:7에 나오는 기도에 대한 예수님의 가르침과는 반대되지 않습니까?

● **성찰과 토의 질문**

· 이 사례가 제기하는 문제는 무엇인가?

- 어떤 이슈가 더 주된 것이고, 어떤 것이 부차적인 것인가?

- 어떤 기도를 외워서 할 수 있다는 것은 얼마나 중요한가? 주기도문 특별한 경우인가? 이러한 종류의 기도가 "헛된 반복"이 되어 버리는 것을 당신은 어떻게 피할 수 있는가?

- 주기도문의 다른 버전들을 알아가는 사람들의 어려움을 당신은 어떻게 표현할 수 있을까? 당신이 그 차이를 어떻게 설명해야 할까?

- 다른 성경의 기도들은 공적 예배에서 어떻게 사용되어야 하는가? 이러한 기도를 할 때, 성경에 단어들을 추가하는 것-대부분의 신교도가 사용하는 주기도문의 끝처럼-은 허용할 수 있는가? 왜 가능한가? 혹은 왜 가능하지 않은가?

### 3) "보이는 은혜의 표지?"

조지 목사는 예배를 마치고 굉장한 감동을 느꼈다. 그는 항상 세례를 베푸는 것을 좋아했다. 그리고 그날 아침 여러 명의 젊은이들이 그리스도를 만났다는 강하고 진심어린 확신을 가진 신앙고백을 했다.

이러한 새로운 신자들에게 세례를 베푸는 것은 얼마나 큰 특권인가!

그의 마음을 더욱더 기쁘게 만든 것은 예배의 기술 팀이 세례가 있는 동안 더 영적인 분위기를 만들기 위해서 연무기(fog machine)를 사용하는 것이 가능했다는 점이다.

게다가 그 아이들이 세례 받는 동안 자신들이 콘서트에서나 가졌을 기분을 가진다는 것이 멋지다고 생각하지 않겠는가?

조지 목사가 스스로를 축하하기도 전에, 그는 자신의 어깨에 집요한 두드림을 느꼈다.

"목사님은 무대 쇼로 내 아이의 세례를 망쳤어요."

그것은 세례 받은 한 학생의 엄마인 샐리였다.

"무슨 말이에요?"

조지가 놀라 말했다.

"나는 아무것도 볼 수 없었어요! 아무도 안 보이고 오직 안개만 봤어요!"

샐리는 항의했다.

"그것은 성령님을 나타내려고 한 거였어요."

조지는 절반의 확신으로 대답했다.

샐리는 그 문제를 짚었다.

"세례는 보이는 은혜의 표지로 나타나는 게 아닌가요? 아무도 그것을 볼 수 없다면 그 표지가 무슨 유익이 있겠어요?"

"음…."

조지 목사는 곰곰이 생각했다.

"우리 예배 기획팀의 다음 평가 시간에 이 문제를 갖고 고민해야만 하겠군요."

● **성찰과 토의 질문**

· 이 사례가 제기하는 문제는 무엇인가?

· 어떤 이슈가 더 주된 것이고, 어떤 것이 부차적인 것인가?

- 예배에서 기술을 이용하는 것에서 오는 잠재적인 이익과 부담은 무엇인가?

> 만약에 그 안개가 연무기 대신에 향(incense)에서 나온 것이었다면 이 사례가 달라졌을까?

- 연무기나 조명 또는 음악과 같은 무대장치를 사용하는 것이 "분위기 조성"을 넘어서 감정적 조작으로 넘어가 버리는 것은 언제인가?

- 만약에 세례와 성만찬이 보이는 은혜의 표지라고 간주한다면, 그 보이는 표지들이 숨겨지는 것을 방지할 뿐만 아니라, 참가자들과 모든 예배자들에게 이에 대한 시각화를 강화하기 위해서 당신은 이 영역을 어떻게 강조해야만 할까?

### 4) "제가 죄송합니다… 제가 죄송합니다"

"김 장로님, 저와 말씀을 나눌 수 있을까요?"

다니엘 김은 조셉이 사순절 첫째 주일 예배 후에 무엇에 대해 말하고 싶어 하는지 의아하게 여겼다. 조용하고 사려 깊은 조셉은 자신의 신앙을 매우 진지하게 고민하는 비교적 최근에 믿기 시작한 신자이다.

"물론이지요. 우리 예배당 안으로 들어갑시다. 그곳이 더 조용하니 방해받지 않을 겁니다."

다니엘이 말했다. 긴 침묵이 흐른 뒤에, 조셉은 겨우 속삭임보다 조금 큰 소리로 자신의 근심거리를 말하였다.

왜 오늘 예배 가운데 죄의 고백을 해야 했던 것이지요?

그것은 매우 의기소침하게 만들어요. 저는 이미 이 주간 여러 면에서 예수님을 낙담시킨 점들이 너무 많아 매우 수치스럽게 여기고 있었어요. 그래서 주일 날 예배로 나와서 기분이 좋아지기를 바랬지요. 자꾸 내 죄를 떠올리기 보다는 말이지요. 게다가 내가 그리스도를 영접하는 기도를 했을 때 장로님이 말했잖아요. 그리스도께서 나의 모든 죄를 용서해 주실 거라고!

왜 또 다시 그 죄들을 계속 들고 나와야하는 거죠?

예수님은 이미 나의 죄를 알고 있고, 십자가에서 그 값을 지불하셨어요. 그렇지 않나요?

내 말은 나는 이 목사님이 설교하신 시편 51편에서 왜 다윗이 자신의 죄를 고백했는지 이해할 수 있어요. 하지만, 우리 교회의 아무도 이번 주에 살인을 하거나 간음을 하거나 하지는 않았잖아요….

"그렇군요…."

다니엘은 깊이 생각했다.

"우리 이 목사님을 찾아가서 당신의 질문에 답해 달라고 부탁해 봅시다."

● **성찰과 토의 질문**

· 이 사례가 제기하는 문제는 무엇인가?

· 어떤 이슈가 더 주된 것이고, 어떤 것이 부차적인 것인가?

- 만약 당신이 김 장로거나 이 목사라면 조셉의 질문에 당신은 어떻게 답하겠는가?

- 만약 기독교인이 용서받았다면, 왜 우리는 예배에서 우리 죄를 계속 고백해야 하는가?
  › 고백한다는 것이 우리가 용서받지 못했다는 것을 암시하는 것인가?
  › 또는 우리가 죄를 고백하지 않는다면 그것은 용서받지 못하는 것인가?

- 조셉이 고백의 기도가 지닌 목적을 더 충분히 이해하도록 아래 성경 구문들을 가지고 어떻게 도울 수 있을까?
  › 야고보서 5:16
  › 다니엘 9:4-19
  › 요한일서 1:8-10
  › 잠언 28:13
  › 주기도문: 마태복음 6:12-14; 누가복음 11:4
  › 시편 6, 32, 38, 51, 102, 130, 143편

## 5) "어린아이와 함께하는 고통"

마리아는 지쳐 의자에 털썩 주저앉았다. 예배는 그녀의 마음에서 멀리 있었다. 자신의 세 아이들을 깨워서 옷을 잘 차려 입히고-그런데 주안 칼로스는 자신의 왼쪽 양말을 잃어버린 걸 뒤늦게 알아차렸다-교회까지 오는 것은 정말 힘든 일이었다. 그럼에도 그녀에게는 아이들이 예수님을 알아가고 그분의 백성들과 함께 예배하며 자라가는 것-자신은 단지 몇

해 전에 어른이 되어 시작한 믿음의 삶을 살아가는 것-보다 더 바라는 것은 아무것도 없었다.

마리아는 이번 주일에 10분밖에 안 늦었고, 그것은 진전이라 생각하며 기뻐했다. 그러한 좋은 기분은 그녀가 지쳤음에도 불구하고 예배로 들어가도록 돕고 있었다. 그러나 커다랗게 들리는 "쉬!"라는 소리가 그 기분을 깨버렸다. 그녀는 뒤돌아보았고 주안 칼로스의 잃어버린 양말을 보고는 함께 킥킥거리는 자신의 아이들을 노려보는 엄한 표정의 오래된 교회 멤버를 보았다.

마리아는 아이들의 등에 손을 얹어 그들을 진정시키며 조용하게 했다. 그러나 그녀는 자신의 얼굴에 번지는 당황의 빛을 느꼈다. 예배는 이미 너무나도 멀리 있는 듯 느껴졌다. 그녀가 아이들을 자신과 함께 예배드리기 위해 데려온 것이 맞는 것일까 생각했다. 예배 시간 동안 운영되는 아이들을 위한 특별한 연령별 프로그램이 있는 더 큰 교회도 알고 있었다. 그러나 마리아에게 그것은 바른 것 같지 않았다.

마리아는 세 아이와 함께 살아가려고 두 개의 직장에 나가고 있어서 주중에는 너무나도 아이들과 함께 있는 시간이 부족하다고 느꼈다.

'주일 예배만큼은 가족이 함께 오는 것이어야 하지 않을까?'

'그것이 가족을 갈라놓는 또 한 번의 경험은 아니어야 하지 않을까?'

마리아는 자신이 지금 겪은 것은 그녀의 친구 중 하나와 비교하면 꽤나 가벼운 일이라고 스스로 위로했다. 마리아의 친구는 목사가 설교를 멈추고 그녀에게 울고 있는 아이를 데리고 예배실에서 나가라고 명령했던 것을 이야기했었다. 그 친구는 결코 그 교회에 다시 가지 않을 거라고 다짐했고, 마리아는 지금도 그 친구가 다른 어떤 교회에 가기를 꺼려한다고 말할 수 있었다.

마리아는 자신의 교회를 좋아했고 떠날 생각은 하지 않지만, 예배에서 어린이들의 장소에 대해서는 많은 의문들을 가지고 있다.

'예수님이 "어린 아이들이 내게 오는 것을 용납하고 금하지 말라 하나님의 나라가 이런 자의 것이니라"(막 10:14)라고 말씀하지 않으셨나?'

'그렇다면 왜 오늘 그의 제자들은 어린이가 그 부모와 함께 예배드리는 것을 어렵게 만들어 놓은 것처럼 보일까?'

만약 회중들이 예배 중에 아이들을 즐겁게 하려고 크레용을 준비하는 것보다 더 나은 것을 하거나 또는 어린이를 위한 설교를 붙여놓는다면 도움이 될 것이다.

만약 예배 전체에 어린이가 함께한다면 어떻게 될까?

예수님이 그렇게 하신 것처럼, 하나님과 어떤 관계가 있는지를 보여주는 모델로서 어린이들을 예배에 참석케 한다면 예배는 어떻게 보일까?

● **성찰과 토의 질문**

· 이 사례가 제기하는 문제는 무엇인가?

· 어떤 이슈가 더 주된 것이고 어떤 것이 부차적인 것인가?

· 예배에서 어린 아이들이 있어서 생기는 문제들에는 어떤 것이 있는가? 어떤 기회들이 있을까?

· 당신은 마리아의 질문에 어떻게 답하겠는가?
  › 그리고 아이와 함께 예배드리기 원하는 그녀를 어떻게 격려하겠는가?

> 당신은 예배에 불가피하게 참석한 어린 아이들의 방해에 회중들이 반응하는 방법에서 성장하도록 어떻게 도울 수 있는가?

• 만약 예수님이 자신의 이름으로 그 백성들이 함께 모여 있을 때 (마 18:20; 고전 5:4) 특별히 그곳에 직접 참석하신다면, 우리는 어린이들이 주님이 계신 곳으로 나오는 것을 방해하는 장애물들을 없애기 위해서 얼마나 더 계획적이 되겠는가?

• 이러한 문제들에 대해 더 많은 의견들을 위해서는 다음을 읽으라.
> Robbi Castleman, *Parenting in the Pew* (Downers Grove, Il: InterVarsity, 2002).
> Marva Dawn, *Is It a Last Cause? Having the Heart of God for the Church's Children* (Grand Rapids: Eerdmans, 1997).

## 6) "'이를 행하여 나를 기념하라,' 그러나 어떻게? 그리고 얼마나 자주?"

론 목사는 예배 기획팀 회의를 위한 안건들을 모아 놓고 어떤 갈등이 생길 만한 곳을 살펴보면서, 왜 예수님이 성만찬에 대해서 좀 더 구체적으로 지도해주지 않으셨을까 고민했다. 예수님은 "너희가 이를 행하여 나를 기념하라"(눅 22:19; 고전 11:24-25)라고 자신의 제자들에게 명령하신 것은 분명하지만 그 이상은 없다.

예배 기획팀에서 드러나는 많은 다른 예배 전통들을 보면 이 명령에 순종하는 "바른" 방법에 대해 각각의 사람이 다른 생각을 가진다는 것을 알게 되었다. 심지어 그들은 이에 대한 시행을 설명하기 위해 서로 다른 단어들을 사용했다.

대부분의 사람들은 그것을 "성찬식"(communion)이라고 부르지만, 장로교파는 "주의 만찬"(the Lord's Supper)을 더 좋아하고, 어떤 성공회와 루터교는 "유카리스트"(Eucharist)라 하고, 몇몇은 "미사"(Mass)라고 말하면서 자신들이 로마 가톨릭에서 자라난 것을 드러낸다.

어떠한 요소들이 있어야 하는가에 대한 선택에도 많은 차이들이 있었다. 어떤 이들은 회중의 한 멤버가 금방 구워 온 커다란 덩어리 빵을 사용하는 것을 좋아했다. 다른 사람들은 개인별 와플—한 침례교회 팀 멤버가 그것을 꼬집어 "나는 이것이 주님의 몸이라는 것보다 이것이 빵이라고 믿기가 더 어렵다"고 말한 그 와플—을 좋아하기도 하고, 또는 미리 잘라서 누구라도 고백해야 한다면 꼭 솜처럼 보이는 큐브 모양의 빵을 선호하기도 했다. 증가하는 음식 알러지에 대한 민감성으로 글루텐이 없는 빵 또한 포함되어야 할 필요가 있었다.

론 목사는 신학교 선교학 수업에 배웠던, 밀도 포도도 없는 문화에 속한 외딴 부족 사람들은 성체로서 고구마(그들의 주식)와 포도주스를 사용했다는 것을 기억했다. 그리고 그는 시리얼바와 포도 청량음료를 이용한 청소년 그룹에 대한 도시의 전설적 이야기도 기억했다.

예수님이 최후의 만찬에서 하셨던 것으로부터 얼마나 멀리까지 가도 괜찮은 걸까?

최후의 만찬에서 예수님이 포도주를 사용하셨던 것은 부인하기 어렵다. 그리고 론 목사의 회중들이 성경을 믿는 교회에 속한 자신들을 자랑스러워 하더라도 론 목사의 회중들에서 포도주로 하기는 어려웠다. 만약에 그들이 포도주로 한다 하더라도 알코올 중독과 싸우고 있는 사람들을 위한 대용으로 무알코올을 제공해야 할 필요가 있게 된다.

포도주에 있는 알코올은 적어도 세균을 죽이기 때문에 사람들이 공용 컵으로 마실 수 있다. 다른 방법으로는 성찬의 빵을 포도주에 적시는 방법(intinction)-"빵을 찢어 포도주에 찍는" 것으로 일반적으로 설명되는 성찬의 방법- 혹은 골무처럼 생긴 작은 개인별 컵을 사용하는 방법도 있다.

후자의 방법에서는 사람들이 자신들의 자리에 앉아 있고 분병된 성체가 사람들 앞에 가져오게 하는 것이 가장 합리적이다. 그러나 어떤 사람들은 만약 자신들이 앞으로 가서 한사람씩 성체를 받거나 또는 제단 앞에서 소수의 그룹으로 무릎을 꿇고 받는다면 그 경험이 더 의미가 있을 것이라고 느꼈다. 론 목사는 회중석 앞쪽에 테이블을 두어서, 사람들이 마치 그들이 식탁에서 식사를 하는 것처럼 둘러앉을 수 있게 하는 전통도 알고 있었다.

마지막으로 성만찬을 얼마나 자주 해야 하는가에 대한 전반적 이슈가 있었다. 스코틀랜드 장로교인들은 특별한 준비 예배를 먼저 진행하면서 1년에 단 한 번 성만찬을 했고 "고교회"(high church) 성도는 매주 성만찬을 가졌는데, 어떤 사람들은 가능하다면 매일 성만찬을 하기 원했다. 론 목사는 자신의 회중 안에서 많은 사람이 더 자주 성만찬 하기를 투표했을 때 놀랐다.

"주님의 백성은 주님의 날에 주님의 만찬을 나누어야 하지 않겠습니까?"

이것에 저항하는 경향이 있는 베이비부머(Baby boomer) 세대들과 나이 든 사람들은 그것을 매주 하게 된다면 그 경험의 특별함을 잃어버리게 될 것이라는 염려를 표현했다. 게다가 그렇게 되면 예배도 더 길어지게 될 것이라고 했다.

● 성찰과 토의 질문

• 이 사례가 제기하는 문제는 무엇인가?

• 어떤 이슈가 더 주된 것이고, 어떤 것이 부차적인 것인가?

• 론 목사가 이러한 문제들을 자신의 예배 기획팀이 연구하도록 어떻게 도울 수 있는가?
  › 다양한 접근들이 예배자들이 그리스도께 더 가까워지는 경험을 어떻게 강화해야 하는가?
  › 그 다양성이 예배자들을 어떻게 혼란스럽게 하는가?

• 어떤 종류의 가르침과 설교가 회중이 이 문제에 참여하도록 할 수 있을까?

• 만약 예배 기획팀이 변화를 추구하기로 결정했다면, 회중가운데 성만찬 접근에 대한 폭넓은 다양성을 고려한 후에 이러한 변화를 실행할 수 있는 방법들은 무엇인가?

## 2. 자신의 사례 쓰기

사례 연구는 지속적이거나 중요한 문제 또는 예배를 향상시키려는 긍정적인 노력과 연관되어 있다. 목표 지향적이어야 한다. 당신 자신을 좋게 보이려고 애쓰지 말고, 오직 당신에게 드러난 그대로 사례를 제시하라.

다른 사람들이 그 상황이 진행되어 온 역사와 그리고 무엇이 현재 일어나고 있는지에 관한 통찰을 줄 수 있는 적절한 사실들을 제대로 이해하도록 필요한 배경 정보를 제공하라.

당신이 그 상황을 어떻게 다루었는지, 그 문제가 어떻게 해결되었는지, 또는 그것이 여전히 진행 중이라면 어디쯤 위치하고 있는지에 대해서 말하라.

만약에 있었다면, 당신은 이 상황을 다루기 위해 어떤 자료들을 사용하였는가(기록, 사람들, 기술, 등)?

당신이 지금 회고해 보고 이미 일어난 일들에 비추어서, 당신이 다르게 할 수 있었던 일들은 있는가?

### 3. 사례 연구에 대한 그룹 평가

다음의 3가지 영역에 대략 같은 시간을 분배하라. 질문을 통해서 그룹을 인도하는 조력자/도움이를 정하라. 만약 상황이 진행 중이라면 제출된 그 문제를 계속 다루어 가야 할 사례 제출자를 위하여 기도하는 것을 잊지 말라.

- **분류**
  - 이 사례를 이해하기 위해서 필요한 추가해야 할 정보가 있는가?
  - 이 사례가 제기하는 문제는 무엇인가?
  - 어떤 이슈가 더 주된 것이고, 어떤 것이 부차적인 것인가?
- **평가**
  - 제출자가 "침묵의 모자"를 쓰고 있지 않았는가? (말하자면, 말을 할 수

가 없는 상태)
› 제출자가 잘했던 것은 무엇이라고 생각하는가?
· 무엇이 하나님이 자신의 목적을 이루시는 데 기여했는가?
› 더 좋은 결과를 얻기 위해서 제출자가 다르게 무엇을 했으면 좋았다고 생각하는가?
· **방향**
› 제출자가 이 상황 또는 비슷한 상황을 다루어 갈 때 취할 수 있는 그 다음 단계는 어떤 것이 있을까?
› 일반적으로 사역에 더 폭넓게 적용되어 예증되거나, 주목되거나, 혹은 강조될 수 있는 더 큰 원리들은 있는가?

# 추천 자료

## 예배 신학

John Jefferson Davis, *Worship and the Reality of God: An Evangelical Theology of Real Presence* (Downers Grove, IL: IVP Academic, 2010).

James B. Torrance, *Worship, Community, and the Triune God of Grace* (Downers Grove, IL: InterVarsity, 1996).

Gary Parrett and S. Steve Kang, *Teaching the Faith, Forming the Faithful: A Biblical Vision for Education in the Church* (Downers Grove, IL: IVP Academic, 2009).

Evelyn Underhill, *Worship* (London: Nisbet and Co., 1936).

Debra Rienstra and Ron Rienstra, *Worship Words: Discipling Languages for Faithful Ministry* (Grand Rapids: Baker Academic, 2009).

## "빅 아이디어" 설교

Haddon Robinson, *Biblical Preaching: The Development and Delivery of Expository Messages*, 3rd ed. (Grand Rapids: Baker, 2014).

Keith Willhite and Scott M. Gibson, *The Big Idea of Biblical Preaching: Connecting the Bible to People* (Grand Rapids: Baker, 2003)

Scott M. Gibson, *Preaching with a Plan : Sermon Strategies for Growing Mature Believers* (Grand Rapids: Baker, 2012).

Jeffrey D. Arthurs, *Preaching with Variety: How to Re-create the Dynamics of Biblical Genres* (Grand Rapids: Baker, 2007).

Machael Quiche, *Preaching as Worsship: An Integrative Approach to Formation in Your Church* (Grand Rapids: Baker, 2011).

### 상황적 이슈들

Mark Labberton, *The Dangerous Act of Worship: Living God's Call to Justice* (Downers Grove, IL: InterVarsity, 2012).

Gerardo Marti, *Worship across the Radical Divide: Religious Music and the Multiracial Congregation* (New York: Oxford, 2012).

### 훈련

Jeffrey D. Arthurs, *Devote Yourself to the Public Reading of Scripture: The Transforming Power of the Well-Spoken Word* (Grand Rapids: Kregel, 2012).

학문적 주해 자료: Douglas K. Stuart, *Old Testament Exegesis: A Handbook for Students and Pastors*, 4th ed. (Louisville: Westminster John Knox, 2009). Gordon D. Fee, *New Testament Exegesis: A Handbook for Students and Pastors*, 3rd ed. (Louisville: Westminster John Knox, 2002).

일반적 주해 자료: Gordon D. Fee and Douglas K. Stuart, *How to Read the Bible for All Its Worth*, 4th ed. (Grand Rapids: Zondervan, 2014); and *How to Read the Bible Book by Book: A Guided Tour* (Grand Rapids: Zondervan, 2014). Jim Wilhoit and Evn B. Howard, *Discovering Lectio Divina: Bringing Scripture into Ordinary Life* (Downers Grove, IL: Formatio/InterVarsity, 2012).

### 자료 웹사이트

http://www.gordonconwell.edu/ockenga/preaching/index.cfm
"빅 아이디어" 접근에 대한 더 많은 자료는 해돈로빈슨설교센터(Haddon W. Robinson Center for Preaching)를 참고하라.

http://worship.calvin.edu/
칼빈기독교예배연구소(Calvin Institute of Christian Worship). 미시간에 있는 이 연구소는 지역 회중 내에서 예배의 신학과 역사 그리고 예배의 실행과 갱신에 대한 학문적인 연구를 증진시키는 것을 목표로 한다. *The Worship Sourcebook* (Grand Rapids: CRC Publications, 2004).

http://www.reformedworship.org/

개혁주의 예배 매거진. 예배를 기획하고 인도하는 다수의 자료를 제공한다.

http://worshipleader.com/
예배 인도자 매거진. 주로 음악에 집중한다.

http://lectionary.library.vanderbilt.edu/
개정공동성서정과 사이트. 밴더빌터대학교(Vanderbilt University)에서 운영한다.

http://psalms.seedbed.com/
줄리 테넌트(Julie Tennent)가 편집한 시편 운율 완결작품.

www.hymmary.org
찬양과 찬송가 종합 색인. 본문, 제목, 저자, 작곡가, 본문 인용, 교회력 등으로 검색 가능하다.

http://www.taize.fr/en
프랑스 테제공동체. 예배에 대한 보편적이고 명상적인 접근을 제공한다.

http://www.ionabooks.com/
스코틀랜드 아이오나공동체. 켈트 기독교 전통에서 나온 자료를 제공한다.

# CLC 예배학 시리즈

**1. 예배학 개론**
크리스티안 그레트라인 지음 | 김상구 옮김 | 신국판 | 440면

**2. 개혁주의 예배학**
필립 G. 라이큰 외 2인 편집 | 김병하, 김상구 옮김 | 신국판 양장 | P&R | 704면

**3. 예배학**
로버트 E. 웨버 지음 | 이승진 옮김 | 신국판 | 256면

**4. 미국 청교도 예배**
홀튼 데이비스 지음 | 김상구 옮김 | 신국판 | 392면

**5. 교회력에 따른 예배와 설교**
로버트 E. 웨버 지음 | 이승진 옮김 | 신국판 | 272면

**6. 예배의 역사와 전통**
고든 웨익필드 지음 | 김순환 옮김 | 신국판 | 288면

**7. 개신교 예배**
제임스 F. 화이트 지음 | 김석한 옮김 | 신국판 | 384면

**8. 개혁주의 예배**(개혁주의 시리즈 20)
제임스 드 종 지음 | 황규일 옮김 | 국판 | 200면

**9. 예배 공학**
김양중 지음 | 신국판 | 320면

**10. 웨스트민스터 총회의 실천: 성경해석과 예배모범**(웨스트민스터 총회 시리즈 3)
리처드 A. 멀러, 로우랜드 S. 워드 지음 | 곽계일 옮김 | 신국판 양장 | P&R | 312면

**11. 예배 건축가**
콘스탄스 M. 체리 지음 | 양명호 옮김 | 신국판 | 520면

**12. 예배와 설교**
마이클 J. 퀵 지음 | 김상구, 배영민 옮김 | 576면

**13. 예배와 목회 돌봄**
닐 펨브로크 지음 | 장보철 옮김 | 신국판 | 336면

**14. 초대교회 예배사**
김정 지음 | 크라운판 변형 | 256면

**15. 개신교 예배서에서 본 한국교회와 예배서**
김상구 지음 | 신국판 | 272면

**16. 기독교 예배학 개론**
제임스 F. 화이트 지음 | 김상구, 배영민 옮김 | 신국판 양장 | 480면

**17. 예배와 영성**
최창국 지음 | 신국판 | 384면

**18. 교회 예식 건축가**
콘스탄스 M. 체리 지음 | 안명숙 옮김 | 568면

**19. 예배와 성찬식의 역사**
에드워드 폴리 지음 | 최승근 옮김 | 크라운판 양장 | 496면

**20. 복음주의 예배학**
존 제퍼슨 데이비스 지음 | 김대혁 옮김 | 신국판 | 336면

**21. 깊은 예배: 활기차면서도 경건한 예배 만들기**
토마스 G. 롱 지음 | 임대웅 옮김 | 신국판 | 200면

**22. 예배, 종교개혁가들에게 배우다**
문화랑 지음 | 신국판 | 200면

**23. 예배다운 예매**
박성환 지음 | 신국판 | 264면

**24. 예배, 사회과학을 만나다**
네이선 D. 미첼 지음 | 안선희 옮김 | 국판 | 200면